KB172079

메테르니히

국익을 우선한 현실정치가

메테르니히 국익을 우선한 현실정치가

인쇄 · 2019년 2월 15일
발행 · 2019년 2월 25일

지은이 · 김 장 수
펴낸이 · 한 봉 숙
펴낸곳 · 푸른사상사

주간 · 맹문재 | 편집 · 지순이 | 교정 · 김수란
등록 · 1999년 7월 8일 제2-2876호
주소 · 경기도 파주시 회동길 337-16 푸른사상사
대표전화 · 031) 955-9111(2) | 팩시밀리 · 031) 955-9114
이메일 · prun21c@hanmail.net
홈페이지 · http://www.prun21c.com

ⓒ 김장수, 2019
ISBN 979-11-308-1407-0   93920

값 22,000원

서양근대사총서 5

국익을 우선한 현실정치가

메테르니히

김 장 수

Klemens
Wenzel
Lothar
Fürst von
Metternich

푸른사상
PRUNSASANG

빈 체제를 정립한 실세 정치가의 행보

일반적으로 메테르니히는 보수 및 반동정치가로 알려져 있다. 실제로 이 인물은 나폴레옹 체제가 붕괴된 이후 유럽을 프랑스 대혁명 이전의 질서 체제, 즉 절대왕정 체제로 회귀시키려 했을 뿐만 아니라 당시 급속히 확산되던 민족주의 및 자유주의도 철저히 탄압하려고 했다. 그런데 메테르니히의 이러한 정치적 노선은 '오스트리아의 국익을 우선시한다'라는 그의 관점에서 비롯되었다는 주장이 독일 및 오스트리아 역사학계에서 제기되었고 그것에 대한 설득력 역시 시간이 지남에 따라 증대되고 있다.[1]

실제로 메테르니히는 활동 기간 중 오스트리아 국익을 우선적으로 고려했고 그것을 실현하는 데 필요한 정책들도 강력히 추진했다. 즉

---

1 이러한 관점을 표방한 대표적인 역사가로는 핑크(H. Fink), 하르트비히(W. Hardtwig), 지만(W. Siemann), 그리고 헤레(F. Herre) 등을 들 수 있다.

그는 유럽의 제 열강, 오스트리아, 프로이센, 영국, 러시아, 그리고 프랑스 중에서 어느 국가도 독자적으로 다른 국가들을 제압할 능력을 가져서는 안 된다는 소위 '균형이론(Theorie der Balance)'을 제시했고 거기서 오스트리아의 중재 역할도 강하게 부각시켰는데 이것이 바로 그가 추진한 '유럽정책(Europapolitik)'의 핵심적 내용이라 하겠다. 그리고 이를 토대로 메테르니히는 독일권에서 오스트리아의 우위가 인정된 오스트리아-프로이센의 양강 구도도 견지시키려 했다. 따라서 그는 당시 제기되던 독일 통합에 동의하지 않았고 그러한 관점을 자신의 정책에 적극적으로 반영시키려 했다. 이러한 정책 시행으로 메테르니히는 독일에서 통합을 방해하는 인물로 각인되었고 나아가 제거해야 할 대상으로도 선정되었다.

이렇게 독일권에서 자신에 대한 비우호적 분위기가 조성되었음에도 불구하고 메테르니히는 반통합정책을 지속적으로 실시했는데 이것은 독일 통합보다 오스트리아 국익이 우선시되어야 한다는 관점과 그것에 대한 국제적 공조가 필요했기 때문이다. 여기에 오스트리아 제국만이 가지는 특수성, 즉 다민족국가라는 점도 중요한 요인으로 작용했다. 이 당시 오스트리아 제국에서는 전체 인구에서 단지 21%를 차지하던 독일 민족이 주도권을 장악하고 있었는데 그것은 이 제국이 독일권에서 절대적 우위권을 행사하고 있다는 배경에서 비롯된 것 같다. 만일 이러한 배경이 사라질 경우 오스트리아 제국의 존속 역시 위태롭다는 것이 메테르니히의 분석이었다. 따라서 메테르니히가 독일권에서

메테르니히 : 국익을 우선한 현실정치가

실세로 활동하는 한 독일 통합은 거의 불가능한 사실로 간주되었다.

　나폴레옹 체제하에서 자유주의와 민족주의의 영향을 받았던 독일인들, 특히 시민계층은 메테르니히 주도로 결성된 독일 연방의 제 문제점을 직시했을 뿐만 아니라 메테르니히 체제를 붕괴시켜야만 독일권의 통합 역시 가능하다는 판단을 하게 되었다. 또한 이들은 독일권을 통합시켜야만 유럽에서의 민족적 위상이 증대될 수 있다는 관점을 가졌기 때문에 메테르니히 체제 타파에 그들이 앞장서야 한다는 인식도 가지게 되었다. 여기서 이들은 독일 통합을 실현시키려면 그들 세력을 보다 체계적으로 규합해야 한다는 데도 의견 일치를 보게 되었다. 이러한 상황에서 잔트와 뢰닝에 의한 정치적 암살 사건이 발생했고 그것은 메테르니히와 그의 추종 세력에게 그동안 반메테르니히 운동의 산실로 간주되었던 부르셴샤프트를 탄압할 좋은 기회도 제공했다.

　메테르니히의 신속한 대응으로 1819년 8월 6일 카를스바트 회의가 개최되었고 거기서는 메테르니히 체제를 위협하던 요소들을 제거하는 데 필요한 방안들이 구체적으로 논의되었다. 그리고 이 회의에서는 첫째, 언론 및 출판의 자유를 제한한다. 둘째, 부르셴샤프트 활동을 불법화시킨다. 셋째, 지금까지 보장된 대학의 자율권을 제한한다. 넷째, 독일 내에서 제기되던 혁명적 요인들에 대해 공동으로 대응한다 등이 확정되었다.

그러나 메테르니히가 주도한 5강 체제와 그것을 토대로 한 독일 정책은 프랑스에서 발생한 7월혁명(1830)으로 타격을 받게 되었다. 실제로 7월혁명 이후 정통성의 원칙은 흔들리고 그것에 따라 5강 체제의 기본적 골격도 와해되었다. 그리고 독일권에서는 지식인들이 다시금 통합의 필요성을 제기했고 이들의 주도로 1832년 5월 27일 함바흐에서 (정치적)축제도 개최되었다.

프랑스 2월혁명(1848)의 영향으로 오스트리아에서도 혁명적 소요가 발생했고 그것에 따라 메테르니히는 실각했고 그에 의해 30년 이상 유지된 체제 역시 붕괴되었다.

그러나 1848년 후반부터 오스트리아 제국에서 다시 우위권을 장악한 반혁명 세력, 즉 기존의 질서 체제는 절대주의 체제의 근간을 유지하면서 자유주의적 요소의 극히 일부만을 수용한 신절대주의 체제를 도입했다. 프란츠 요제프 1세의 배려로 다시 빈으로 돌아온 메테르니히는 이러한 질서 체제의 문제점을 직시했는데 그것은 새로운 질서 체제가 비독일계 민족에 대한 자치권을 거의 허용하지 않은 데서 비롯된 것 같다. 그리고 그는 이러한 문제점으로 인해 오스트리아 제국 내에서 민족 간의 분쟁이 심화될 뿐만 아니라 제국의 해체까지 유발시킬 수 있다는 판단도 했다. 따라서 그는 프란츠 요제프 1세에게 반드시 시정이 필요하다는 관점을 피력했지만 젊은 황제는 그것에 관심을 표명하지 않았다. 당시 프란츠 요제프 1세는 황제가 국가의 모든 권력을 장

　　　　　　　　　　메테르니히 : 국익을 우선한 현실정치가

악해야 한다는 입장을 표명했는데 이것은 그의 어머니 조피의 영향을 받았기 때문이다. 아울러 메테르니히는 오스트리아가 프랑스-사르데냐와 전쟁(1859)을 하는 것도 반대했는데 그것은 이 전쟁으로 인해 그동안 견지된 유럽의 평화질서 체제의 근간이 붕괴될 수 있다는 우려에서 비롯된 것 같다. 그럼에도 불구하고 프란츠 요제프 1세는 전쟁을 감행했고 거기서 패배를 당하는 수모를 겪었다.

일반적 관점에서 볼 때 메테르니히의 정치적 행보는 보수적이고, 반동적이었다. 그러나 그에 대한 객관적 평가를 시도할 경우 이 인물이 독일 통합보다 오스트리아 제국의 국익을 우선시했다는 것도 확인할 수 있다. 그에 따를 경우 독일 통합과 오스트리아 국익 보장은 상호 대칭되기 때문에 동시에 추진할 수 없는 사안이었다.

이 책에서는 우선 메테르니히의 성장 과정 및 결혼 후 외교관으로서의 활동을 살펴보았고 그러한 과정에서 부각된 그의 정치적 성향 및 지향 목표도 다루었다. 당시 메테르니히는 나폴레옹 체제가 붕괴된 후 그것을 대처할 질서 체제인 절대왕정 체제에서 '열강 간의 균형 원칙'이 반드시 지켜져야 한다고 주장했다. 그리고 소멸된 신성로마제국에서와 마찬가지로 오스트리아 제국이 향후 독일권에서 계속 우위권을 장악해야 한다는 것이 그의 기본적 관점이었다. 이렇게 강조된 '유럽 열강 간의 균형'과 '오스트리아 제국의 우위권 확보'를 토대로 정립된 것이 메테르니히 체제였는데 이러한 질서 체제가 독일권에서 정립된 이후 당시 통합운동의 핵으로 등장한 시민계층, 특히 자유주의 및 민족주의의 영향을 받은 대학생들과 지식인들의 주도로 진행된 일련의 정치적 활동은 이 책에서 다룰 중요한 주제라 하겠다.

또한 메테르니히 체제가 유럽에서 어떻게 운영되었는가도 취급하도록 하겠다. 이어 1848년 이러한 질서 체제가 붕괴된 이후 구체화된 독일권의 통합 시도와 거기서 부각된 문제점들도 거론하도록 한다. 아울러 빈으로 회귀한 메테르니히가 당시 프란츠 요제프 1세와 빈 정부의 정치적 행보에 어느 정도 영향을 끼쳤는가를 언급하도록 한다. 그리고 메테르니히 사후 오스트리아 제국에서 전개된 상황, 즉 형제전쟁, 이원 체제 도입, 그리고 프로이센 주도로 진행된 독일의 통합 과정에 대해서도 다루도록 한다.

짧은 기간의 탈고에서 비롯된 문장이나 내용상의 오류는 개정판에서 시정하도록 하겠다. 그리고 어려운 여건에도 불구하고 이 책의 출간을 기꺼이 허락하신 푸른사상사의 한봉숙 대표님과 출판사 관계자 여러분들께 이 자리를 빌려 감사의 말씀을 드린다.

2019년 2월
김 장 수

제3장 빈 회의, 그리고 그 이후

제4장 3월혁명, 그리고 실각과 복귀

제5장 메테르니히 사후의 오스트리아

보수적인 청년 외교관

Klemens

Wenzel

Lothar

Fürst von

Metternich

1
계몽사상의 영향을 받은 유년기

메테르니히[1]는 1773년 5월 15일 트리어(Trier) 대주교구에 속한 코블렌츠(Koblenz)에서 태어났다. 당시 그의 부친 프란츠 게오르그 카를 메테르니히-빈네부르크-추-바일슈타인(Franz Georg Karl Metternich-Winneburg-zu-Beilstein) 백작은 라인강 유역의 세 대주교령, 즉 트리어 대주교령, 쾰른(Köln) 대주교령, 그리고 마인츠(Mainz) 대주교령 주재 오스트리아 외교관으로 활동하고 있었다. 그러다가 이 인물은 1791년 오스트리아-네덜란드 일반정부의 수권장관(Bevollmächtigter Minister)으로 임명되었고 그 이후 오스트리아의 고위 외교관직을 지속적으로 수행했다.[2]

---

1 메테르니히의 원래 성은 메테르니히-빈네부르크 추 바일슈타인(Metternich-Winneburg zu Beilstein)이었다. 그리고 메테르니히라는 성은 켈트 거주 지역에서 비롯되었는데 좀 더 구체적으로 언급하면 로마시대 도이츠(Deutz)에서 트리어(Trier) 구간의 도로정착지(Strassensiedlung)에서 파생되었다.

2 1717년 런던에서 몇 개의 로지(lodge, 작은 집)가 대로지를 구축했는데 이것이 프리메이슨(Freimaurer)의 시초라 하겠다. 이렇게 출범한 프리메이슨은 18세기 영국 전역으로 확산되었을 뿐만 아니라 유럽 및 신대륙까지 확산되었다. 프란츠 게오르그는 1785년 노이비드(Neuwied)에서 결성된 '세 마리 공작의 카롤리네(Karoline zu den drei Pfauen)'라는 프리메이슨에 가입했는데 이때는 이미 석공들만

16세 때, 즉 1771년 프란츠 게오르그와 결혼한 마리아 베아트릭스 알로이지아 프라이인 폰 카겐에크(Maria Beatrix Aloysia Freiin von Kageneck) 는 메테르니히가 태어난 이후 그의 유년 교육을 전담했다. 모친은 메테르니히에게 온갖 정성을 기울였고 유년기에 벌써 올바른 정치적 관점에 대해 언급하는 등 아들이 정치적 안목을 가지게끔 도움을 주려고 했다.

메테르니히가 성장한 코블렌츠는 프랑스에서 가까웠기 때문에, 즉 지역적인 특성으로 인해 메테르니히는 프랑스어를 집중적으로 배웠고 이것은 향후 그가 외교관으로 활동하는 데 큰 도움을 가져다주었다. 그리고 예상과는 달리 계몽주의와 실용주의가 메테르니히 유년기 교육에 많은 영향을 끼쳤는데 이것은 디드로(D. Diderot)와 물리학자 달랑베르(Jean Le Rondo d'Alembert) 등이 주도한 이른바 백과전서파(encyclopédistes)의 계몽사상에 메테르니히가 깊은 관심을 표명한 데서 확인할 수

이 아닌 지식인·중산층 프로테스탄트들도 대거 참여하는 범사회주의적 단체로 변형된 상태였다. 프란츠 게오르그가 가입한 '세 마리 공작의 카롤리네' 역시 당시 다른 프리메이슨과 마찬가지로 세계시민주의적 의식과 더불어 자유주의, 개인주의, 그리고 합리주의적 입장을 지향했다. 계몽주의 통치자들 중에서 프로이센의 프리드리히 2세와 오스트리아 프란츠 1세가 프리메이슨 회원이었지만 당시 대다수의 유럽 통치자들은 프리메이슨을 불온한 집단으로 간주했다. 왜냐하면 이들은 신민의 성숙한 판단 및 평등을 강조하는 프리메이슨의 개방적 사고방식에 두려움을 느꼈기 때문이다. 프리메이슨은 정치뿐만 아니라 종교적으로도 관용을 중시했으며, 기독교 조직이 아니지만 도덕성과 박애정신 및 준법을 강조하는 등 종교적 요소도 많이 포함했다. 따라서 이 단체는 기존의 종교 조직들, 특히 가톨릭 교회와 가톨릭을 옹호하는 정부로부터 탄압을 받게 되었고 그것에 따라 비밀결사단체로 바뀌었다.

제1장 보수적인 청년 외교관

있다. 어린 메테르니히에게 적지 않은 영향을 끼친 백과전서파는 계몽 사상을 널리 보급하기 위해 1751년부터 1772년까지 11권의 도판을 포함하여 총 28권으로 구성된『백과전서, 또는 과학, 예술, 직업의 합리적 사전(*Encyclopédia, ou dictionaire raisonné des sciences, des arts et des métiers*)』을 편찬했다.

2
슈트라스부르크 및 마인츠에서의 수업

메테르니히는 13세부터 동생 요제프(Joseph)와 더불어 개신교도인 가정교사 지몬(J.F. Simon)[3]과 횐(L.B. Höhn)으로부터 본격적 교육을 받기 시작했다. 이 시기 부친 프란츠 게오르그 역시 아들의 성장 및 교육에 깊은 관심을 보였다. 그는 메테르니히에게 편지를 자주 쓸 것을 권유했고 그 과정에서 본인의 관점이나 표현을 반복하지 말라고 가르쳤다. 또한 글씨를 가능한 한 크고 명확하게 쓰라고 했는데 그렇게 해야 사람들이 문서들을 읽는 데 큰 도움이 된다는 경험에서 비롯된 판단 같다. 아울러 그는 신문에서 읽은 중요한 기사들을 메테르니히에게 보내

---

3   알자스 출신이었던 지몬은 신교 이론을 연구하다가 당시 계몽교육 이론이 활성화되었던 데사우(Dessau)에서 바제도프(J.B. Basedow)의 박애주의(Philanthropin)에 대해 본격적으로 공부했다. 이 당시 바제도프는 이전 학교들의 교육과정과 학습방법을 비판했고 학생들이 그들의 독자적 체험을 통해 학습을 해야 한다고 했다. 또한 그는 고대어인 그리스어와 라틴어뿐만 아니라 현재 사용하고 있는 언어, 즉 모국어(Muttersprache)를 배워야 한다고 했다. 이러한 실용주의적 교육에 대해 지몬 역시 매우 긍정적인 반응을 보였고 후의 교육활동에서 이를 적극적으로 반영했다.

어 읽히고 사안별로 정리하게끔 했는데 이것은 향후 메테르니히의 정치 활동에 긍정적인 요소로 작용했다. 프란츠 게오르그는 아들이 어릴 때부터 중대한 정치적 사안들을 해결해야 할 업무 여행에 데리고 다녔는데 그것은 아들이 초면의 사람들과 접촉하면서 이해력과 사교성을 제대로 발휘할 수 있는지를 확인하기 위해서였다. 17세가 되던 1790년부터 메테르니히는 부친으로부터 성인으로서 누릴 수 있는 자유를 부여받았는데 그것은 메테르니히가 어리석은 언행이나 행동을 하지 않으리라는 부친의 확신에서 비롯된 것 같다.

이에 앞서 메테르니히는 1788년 여름 슈트라스부르크(Strassburg)에 갔는데 그것은 이 도시의 명문 외교관 학교에서 정치학을 본격적으로 배우기 위해서였다. 같은 해 11월 12일에 슈트라스부르크 외교관 학교에 정식으로 입학했는데 이 대학에 내야 하는 학비는 부친에게 매우 큰 부담이 되었다. 실제로 부친은 매년 700~800굴덴에 달하는 학비를 보내야만 했다. 이 시기 메테르니히는 코흐(C.W. v. Koch) 교수[4]의 영향을 받았다. 그를 비롯하여 탈레랑−페리고(C-M. de Talleyrand Perigord), 콩스탕(B. Constant)[5], 몬트게라스(M. v. Montgelas)[6] 등도 이 교수로부터 강의

4　헌법학과 역사를 전공한 코흐는 1772년부터 슈트라스부르크 외교관 학교에서 강의했다. 당시 그는 계몽사상에 긍정적이었고 실제 상황을 중립적으로 분석하고 거기서 필요한 해결책을 찾는 도구가 바로 역사라는 입장도 표방했다.
5　콩스탕은 스위스 로잔(Lausanne) 출신의 프랑스인이며, 수필가이자 자유주의를 지향한 정치가였다. 프랑스 대혁명 기간 중에 부각된 국가권력과 개인 간의 관계를 연구한 이 인물은 나폴레옹에 의해 실각했지만 1815년 왕정이 복귀된 후 프랑스 헌법 제정에 관여하는 등 활발한 활동을 했다.
6　이 인물은 후에 바이에른 왕국에서 유명한 국가개혁론자로 활동했다.

및 지도를 받았다. 메테르니히는 1790년 7월 우수한 성적으로 슈트라스부르크 외교관 학교를 졸업했다.[7] 그럼에도 불구하고 그는 아직도 학문적으로 미숙하고, 보완할 점이 많다는 것을 인지하고 있었다.

외교관 학교를 졸업한 후 메테르니히는 1806년 바이에른(Bayern) 국왕 막시밀리안 1세(Maximilian I, 1806~1825)로 등극한 막시밀리안 츠바이뷔르켄(Maximilian von Zweibrücken)의 공식 수행원직을 수차례에 걸쳐 수행하는 등 활발하게 활동했다. 1790년부터 슈트라스부르크가 프랑스 대혁명의 영향을 본격적으로 받게 됨에 따라 메테르니히는 같은 해 마인츠로 이동했다. 슈트라스부르크에서 그는 이 혁명의 초기 진행 과정을 직접적으로 목격했고 거기서 자유주의의 장점 및 문제점도 동시에 파악했다. 마인츠에 도착한 지 얼마 안 되어 메테르니히는 선제후궁(Hof des Kurfürsten)에서 관리들을 보좌하는 등의 업무를 담당했다.

그리고 메테르니히는 같은 해 2월 20일에 서거한 요제프 2세(Joseph II, 1765~1790)에 이어 프랑크푸르트 대성당에서 신성로마제국 황제로 등극할 레오폴트 2세(Leopold II, 1790~1792)의 제국 황제 즉위식 준비를 위해 소집된 니더라인-베스트팔렌(Niederrhein-Westfalen) 제국백작협의회(Reichsgrafenkollegium)에서 가톨릭 지역 예식대표 사절단원직을 수행하게 되었다.[8] 원래 부친이 임명된 직위였지만 그는 이 직위를 아들에

---

7 이 시기에 메테르니히는 어머니와 자주 편지를 교환했는데 여기서 어머니는 메테르니히에게 만족하고 있음을 다음과 같이 표현했다. "나의 충실하고 훌륭한 클레멘스, 너는 나의 친구이자, 동반자이다. 나는 너 같은 아들을 둔 것을 매우 기쁘게 생각한다."

8 요제프 2세가 폐결핵으로 사망함에 따라 1765년부터 토스카나(Toscana) 대공 자

제1장 보수적인 청년 외교관

게 위임했다. 레오폴트 2세의 즉위식에 참석한 메테르니히는 일련의
예식 및 그것이 가지는 의미도 파악하는 성과를 거두었다. 메테르니
히가 자서전에서 언급한 황제 즉위식 및 그의 역할을 살펴보면 다음과
같이 요약할 수 있다.

1790년 10월 9일 메테르니히를 비롯한 예식대표 사절단원들은 의
식의 세부 사안들까지 관할하던 제국숙소관리소장(Reichsquartiermaister)
의 감독하에 프랑크푸르트 예식장에 집결했다. 이들은 오전 8시에 황
제가 머무르던 숙소 근처에 도착한 후 대기실에서 기다렸다. 오전 11
시 제국숙소관리인은 황제 보급하사(Kaiserlicher Kammerfourier), 즉 설영
자(Quartiermacher)를 소환했다. 그런데 설영자는 예식 후 개최될 연회에
서 예식대표 사절단원들이 준비된 음식들을 식탁으로 옮기는 일을 관
장하는 권한을 가지고 있었다. 이것을 통해 확인할 수 있는 것은 예식
대표 사절단의 권한이 예상과는 달리 거의 없었을 뿐만 아니라 위상
역시 높지 않았다는 것이다. 예식이 시작되기 전 메테르니히와 동료
들은 화려한 예복을 입고 프랑크푸르트 대성당으로 이동했다. 메테르
니히는 어머니가 마련한 몰타기사단 유니폼을 착용했다. 프랑크푸르
트 대성당에서 진행된 황제 즉위식을 보면서 메테르니히는 이러한 예
식이 단순한 예식이 아닌 헌법적 행위(Verfassungsakt)에서 비롯되었다는
사실도 파악했다. 실제로 황제는 제국을 대표하여 참석한 인사들에게
제국의 법률과 정의를 준수하고 교회의 평화를 보존하며 제후들과 그

격으로 피렌체에 머물렀던 레오폴트 2세가 토스카나 대공직을 유지한 채 오스
트리아의 위정자로 등극했다.

메테르니히의 청년 시절

의 측근들의 조언 역시 수용한다는 것을 공식적으로 언급했다. 메테르니히는 이어 진행된 도례(Ritterschlag, 중세의 기사 서임식 때 서임받는 귀족의 목 또는 어깨에 군주가 가볍게 칼을 대는 의식)를 통해 일부 인물들이 작위를 부여받거나 또는 작위 승격을 하는 것에 관심을 보였는데 이것은 그 자신의 내재적 욕망에서 비롯된 것같다.

마인츠에 체류하는 동안 메테르니히는 마인츠대학에서 법학과 정치학을 공부했다. 1793년 초까지 마인츠에 머무르며 당시 프랑스 대혁명을 긍정적으로 평가하려던 호프만(A.J. Hofmann) 교수의 강의 및 세미나에 참석하지 않았는데 그것은 계몽사상에 대한 그의 긍정적인 입장 포기와도 연계시킬 수 있을 것이다. 반대로 보그트(N. Vogt) 교수의 낭만주의 이론에 깊은 관심을 표했고 이 교수의 모든 강의를 듣는 열성도 보였다. 이 당시 마인츠 대학에는 300여 명의 대학생이 재학 중이었는데 이들 역시 보그트 교수 강의에 적극적으로 참여했다. 당시 보그트는 기독교적인 유럽 통합국가 건설을 지향했고 거기서 독일이 중심적 역할을 담당해야 한다고도 주장했다.

이곳에서 메테르니히는 프랑스 대혁명으로 마인츠 선제후궁에 머물던 망명 귀족들의 교류를 통해 프랑스의 구질서 체제를 보다 정확히

제1장 보수적인 청년 외교관

이해할 수 있었을 뿐만 아니라 궁중 사회의 예의범절에 대해서도 배우게 되었다. 또한 독일 소국들의 국제법상 지위 및 외교적 관습에 대한 해박한 지식도 갖추게 되었다.

3
보수적 사상을 체득하다

1792년 6월 메테르니히는 프란츠 2세(Franz II, 1792~1804)의 신성로마 제국 황제 즉위를 위한 예식대표 사절단의 일원으로 임명되었다.[9] 그

---

9 레오폴트 2세가 1792년 3월 1일에 사망함에 따라 그의 아들 프란츠 대공이 24세의 나이로 오스트리아 위정자로 등극했다. 프란츠 대공은 레오폴트 2세와 에스파냐 공주 마리아 루도비카(Maria Ludovika)의 장남으로 1768년 피렌체에서 태어났다. 프란츠 대공은 16세가 되던 1784년부터 빈에 체류하면서 백부 요제프 2세의 보호하에 후계자 훈련을 받았다. 이 인물의 미래 아내로 확정된 뷔르템베르크 공작의 딸 엘리자베트(Elizabeth)도 같은 시기 빈의 살레지오 수도원에 머물면서 황비 수업을 받았다. 요제프 2세는 두 번의 결혼에서 후사가 없었기 때문에 그의 동생인 레오폴트와 조카인 프란츠 대공이 1713년에 제정된 국사조칙(Pragmatische Sanktion, Sanctio pragmatica)에 따라 상속자로 지명되었다. 1713년 4월 19일 카를 6세(Karl VI, 1685~1740)에 의해 국사조칙이 공포되었는데 이것으로 자신의 장녀인 마리아 테레지아(Maria Theresia)가 오스트리아 왕위를 계승할 수 있었다.

그렇다면 왜 카를 6세는 이러한 칙령을 공포했을까? 26세에 신성로마제국의 황제로 등극한 카를 6세는 1716년 4월에 태어난 아들 레오폴트를 7개월 만에 잃은 후 마리아 테레지아, 마리아 안나(Maria Anna), 마리아 아말리아(Maria Amalia)만을 얻었다. 이에 따라 그는 향후 후계자 문제가 크게 거론될 것이라 판단하게 되었고 그 극복 방안도 구체적으로 강구하기 시작했다. 따라서 그는 가족 간의 협약(Hausvertrag)인 '상호 간의 상속순위(pactum mutuae successionis)'을 자신의 관

러나 그는 프랑스 혁명군이 마인츠로 진입함에 따라 브뤼셀의 부친 곁으로 가야만 했다.[10] 같은 해 메테르니히는 제1차 대불동맹(Die erste anti-französische Koalition)군의 프랑스 진격 관찰자로 임명되어 혁명에 휩싸인 프랑스의 내부 상황을 구체적으로 확인할 수 있는 기회도 가졌다.[11] 그리고 부친의 주선으로 오스트리아 황제사절단의 일원이 되어 영국에 갔고 거기서 외교관의 기본적 임무도 터득하게 되었다.

_____

점에 따라 변경하려고 했다. 즉 그는 남자 상속인이 없어도 가문이 계속하여 오스트리아 왕위를 계승할 수 있다는 내용으로 변경하려 했고 이것을 국사조칙에 명시했던 것이다. 물론 이러한 칙령을 발표했음에도 불구하고 카를 6세는 형 요제프의 두 딸인 마리아 요제파(Maria Josepha)와 마리아 아말리아(Maria Amalia)가 왕위계승권(Sukzessionsrechte)을 포기해야만 자신의 장녀 마리아 테레지아에게 왕위를 계승할 수 있었다.

프란츠 2세가 오스트리아의 위정자로 등극한 지 50일이 채 지나지 않은 1792년 4월 20일 부왕 레오폴트 2세와 프로이센의 프리드리히 빌헬름 2세(Friedrich Wilhelm II, 1786~1797) 사이에 체결된 필니츠(Pillnitz) 선언(1791.8.27)에 자극받은 프랑스 혁명정부가 오스트리아와 프로이센에 전쟁을 선포했다. 프랑스 혁명정부의 강한 반감을 유발시킨 필니츠 선언에서 양국 군주는 프랑스 국왕 문제가 유럽 전체 군주의 공동 관심사라는 것을 언급했을 뿐만 아니라 프랑스 국왕의 신분을 완전히 자유로운 상태로 복원시키는 데 필요한 방법, 즉 무력적 개입도 하겠다는 입장을 표명했다. 프랑스의 전쟁 선포에 따라 8개월 전, 즉 1791년 불가리아 북부에 위치한 시스토바(Sistova)에서 체결된 평화조약에 따라 오스만 튀르크와 전쟁을 끝낸 오스트리아는 다시금 전쟁에 직면하게 되었다. 프랑스의 선전포고로 선제후회의는 프란츠 2세를 같은 해 7월 5일 신성로마제국의 황제로 선출했고 7월 14일 프랑크푸르트에서 대관식도 거행되었다.

10 파리의 혁명 세력은 1793년 3월 18일 자코뱅 추종자였던 요한 게오르크 포르스터를 앞세워 마인츠 공화국 수립을 공포했다.

11 1792년에 결성된 제1차 대불동맹에는 오스트리아, 프로이센, 영국, 네덜란드, 에스파냐, 포르투갈, 사르데냐, 그리고 나폴리가 참여했고 이 체제는 1797년까지 존속되었다.

그런데 당시 영국에 파견된 황제사절단은 외교적 권한이 없었다. 영국에 머무르는 동안 메테르니히는 당시 왕세자(Prinz of Wales)였으며, 1820년 영국 국왕으로 등극하게 되는 조지 4세(George IV, 1820~1830)와 긴밀한 관계를 맺었다.[12] 또한 피트(W. Pitt), 폭스(C.J. Fox), 그레이(C. Grey)[13], 그리고 버크(E. Burke)와 같은 정치가들과 교류하면서 그들의 사상적 기저를 파악하기도 했다.[14]

제2차 대불동맹에 참여한 국가들이 프랑스와의 전투에서 패한 직후 메테르니히는 1793년과 1794년에 두 건의 격문을 작성했는데, 특히 1794년 8월에 발표한 두 번째 격문인 「프랑스 국경과 인접한 지역 주민들의 일반적 국민무장 필요성에 대해(Über die Notwendigkeit einer allgemeinen Bewaffnung des Volkes an den Grenzen Frankreichs)」에서 프랑스 국경과 맞닿은 독일 지역에서의 국민무장을 요구했다.[15]

---

12 조지 4세는 부친인 조지 3세의 국정운영 능력 결여로 1811년부터 영국을 실제적으로 통치했다. 조지 3세는 부친이 조부에게 학대받다 일찍 세상을 떠나게 됨에 따라 치세의 상당 기간을 정신병을 앓으며 보냈다. 조지 4세는 그러한 모습을 모두 지켜보면서 동시에 부친의 광기 어린 폭행을 받는 등 어린 시절을 매우 불행하게 보냈다.

13 이 인물은 7월혁명 기간 중 런던 정부의 수상으로 활동했다.

14 1792년 1월 12일 아일랜드의 더블린에서 태어난 버크는 1790년 『프랑스 혁명에 대한 성찰(Reflections on the Revolutions in France)』을 출간하며 영국 및 유럽에서 주목받는 정치가로 등장했다. 『프랑스 혁명에 대한 성찰』은 프랑스 혁명을 둘러싼 영국인들의 논쟁에 새로운 방향을 제시했고, 이후부터 그의 정치사상은 급진적 이상주의의 해독제처럼 각인되었다.

15 두번째 격문을 작성하기 전인 1793년 10월 19일 메테르니히는 마리 앙투아네트가 처형되었다는 사실을 접하게 되었다. 이 소식은 메테르니히에게 커다란 충격을 가져다주었고, 향후 그의 정책적 노선에도 지속적인 영향을 끼쳤다.

그런데 메테르니히가 격문에서 언급한 국민은 소유계층이었다. 즉 그는 지방에서 토지를 소유한 자영농들과 도시에서 상공업에 종사하는 시민들을 국민 계층으로 보았고, 국가는 아무것도 가지지 않는 도시의 하층민으로부터 이들을 보호해야 한다고도 주장했다. 그리고 그는 도시 하층민들이 바로 사회적 혼란을 유발시키는 주범이라고 했는데 이것은 그가 프랑스 대혁명의 진행 과정에서 실제로 목격했기 때문이다.[16] 반면 메테르니히는 지방의 소작농들은 도시의 하층민들과 달리 현 질서 체제에 순응하는 성향을 가졌다고 분석했는데 이것은 토지에 예속된 계층이 보수적 성향을 가진다는 레닌(I. Lenin)의 분석과도 맥을 같이한다고 하겠다. 따라서 당시 그는 돌출적이고, 혁명적 성향을 가진 하층민을 제외한 자영농민과 시민들의 주도로 국민무장을 해야 한다고 주장했던 것이다.[17]

1794년 프랑스 혁명군이 브뤼셀로 접근함에 따라 메테르니히의 부친은 이 도시를 떠나야 했을 뿐만 아니라 라인 지방의 모든 재산마저 잃게 되었다.[18] 이제 메테르니히 가문은 보헤미아 지방에 있는 쾨니히

---

16 그럼에도 불구하고 레닌이 소작농 또는 농노를 혁명에 한시적으로 활용한 것은 이들 계층이 기존 질서 체제에 대해 불만을 가졌다는 것과 러시아의 특수적 상황에서 비롯된 것 같다. 실제로 러시아에서는 산업혁명이 1890년대 초반부터 시작되었기 때문에 유럽의 다른 국가들과는 달리 계급의식을 갖춘 무산자 계층이 제대로 형성되지 못했다.

17 1798년 3월 12일에 결성된 제2차 대불동맹 체제는 1802년 2월 9일까지 지속되었다.

18 1791년 여름부터 메테르니히의 부친은 오스트리아-네덜란드 일반정부에서 수권장관으로 활동하고 있었다. 프랑스 혁명군이 라인 지방을 장악함에 따라 부친은 $3.5km^2$의 영지와 6,200명의 신민을 잃었고 영지에서 나오던 매년 62,611

스바르트(Königswart ; Kynžvart)성만 소유하게 되었다.[19] 그러다가 1803년 옥센하우젠(Ochsenhausen)의 제국대수도원 영지를 빈 정부로 부터 대체 재산으로 제공받음에 따라 메테르니히 가문은 경제적으로 다소 나은 생활을 할 수 있게 되었다.[20]

1794년 10월 메테르니히 역시 런던을 떠나 가족들이 머무르는 빈 으로 돌아와, 빈 대학에서 자연과학과 의학을 공부했는데 이 두 학문 은 메테르니히의 평생 동안 연계되었다. 훗날 빈 정부의 실세로 등장 한 메테르니히는 이들 학문을 활성화시키는 데 필요한 정책 수립에도

굴덴의 수입마저 사라졌다.

19 1630년 4월 10일 메테르니히 가문의 6대손인 요한 디트리히 메테르니히(J.D. Metternich)는 프라하성에서 황제평의회(Appellationsrat)와 쾨니히스바르트성 매매 계약을 체결했다. 그런데 쾨니히스바르트성을 구매한다는 것은 요한 디트리히 메테르니히와 그의 다섯 아들에게는 매우 무리였는데 그것은 성의 구매 대금이 66,114라인굴덴(Rheingulden)에 달했기 때문이다. 여기서 확실하지 않은 것은 요 한 디트리히 메테르니히가 어떻게 이러한 거액을 마련했는가이다.
당시 메테르니히 가문은 황제에게 매우 강한 충성심을 보였고 요한 디트리히 의 아들이었던 빌헬름(Wilhelm)이 에스파냐 합스부르크 왕조로부터 14,624굴 덴의 연금도 수령하고 있었는데 이것 역시 쾨니히스바르트성 구입에 적지 않 은 도움을 주었다. 그리고 메테르니히 가문은 당시 진행되던 30년 종교전쟁 (1618~1648)에서 오스트리아 황제 측에 가담했을 뿐만 아니라 황제군과 더불어 여러 전투에 참여하기도 했는데 이것 역시 쾨니히스바르트성 매입에 긍정적인 요인으로 작용했을 것이다. 나중에 언급하겠지만 쾨니히스바르트성 덕분에 메 테르니히가 카우니츠-리트베르크(W.A. Fürst v. Kaunitz-Rietberg)의 손녀딸인 마 리-엘레오노레 폰 카우니츠-리트베르크(Marie-Eleonore v. Kaunitz-Rietberg)와 결 혼도 할 수 있었다.

20 같은 해 메테르니히의 부친은 옥센하우젠(오늘날 바덴-뷔르템베르크주에 위치한 도시) 공작으로 임명되었다.

제1장 보수적인 청년 외교관

적지 않은 배려를 했다.[21] 이 시기에 법학자 프랑크(P. v. Frank)의 보수적 정치사상은 메테르니히에게 깊은 영향을 끼쳤는데 이것은 향후 그의 정치 활동을 뒷받침하는 기본적인 노선도 제공했다.

---

21 이 당시 메테르니히는 지질학, 화학, 물리, 그리고 식물학 강의에 참석했다. 그리고 1817년부터 1835년까지 진행된 브라질 원정에서 메테르니히는 핵심적 역할을 담당했고 원정에 필요한 재원까지 지원하는 적극성도 보였다.

4
메테르니히의 여인들

오스트리아 재상을 역임한 카우니츠-리트베르크(W.A. Fürst v. Kau-
nitz-Rietberg)의 손녀딸 마리-엘레오노레 폰 카우니츠-리트베르크
(Marie-Eleonore v. Kaunitz-Rietberg)의 모친 레오폴디네(Leopoldine)는 메테
르니히의 모친 마리아 베아트릭스 알로이지아와 매우 친했다. 마리아
베아트릭스 알로이지아는 아들이 레오폴디네의 딸과 결혼하기를 기대
했는데 이것만이 폐쇄된 빈의 궁중 사회로 진출할 수 있는 유일한 방
법이라는 판단에서 비롯된 것 같다. 아울러 그녀는 레오폴디네의 동생
인 엘레오노레 폰 리히텐슈타인(Eleonore v. Lichtenstein)과도 긴밀한 관계
를 유지하려고 했는데 이것은 레오폴디네의 건강 상태를 고려했기 때
문이다. 실제로 레오폴디네가 1795년 2월 28일에 사망함에 따라 엘레
오노레는 19세가 된 조카딸 마리-엘레오노레 후견인 역할을 담당하게
되었다.
　이후 초대 및 가장무도회 등을 통해 마리아 베아트릭스 알로이지아
와 엘레오노레는 메테르니히와 마리-엘레오노레의 결혼에 대해 심도
있는 대화를 나누었고, 1795년 초에 개최된 사육제의 가장무도회에서

두 젊은이의 만남도 주선했다. 이후부터 메테르니히와 마리-엘레오노레는 자주 만나게 되었고 같은 해 9월 27일 결혼식이 거행되었다.

결혼식에 앞서 1795년 9월 25일 메테르니히와 마리-엘레오노레 사이의 혼인계약서가 작성되었는데 이것은 당시 상류사회의 관행이었다. 그런데 카우니츠 가문은 메테르니히 가문의 재무 상태, 즉 1795년의 재무 상태를 살펴보고자 했는데 이것은 메테르니히의 부친이 라인좌안의 영지 대다수를 상실하고 재산가치가 별로 없던 보헤미아 지방의 쾨니히스바르트만을 소유한 데서 비롯된 것 같다. 이에 따라 카우니츠는 1795년 8월 23일 가문의 회계담당자인 로비쉬(P. Lobisch)에게 메테르니히 가문의 재무 상황을 철저히 조사하게 했다. 로비쉬는 메테르니히 가문의 재무 상황을 살펴 46만 굴덴의 재산과, 그 재산에서 매년 1만 6천 굴덴의 수입이 나온다는 것도 확인했다. 부수적으로 메테르니히 가문이 상실한 라인 지방의 재산도 정리했는데 이는 1,367,500굴덴이나 되었다.

이러한 재무 상태를 보고받은 카우니츠는 딸이 결혼 후에도 경제적으로 어려움을 겪지 않게 해야 한다는 것을 혼인계약서에서 분명히 명시하고자 했다. 혼인계약서에서는 신부 아버지가 결혼식 후 신랑에게 6천 굴덴의 지참금을 지불하고 결혼 다음 날 아침 신랑은 신부에게 400두카텐을 결혼 선물로 준다는 것이 기술되었다. 그리고 신랑 아버지는 아들에게 매년 1만 7천 굴덴의 생활비와 며느리에게 별도로 2,400굴덴의 가계비(Nadelgeld)를 지불하고 만일의 경우를 대비하여 쾨니히스바르트와 아몬스그륀(Amosgrün)에 있는 영지를 담보로 제시한다는 것도 명시되었다. 또한 메테르니히는 그의 부인이 상속받은 영지인 코에타인(Kojetain), 올뮈츠, 그리고 데디체(Dedice)의 일부 지역에 대한 통치 및 사용에 간섭하지 않는다는 것도 거론되었다. 아울러 마리-엘레오노레가 미망인이 될 경우 매년 6천 굴덴의 생활비와 6필의 말과 그것들의 사료 및 적합한 마구간을 위해 700굴덴을 별도로 지불해야 한다는 것, 부부가 된 후 신랑과 신부가 각각 상속받은 재산은 부부간의 재산분류(Gütertrennung) 원칙에 따르고 상속받은 재산에서 나온 이익 역시 이러한 원칙을 적용한다는 것도 혼인계약서에서 확인되었다.

이렇게 마리-엘레오노레의 부친이 혼인계약서에서 생활비, 상속 영지에 대한 독자 운영권, 그리고 미망인이 된 경우까지 자세히 거론한 것은 딸이 결혼 후 경제적으로 메테르니히에게 예속되는 것을 사전에 막으려는 의도에서 비롯된 것 같다. 또한 혼인계약서에서는 아직 어린 마리-엘레오노레가 계속하여 부모 집에 머무르는 것과 카우니츠의 생존 시 메테르니히가 외교관으로 활동할 수 없다는 것도 명시되었다.

그러나 당시 메테르니히는 마리-엘레오노레를 진심으로 사랑했기 때문에 혼인계약서에서 제시된 모든 요구에 아무런 이의도 제기하지 않았다.[22]

결혼식이 거행된 후 마리-엘레오노레의 이모 엘레오노레 리히텐슈타인 공녀는 조카딸이 비록 아름답지는 않지만 애교 있고, 활동적이고, 유혹적이고, 영리하고, 그리고 막대한 유산 상속녀라고 언급했다.[23]

---

22 당시 메테르니히가 마리-엘레오노레에게 보낸 편지에서 "당신의 양손에 수천 번의 키스를 하고 싶습니다(Ich küsse, tausend, tausend, tausend Mal Deine Hände)."라고 한 데서 그녀에 대한 메테르니히의 감정을 확인할 수 있다.
23 카우니츠가 죽은 후 마리-엘레오노레 폰 카우니츠-리트베르크는 부친이 남겨

이러한 관점에 메테르니히 역시 동의했다. 그러나 그는 후일 마리-엘레오노레가 자신의 연인 도르테아 폰 리벤(Dorthea v. Lieven)보다 여러 면에서 열세라는 현실적 판단을 하기도 했다.

메테르니히가 자신의 부인과 비교한 도르테아 폰 리벤은 1785년 12월 28일 라트비아의 리가(Riga)에서 태어났고 1800년 11세 연상의 발트해 연안의 독일계 귀족이자 러시아 장군으로 활동하던 크리스토프 폰 리벤(Christoph v. Lieven)과 결혼했다. 크리스토프 폰 리벤은 1812년부터 22년간 런던에서 러시아 외교관으로 활동했는데 이 시기에 그의 부인은 상류 사교계에서 절대적 영향을 끼치는 인물(grande dame par exellence)로 부상했다. 이 당시 런던의 외교관들은 그녀에게 '외교사절단의 어머니'라는 명칭을 부여했고 캐슬레이, 웰링턴, 그리고 캐닝(C. Canning)과 친밀한 관계를 맺고 있던 그녀와 대화하는 과정에서 중요한 외교 정보도 얻어내려고 했다.

메테르니히가 도르테아를 처음으로 대면한 것은 1814년인데 이때 그는 그녀의 존재를 무시하는 태도를 보였고 도르테아 역시 메테르니히를 위협적이고, 냉정하고, 건방지다고 평가했다. 이렇게 런던에서의 첫 만남 이후 4년 동안 이들의 접촉은 없었다. 그러다가 1818년 11월부터 메테르니히와 도르테아 사이에 서신 교환이 시작되었고 이것은 1826년 7월까지 지속되었다. 이 기간 중에 메테르니히는 그녀를 단 세

준 유산으로 매년 막대한 수입도 올릴 수 있었는데 그 액수는 무려 4만 7천 굴덴이나 되었다. 그러나 메테르니히는 혼인계약서에 따라 부인 수입에 대해 전혀 관여할 수 없었다.

차례, 즉 1818년 10월에 개최된 아헨 국제회의, 1821년 10월 영국 국왕의 하노버 방문, 그리고 1822년 10월에 개최된 베로나 국제회의에서 만났는데 그 기간을 모두 합쳐도 몇 주에 불과했다. 둘 사이의 긴밀한 관계는 1818년 11월 22일 러시아의 네셀로데가 주관한 아헨의 한 연회에서 시작되었다. 참석한 외교관들과 대화하면서 도르테아는 메테르니히의 총명함을 직접 확인했다. 그리고 나폴레옹이라는 주제에 메테르니히가 매우 민감하게 반응한다는 것도 인지했다.

이후 45세의 메테르니히와 33세의 도르테아는 작가, 그림, 가구, 저서, 음악 등에 대해 대화를 나누었고 거기서 그들 사이의 공통된 정서도 구축했으며 그들의 관계를 깊게 하는 데 주력했다. 그 일례로 이들이 비밀리에 벨기에의 온천도시 스파(Spa)로 마차 여행을 다녀오기도 했다. 이러한 짧은 만남 이후 메테르니히는 그녀에 대한 자신의 감정을 "나는 당신과 그리 많은 대화를 나누지 않았습니다. 그럼에도 불구하고 현재 당신은 내 생활의 일부가 되었습니다(Ich habe wenig mit Euch gesprochen, und Ihr seid heute ein Tel meiner Existenz)."라고 표현했다.

이렇게 메테르니히가 도르테아에게 깊은 애착을 보이고 관계를 오랫동안 지속하려고 한 것은 그녀에 대한 사랑과 더불어 그녀의 지적 능력도 인정했기 때문이다.[24] 실제로 메테르니히는 각국 왕실 및 정부

---

24 당시 메테르니히는 상류사회의 여성들이 주도한 살롱문화(Salonkultur)에 깊은 관심을 가지고 있었다. 일반적으로 살롱은 절대왕정 체제의 산물인 동시에 그것의 타파를 지향한 근대의식의 공간으로 간주되었다. 귀족 및 상류 시민계층이 그들의 성이나 저택을 일상적인 생활 공간에서 연회, 토론, 대화, 오락, 공연, 전시장으로 바꾸고 방들을 도시풍으로 단장한 후 거기서 독서, 공연, 발표,

에 대한 도르테아의 폭 넓은 지식을 자신이 지향하던 합스부르크 왕조의 이익 추구 및 유럽 열강 간의 균형 유지 정책에 활용하려고 했고 그녀 역시 그러한 요구에 적극적으로 부응하는 자세를 보였다.

당시 메테르니히와 교류하고 깊은 관계를 가졌던 여인들을 살펴보면 일련의 공통점을 가지고 있었는데 이것은 이들 여인들이 예외 없이 경제적으로 여유로웠다는 것이다. 그리고 이들은 당시 생활 방식에 얽매이지 않았을 뿐만 아니라 거주지로부터도 자유로웠다. 또한 귀족 계층이었던 이들은 결혼을 했음에도 불구하고 남편에게 예속되지 않는 생활을 하면서 그들 스스로를 주인(Maître)이라 간주했다. 이러한 자유분방한 생활 태도를 통해 메테르니히와 교류한 여인들은 여성해방(weibliche Emanzipation)을 지향한 소수 집단이었음을 알 수 있다. 이들이 추구한 것은 19세기에 접어들면서 보편화되기 시작했다.

부인보다 도르테아를 긍정적으로 평가한 메테르니히와 달리, 나폴레옹은 마리-엘레오노레를 매우 긍정적으로 평가했다. 그에 따르면 그녀는 미묘한 상황에서도 항상 침착하고 시민으로서의 용기(Zivilcourage)도 갖추었다는 것이다. 일례로 나폴레옹은 마리-엘레오노레와의

파티 등의 행사를 개최하여 살롱이라는 사교 공간 또는 문화 공간을 만든 것에서 당시의 사회의식이 어떻게 변화되었는가를 확인할 수 있다. 살롱이 활성화된 것은 여주인들의 미모 및 재치로 대화, 독서, 토론, 게임, 공연, 식도락 같은 여가 생활에 사교계와 문학계의 명사들을 조직적으로 끌어들였기 때문이다. 또한 살롱에서 직위나 출신 성분보다는 재치, 언어적 구사력, 바른 예절을 미덕으로 삼았던 것이 살롱 번영의 또 하나의 원인이라고 할 수 있을 것이다. 일반적으로 오후 2시에서 밤 10시까지 문을 연 살롱에서는 당시 시중에서 구할 수 없었던 외국 서적이나 필사본 등이 암암리에 판매되기도 했다.

대화를 회상하면서 자신이 그녀에게 "우리 모두는 늙고, 쇠약해지고, 그리고 보기 흉해집니다(Princesse Laure, nous vieillissons, nous maigrissons, nous enlaidissons)."라는 지나친 농담을 했음에도 불구하고 그녀가 아무런 불쾌감 없이 미소로 대응한 것을 제시했다. 실제로 그는 그녀와의 대화 과정에서 '그녀가 (메테르니히) 주변의 여자들보다 훨씬 많은 재능을 가졌다(Décidément vous avez plus d'esprit que toutes ces grues qui vous entourent)'는 것을 인지했고 그것을 밝히는 데도 주저하지 않았다.[25]

1825년 3월 9일 마리-엘레오노레가 결핵으로 사망함에 따라 메테르니히는 1827년 11월 5일 나폴리에서 성악가로 활동하던 여인과 바덴의 출납관이자 이전에 바덴 오르테나우(Ortenau) 제국기사일원(Mitglied der Reichsritterschaft)이었던 레이캄(C.A. v. Leykam) 남작 사이에서 태어난 21세의 마리아-안토니아 폰 레이캄(M.A. v. Leykam)과 재혼했다. 이에 대해 도로테아는 영국에서 개최된 한 공개행사에서 메테르니히가 지금까지 지켜온 동등 가문 간의 결혼 원칙을 무시하고 단순히 한 여인의 미모 때문에 재혼했다고 조롱했지만 메테르니히는 별다른 반응을 보이지 않았다.

당시 프란츠 1세는 빈 귀족사회의 전통 관례를 무시한 메테르니히의 재혼에 긍정적인 자세를 보였는데 그것은 그가 1827년 10월 8일 마리아-안토니아를 바일슈타인 백작녀로 승격시킨 데서 확인할 수 있다.

---

25 결혼 후 메테르니히 부부는 빈의 렌베크에 위치한 대저택으로 이사했다. 이 저택은 에른스트 폰 카우니츠(Ernst v. Kaunitz)가 10년 전 빈의 궁중보석상(Hofjuwelier)인 마크(F. Mack)로부터 구입한 것으로 당시 매입 가격은 15만 굴덴이었다.

또한 당시 황비는 마리아-안토니아에게 궁녀(Hofdame) 신분을 부여했는데 이것은 그녀가 자유롭게 황궁을 출입할 수 있도록 허용한 것으로 볼 수 있다.

당시 메테르니히는 첫 번째 부인인 마리-엘레오노레와 네 명의 자녀, 즉 마리에(Marie, 1797~1820), 게오르그(Georg, 1798~1799), 에드문트(Edmund, 1799~1799), 그리고 클레멘티네(Clementine, 1804~1820)를 잃었는데 이들 모두의 사인은 폐와 관련된 질병이었다. 실제로 당시 많은 사람들이 걸린 폐병은 오늘날의 암과 같이 불치병으로 간주되었는데 그것은 이 병에 대한 전문 치료제가 없었기 때문이었다. 당시에 활용되었던 치료법은 공기가 맑은 곳에 가서 휴양하는 것이었는데 실제로 이것은 결핵 치료에 거의 도움이 되지 못했다. 그럼에도 불구하고 메테르니히는 부인을 비롯한 자녀들을 이탈리아의 온화한 지역으로 보내어 병을 완치시키려 했다.

메테르니히는 유일하게 남아 있는 남자 상속인 빅토르(Victor) 역시 폐질환 때문에 조만간 죽게 되리라는 것을 잘 알고 있었다. 따라서 메테르니히는 마리아-안토니아와 재혼하기 전에 그가 사랑하던 빌헬미네 폰 자간(Wilhelmine v. Sagan) 또는 도르테아 폰 리벤과 재혼하는 것보다 질병으로부터 자유로운 젊은 여인과 결혼하여 남자 상속인을 얻어야 한다는 현실적 판단을 했다. 실제로 메테르니히는 1823년 5월 6일 「양성의 성적 생활 비교 지침판(Skala des Vergleiches zwischen dem sexuellen Leben zwei Geschlechter)」을 작성했는데, 거기서 남성의 성적 완숙기를 31세에서 32세로 제시했고 여성의 그것은 24세에 시작하여 25세에 끝난다고 했다. 이것에 따를 경우 빌헬미네 폰 자간과 도르테아 폰 리벤은 성적 완숙기에서 벗어나 이미 쇠퇴기에 접어든 셈이다.

메테르니히와 결혼한 후 1년이 조금 지난 1829년 1월 9일 마리아-안토니아는 건강한 아들 리하르트(Richard)를 출산했다. 그리고 같은 해 11월 30일 빅토르가 사망함에 따라 리하르트는 어린 나이에도 불구하고 메테르니히의 유일한 남자 상속인이 되었다. 그러나 리하르트가 태어난 지 8일 만인 1월 17일 마리아-안토니아는 산욕열로 목숨을 잃었다. 이에 충격을 받은 메테르니히는 "나의 인생 역시 거의 끝나가고 있다. 현재 나에게 남아 있는 것은 아이들뿐인데 이들은 나에게 계속 살아야 한다는 암묵적 요구를 하고 있다. 그리고 이것은 실제로 나에게 의무 겸 큰 힘으로 작용하고 있다."라는 비망록을 쓰기도 했다.

세 번째 부인인 멜라니 마리아 지히-펠라리스 추 치히(M.M.A. Zichy-Ferraris zu Zichy)는 오스트리아 국무장관(Staatsminister), 총무장관(Konferenzminister), 외무장관(Außenminister), 그리고 내무장관(Innenminister)을 역임한 카를 지히-바소니케외(K. Zichy-Vasonykeö) 백작의 손녀였다. 그리고 멜라니 마리아의 부친은 오스트리아 육군원수로 활동했는데 그는 부인 마리 지히 펠라리스(M. Zichy-Ferraris)와 같이 메테르니히가 자주 가던 살롱에서 메테르니히와 접촉하려고 했고 거기서 어느 정도의 성과도 거두었다. 실제로 빅토르의 건강이 악화됨에 따라 메테르니히는 마리 지히 펠라리스의 저택을 자주 방문하는 등 심정상의 변화를 보였다.

1825년 초부터 멜라니 마리아와 그녀의 모친은 메테르니히에게 더욱 깊은 관심을 표명했다. 그러다가 마리-엘레오노레가 사망한 직후 멜라니 마리아는 메테르니히에게 깊은 애도를 표시하는 조문을 보냈고 이것은 메테르니히의 뇌리에 그녀의 이름을 남기는 요인도 되었다.

1830년 10월 22일 메테르니히는 멜라니 마리아에게 "나는 당신을 진정으로 사랑합니다"라는 서신을 보냈고 그것에 대한 긍정적인 답변이 그녀로부터 왔다. 이에 메테르니히는 10월 31일 정식 청혼서를 보냈는데 이때의 메테르니히 나이는 56세였고 멜라니 마리아는 25세였다. 이들의 결혼식은 다음 해 1월 31일에 거행되었다.

당시 메테르니히는 부인이 계속하여 임신하기를 바랐다. 가능한 한 많은 남자 상속인을 얻기 위해서였다. 그러나 주치의는 메테르니히의 의도에 동의하지 않았는데, 고령의 나이에 그러한 시도를 한다는 자체가 매우 무리라는 판단을 했기 때문이다. 메테르니히는 젊은 신부로부터 1833년 4월 21일 클레멘스(Clemens)를 얻었다. 그러나 클레멘스는 태어난 지 6주 만에 폐경련(Lungenkrampf:suffocatio periodica)으로 사망했다. 이후 메테르니히와 멜라니 마리아 사이에 파울(Paul)과 로타르(Lothar)가 1834년과 1835년에 태어났고 이들은 1906년과 1904년까지 생존했다.

5
외교관으로서의 첫 행보

모친 마리아 베아트릭스 알로이지아의 예견처럼 마리-엘레오노레와의 결혼을 통해 메테르니히는 빈의 상류사회와 접촉하게 되었을 뿐만 아니라 고위직 공무원으로 진출할 수 있는 기회도 누렸다. 자신의 생존 기간 동안 사위의 외교관 활동을 금지시킨 카우니츠-리트베르크가 1797년 9월 사망함에 따라 메테르니히는 베스트팔렌 그라펜방크(Westfälische Grafenbank) 사절단의 일원으로 1797년 12월부터 1799년까지 진행된 라스타트(Rastatt) 국제회의에 참석했고 그의 부친 역시 오스트리아 사절단 대표로 이 회의에서 중요한 역할을 수행했다.[26]

이 회의를 통해 메테르니히는 나름대로의 세계관도 구축할 수 있었다. 또한 그는 독일이 민족 통합에 필요한 제반 시설을 전혀 갖추지 못한 사실도 인지했다. 그리고 그의 외교적 관점은 유럽주의적, 반혁명주의적으로 압축되었고 거기서 프랑스의 팽창정책으로 붕괴된 유럽 열강 간의 균형 회복을 향후 실천해야 할 최우선 목적으로 설정하기도

---

26 당시 그의 부인 마리-엘레오노레 폰 카우니츠-리트베르크도 라스타트에 왔다.

　　　　　　　　　　　　제1장 보수적인 청년 외교관

했다.

메테르니히의 본격적인 정치적 행보는 그의 첫 번째 부인 마리-엘레오노레의 이모 엘레오노레 폰 리히텐슈타인 공녀의 도움에서 비롯되었다. 그녀 덕분으로 메테르니히는 하급 외교관직을 수행하지 않았음에도 불구하고 28세의 나이에 여러 고위 외교관직을 동시에 제안받았고 거기서 그는 드레스덴(Dresden) 영사관의 중요 부서 책임자직을 선택했다.[27]

1801년 1월 하순부터 그는 드레스덴에서 자신의 임무를 충실히 이행하면서 카타리나 바그라티온(Katharina Bagration)과 열애에 빠지기도 했다.[28] 러시아의 카타리나 1세(Katharina I, 1725~1727)의 증손녀인 카타리나 바그라티온 공녀는 1801년 3월부터 드레스덴의 이사벨라 차르토리스키(Isabella Czartoriski) 공녀의 저택에 머무르고 있었다. 이사벨라 차르토리스키는 폴란드의 애국자인 차르토르스키(A.D. Czartoriski)의 모친이었다. 차르토르스키는 1794년 폴란드에서 발생한 소요가 진압된 후 인질 신분으로 러시아에 압송되었고 거기서 러시아 황제 알렉산드르 1

---

27 이 당시 메테르니히는 레겐스부르크(Regensburg) 제국의회의원, 덴마크 왕국 대사직도 동시에 제안받았다.

28 그러나 이들 사이에서 마리 클레멘티네 바그라티온(Marie Klementine Bagration)이 1803년에 태어났다. 1814년부터 메테르니히는 마리 클레멘티네를 보살폈고 그것은 1828년 그녀가 덴마크 백작 브로메(O. v. Blome)와 결혼할 때까지 지속되었다. 1857년 5월 21일 84세의 메테르니히는 죽기 며칠 전의 카타리나와 식사를 했는데 여기서 그는 "그녀가 아직까지 살아 있다는 것이 매우 신기하다. 그녀의 모습은 모든 이념을 극복한 것 같다. 그녀는 걷고, 식사하고, 말하는 바짝 마른 미라(Mumie) 같았다."라고 언급했다.

세와 매우 밀접한 관계를 유지했다.

이 시기에 메테르니히는 19세의 카타리나 바그라티온을 만나게 되었다. 카타리나는 궁중에서의 사교 생활에 능했을 뿐만 아니라 프랑스어, 독일어, 영어, 그리고 이탈리아어를 유창하게 구사할 수도 있었다. 아울러 그녀는 매우 섬세하고 투명한 옷들을 즐겨 입었는데 이것은 당시 유럽 상류사회의 화제로 부각되기도 했다. 그 일례로 캐슬레이 부인이 그녀의 복장을 보고 "위까지 노출시킨 화려한 드레스를 입었다" 라고 한 것을 들 수 있다. 점차 메테르니히는 카타리나 바그라티온에게 깊은 연정을 느끼게 되었고 이들은 쉽게 열애에 빠져들었다. 그러나 이러한 불륜 관계는 메테르니히가 빈으로 귀환함에 따라 끝났다.

드레스덴에 머무르는 동안 메테르니히는 보수주의 이론가 니터도르프(A.M. v. Nitterdorf)와 겐츠(F. Gentz)와도 접촉했다. 특히 그는 겐츠의 보수적 관점에 전적으로 동의하는 자세를 보였기 때문에 향후 그와의 접촉은 더욱 긴밀해졌다.

메테르니히의 정치적 행보에 절대적 영향을 준 겐츠는 1764년 브레슬라우(Breslau)에서 출생했고 1793년 베를린 정부에 의해 육군 참사관(Kriegsrat)으로 임명되었다. 그런데 겐츠는 원래부터 자유주의 이념을 기피한 인물은 아니었다. 그러나 이 인물은 부르크(E. Burck)의 영향과 프랑스 혁명 기간 중 자행된 자코뱅(Jacobins)파의 테러 행위 및 거기서 비롯된 공포정치에 대해 실망한 이후부터 자유주의보다는 보수주의를 선호하게 되었다. 이후부터 겐츠는 오스트리아가 지향한 나폴레옹 정책을 지지했고 거기서 프로이센의 대프랑스 정책, 즉 대프랑스 중립 정책을 의심하기도 했다. 1802년 코벤츨(L. v. Cobenzl) 백작은 겐츠를 빈으로 초빙하려고 했고 그는 그러한 제의를 흔쾌히 받아들였다. 얼마 안 되어 그는 궁중 고문관(Hofrat)에 임명되었다. 당시 겐츠는 '지역적 의회제와 대의적 의회제의 차이점(Über den Unterschied zwischen Landstän-dischen und Repräsentivverfassung)'을 부각시켰다. 그에 따를 경우 지역적 의회는 귀족, 도시, 대학 그리고 교회처럼 자연스럽게 등장한 반면 주권재민설에 입각한 대의적 의회는 보편적 동등권이라는 환상 속에서 출발했기 때문에 종국적으로는 무정부 상태로 빠질 수밖에 없다는 것이었다. 따라서 그는 시민계층의 입헌 운동을 사회 및 국가의 적으로 간주했다.

드레스덴에서 외교사절로 활동하면서 메테르니히는 「드레스덴 공사단을 위한 훈령초안(Instruktionsentwurf für den Gesandten in Dresden)」이란 문서를 작성했는데 거기서 그는 "강한 오스트리아만이 유럽 열강 간의 균형을 장기간 유지시킬 수 있다"라는 관점을 피력했을 뿐만 아니라 효율적 정치 수단의 활용성도 강조했다.

1803년 11월 메테르니히는 베를린 주재 오스트리아 영사로 취임했고 그 이후 프리드리히 빌헬름 3세(Friedrich Wilhelm III, 1797~1840)[29]와 루이제(Louise) 왕비의 지속적인 환대를 받았다.[30] 그러나 그는 드레스덴

---

29 프리드리히 2세의 조카손자인 이 인물은 당시의 위기 상황을 극복할 수 있는 능력을 갖추지 못한 유약하고 소극적인 인물이었다.

30 루이제 왕비는 제1차 대불동맹전쟁이 진행되던 시점인 1793년 17세의 나이로 프로이센 왕위 계승자의 배우자가 되었다. 이후 1810년 사망할 때까지 그녀는 10명의 아이를 낳았고, 그중 7명은 성인으로 성장했으며, 장남과 차남, 즉 프리드리히 빌헬름 4세(Friedrich Wilhelm IV, 1840~1861)와 빌헬름 1세(Wilhelm I, 1861~1888)가 프로이센 국왕으로 즉위했다. 1795년 4월 대불동맹에서 이탈한

에서보다 훨씬 많고 복잡한 외교적 난제들을 풀어야만 했다. 이 당시 메테르니히는 프로이센을 오스트리아와 연계시켜 반나폴레옹 동맹, 즉 1805년 9월 23일에 결성된 제3차 대불동맹에도 참여시키려 했지만 그동안 견지된 베를린 정부의 대프랑스 중립 정책으로 성과를 거두지 못했다. 메테르니히는 당시 하르덴베르크(K.A. v. Hardenberg)와 슈타인 (Freiherr von und zu K. Stein)이 추진하던 개혁 정치에 부정적이었다. 따라서 그는 통치 체제와 국가구조적 모순으로 인해 프로이센이 조만간 쇠락의 길로 접어들게 되리라는 예견도 했다.

오스트리아, 영국, 러시아, 스웨덴, 그리고 1792년 프랑스의 사부아 (Savoie) 점령으로 영토가 크게 축소된 피에몬테(Piemonte)-사르데냐 (Sardinia) 왕국의 주도로 1805년에 결성된 제3차 대불동맹은 나폴레옹에 대응하려고 했지만 나폴레옹은 유럽 대륙에서 혁혁한 승리를 거두면서 자신의 입지를 더욱 강화시켰다.[31]

바이에른, 뷔르템베르크(Würtemberg), 헤센(Hessen), 나사우(Nassau), 그리고 바덴(Baden)의 지원을 받은 나폴레옹은 1805년 10월 17일 울름

프로이센은 1806년에 결성된 제4차 대불동맹에 참여했다. 이에 프랑스의 응징이 바로 시작되었고 예나-아우어슈테트 전투에서 승리한 후 나폴레옹은 10월 27일 브란덴부르크(Brandenburg) 문을 통해 베를린으로 입성했다. 이후 루이제는 어린 자녀들과 더불어 동프로이센의 쾨니히스베르크(Königsberg, 오늘날의 러시아 칼리닌그라드[Kaliningrad]와 메멜[Memel, 오늘날의 라트비아])로 도피해야만 했다. 혹한의 겨울에 진행된 도피의 나날들은 왕비의 건강을 결정적으로 해쳤다. 1809년 루이제와 프리드리히 빌헬름 3세가 베를린으로 돌아왔지만 루이제는 34세의 젊은 나이에 목숨을 잃게 되었다.
31 프로이센은 제3차 대불동맹에 참여하지 않았다.

(Ulm)에서 오스트리아군을 물리쳤고,[32] 12월 2일에는 보헤미아 남부에 위치한 아우스터리츠(Austerlitz:Slavkov u Brna)에서 러시아와 오스트리아의 연합군을 격파했다.[33] 그 결과 오스트리아는 12월 26일에 체결된 프레스부르크(Pressburg) 조약에서 영토의 상당 부분을 잃었다. 베네치아(Venezia), 파사우(Passau), 그리고 달마티아(Dalmatia)은 프랑스에 귀속되었고, 티롤(Tirol), 주교구(Bistum)인 브릭센과 트리엔트(Trient), 보어아를베르크(Vorarlberg), 테트낭(Tettnang), 랑겐아르겐(Langenargen), 린다우(Lindau), 브르가우(Burgau), 아이히슈테트(Eichstätt), 파사우의 잔여 지역은 바이에른에게 이양되었으며, 엘힝겐(Elchingen), 문더킨겐(Munderkingen), 리드링겐(Riedlingen), 멜겐(Mengen), 자울가우(Saulgau), 호헨베르크(Hohenberg)와 넬렌부르크(Nelenburg) 백작령 빌링겐(Villingen), 브라운링겐(Braulingen)은 뷔르템베르크로 넘어갔다. 브라이스가우(Breisgau), 오르테나우(Ortenau), 마이나우(Mainau), 그리고 콘스탄츠(Konstanz)는 바덴 공국의 소유가 되었다.[34]

나폴레옹은 영토 상실에 대한 보상으로 오스트리아에게 베르히테스가덴(Berchtesgaden)이 포함된 잘츠부르크(Salzburg) 대주교구(Erzbistum)를 넘겨주었지만 이제 오스트리아는 독일권 및 이탈리아에서 주도권 행

---

32 10월 16일부터 19일까지 나흘간 지속된 이 전투에서 승리한 나폴레옹은 11월 13일 빈에 입성했다.
33 이 전투에서 프랑스군의 희생은 전사자 2천 명을 포함해 7천 명에 불과했지만 오스트리아-러시아 연합군의 희생은 이보다 훨씬 많은 2만 7천 명에 달했다.
34 영토 상실과 더불어 오스트리아는 4천만 굴덴의 전쟁 보상금도 지불해야만 했다. 오스트리아와는 달리 러시아는 프랑스와의 휴전에 동의하지 않았다.

사를 포기해야 할 상황에 놓이게 되었다.[35] 아울러 프란츠 2세는 나폴레옹의 모욕적이고 일방적 요구에 따라 빈 정부의 수상이었던 코벤츨 백작과 자신의 가정교사이자 오랜 측근이었던 콜레레도(H. Colleredo) 백작을 해임해야만 했다.

베를린 정부와의 긴밀한 관계 구축을 위해 노력하면서 메테르니히는 자신의 학문적 증진에도 소홀히 하지 않았다. 그것은 그가 피히테(G. Fichte)와 슐레겔(A.W. Schlegel)의 강의에 적극적으로 참여한 데서 확인할 수 있다.[36]

---

35 오스트리아의 저명한 역사가인 바이센슈타이너(F. Weissensteiner)는 저서『합스부르크가문의 위대한 군주들(*Die grossen Herrscher des Hauses Habsburg*)』에서 이러한 보상을 '참새 눈물만큼의 보상(Trostpflaster)'이라고 했다.
36 당시 이 두 사람은 베를린 훔볼트대학교 교수였다.

제1장 보수적인 청년 외교관

6
파리 주재 대사

프레스부르크 평화회담 이후 메테르니히는 다시금 몇 가지 외교적 미션 중에서 하나를 선택해야 했는데 여기서 그는 1806년 6월 프랑스 주재 오스트리아 대사직을 선택했다.[37] 이 당시 메테르니히는 러시아보다 프랑스의 중요성을 인지하고 있었다. 그러나 여러 가지 이유로

---

[37] 알렉산드르 1세 역시 메테르니히가 자국 주재 오스트리아 대사로 활동하기를 원했지만 이는 프레스부르크 평화조약 이후 외무장관으로 임명된 슈타디온 백작에 의해 거부되었다. 당시 슈타디온은 프랑스에 대해 해박한 지식을 가지고 있던 메테르니히를 대외정책에서 효율적으로 활용해야 한다는 생각을 하고 있었다. 마인츠 출신이었던 슈타디온 백작은 세련되고 능력 있는 외교관이었다. 나폴레옹에게 적대 감정을 갖고 있었던 슈타디온은 나폴레옹에 다시 대응하고 성과를 거두기 위해서는 비효율적인 행정 체제와 군제를 개편해야 한다는 것을 인지하고 있었다. 이러한 그의 구상에 대해 적지 않은 우군이 있었는데 메테르니히, 프란츠 2세의 형제인 카를(Karl)과 요한(Johann), 그리고 명석한 언론가인 겐츠가 이에 해당된다고 하겠다. 이 당시 카를은 군제를 개편해야 한다고 주장했고 동생 요한은 국민병제 도입을 강력히 요구했다. 그리고 겐츠는 시, 전단, 격문들을 통해 애국심을 고조시키는 한편 반나폴레옹 분위기를 조성하고 확산시키려 했다. 그러나 프란츠 2세는 이러한 당시 분위기, 특히 국민병제 도입에 강한 의구심을 제기했는데 이것은 그의 언어세계에서 국민이라는 단어가 없었기 때문이다.

나폴레옹

인해 메테르니히의 프랑스 대사 취임은 약 2개월 정도 연기되었다.

메테르니히는 프랑스 대사로 활동을 개시한 직후인 8월 5일 외무장관 탈레랑-페리고를 면담했고 5일 후인 8월 10일 생클로드(Saint-Cloud)궁에서 나폴레옹과의 독대 기회도 가졌다. 독대 후 나폴레옹은 메테르니히를 과소평가했는데 그것은 그가 자신의 막내 여동생 카롤린(Caroline)에게 "가끔 나는 메테르니히와 같은 얼간이(ceniais)와 유쾌한 대화를 나누고 있는데 이것은 현 시점에서 매우 필요하기 때문이다."라고 언급한 데서 확인할 수 있다.

1795년 4월 5일에 체결된 바젤(Basel) 조약 이후 프랑스와 평화를 유지하던 프로이센은 아우스터리치에서 대불동맹군이 패배하자 다시금 프랑스의 일방적 요구를 수용해야만 했다.[38] 즉 프로이센의 교섭 대표

---

38 프랑스 대혁명이 발발한 이후 프로이센은 혁명적 사상, 즉 자유주의의 영향이

인 하우그니츠(Haugnitz)는 프로이센과 프랑스 사이의 동맹 체제를 일방적으로 변경한 쇤브룬(Schönbrunn) 조약에 무조건 서명해야만 했다 (1805.12.15).

여기서 나폴레옹은 1803년부터 프랑스가 점령하고 있던 하노버 공국의 존속과 관리를 프로이센에게 위임하여 베를린 정부의 반발을 무마시키려 했다. 또한 프로이센으로부터 바이에른의 왕국 승격 인정과 바이로이트(Bayreuth) 경계선을 조정하는 대가로 바이에른 국왕에게 안스바흐(Ansbach) 변경백령을 양도한다는 양보도 얻어내려고 했다. 프로이센은 나폴레옹이 지정하는 독일 제후에게 클레베 공국을, 프랑스에게는 노이엔부르크(Neuenburg)도 양도해야만 했다. 그런데 클레베는 1614년 이후, 바이에른에 위치한 바이로이트와 안스바흐는 1791년 이후부터 프로이센의 영토였다.

이렇게 영토 양보를 했음에도 불구하고 나폴레옹은 다음 해인 1806년 하노버 공국을 영국에게 넘겨주는 이율배반적인 정책을 실시했는데 이것은 이 공국을 영국에 넘길 경우 영국과의 평화 체결도 가능하

자국에 유입되는 것을 차단하기 위해 1792년 프랑스에 선전포고를 했다. 전쟁에서 프로이센을 포함한 제1차 대불동맹군이 우위를 차지하다가 점차 프랑스 혁명군이 주도권을 장악하게 되었다. 1793년 4월 프로이센은 대불동맹군의 일원으로 프랑스와 전쟁을 계속하는 것을 포기하고 프랑스 혁명정부와 휴전협정을 모색했다. 1795년 4월 5일 프랑스와 프로이센 사이에 바젤 평화조약이 체결되었는데 여기에는 스위스 공사였던 바르테르미(F. Barthelemy)와 하르덴베르크가 양국 대표로 참석했다. 이 평화조약에서는 프랑스군이 14일 이내에 라인강우안의 프로이센 영토에서 철수한다는 것과 점령지 주민들에게 부과하던 군세를 중단한다라는 것 등이 명시되었다.

프리드리히 빌헬름 3세

다는 자신의 판단에서 비롯된 것 같다. 나폴레옹의 이러한 정책은 프리드리히 빌헬름 3세의 심한 반발을 야기했다.

이후부터 프로이센에서는 반프랑스적 정서가 확산되었고 그것은 결국 전쟁을 유발시키는 요인이 되었다.[39] 1806년 제4차 대불동맹전쟁이 시작되기 전 작센 선제후국, 작센-바이마르(Sachsen-Weimar), 그리고 브라운슈바이크(Braunschweig)가 프로이센을 지원하겠다는 입장을 표명했지만 실제로 이들 국가들은 프로이센에게 큰 도움이 되지는 못했다. 비효율적이고, 구식 무기로 무장한 프로이센군은 같은 해 10월 14일 예나(Jena)와 아우어슈타트(Auerstadt)에서 대패했고 그것은 1807년 7월 7일 굴욕적인 틸지트(Tilsit) 조약을 맺게 하는 요인도 되었다.[40] 이

---

39 프랑스에 선전포고를 하기 전 프로이센은 프랑스군이 12일 내 라인강 우안에서의 철수와 라인 동맹 해산을 요구했지만 프랑스는 그러한 요구에 관심을 표명하지 않았다.

40 1806년 10월 27일 베를린에 입성한 나폴레옹은 프리드리히 대왕(Friedrich II)의 훈장, 검, 장식띠를 강제로 압수한 후 승리의 상징으로 파리로 가져갔다. 그리고 쾨니히스베르크 북동 지역에 위치한 틸지트에서 진행된 평화협상은 니멘(Niemen)강 위의 한 선박에서 마무리되었는데 여기에는 나폴레옹, 알렉산드르 1세, 그리고 프리드리히 빌헬름 3세가 참석했다.

제1장 보수적인 청년 외교관

조약으로 프로이센은 유럽 지도에서 거의 사라질 위기에 놓이게 되었다.[41] 그러나 나폴레옹에 대한 러시아 황제 알렉산드르 1세(Alexander I, 1801~1825)의 집요한 설득으로 프리드리히 빌헬름 3세의 지위는 겨우 보존되었다.[42]

이제 프로이센은 브란덴부르크((Brandenburg), 동프로이센, 그리고 슐레지엔(Schlesien) 지방으로 구성된 동유럽의 주변 국가로 전락했고, 인구 역시 1천만 명에서 450만 명으로 줄어들었다. 또한 15만여 명의 프랑스군이 프로이센에 주둔함에 따라 그 주둔 비용과 더불어 1억 5,450만 프랑의 배상금도 지불해야만 했는데 이것은 당시 프로이센의 재정 상황을 더욱 악화시키는 계기가 되었다. 또한 프로이센은 틸지트 조약으로 프랑스에게 라인강과 엘베강 사이의 모든 지역을 자유로이 사용할 수 있는 권한을 부여해야만 했다.[43]

---

41 조약 체결 전인 1806년 7월 6일 프로이센의 루이제 왕비는 나폴레옹을 만나 평화조약의 내용을 다소 완화시키려 했지만 나폴레옹은 동의하지 않았다. 단지 그는 루이제 왕비의 '흰색 드레스'를 칭찬했고 그것은 프로이센 신민의 울분을 야기시켰다.

42 프로이센은 프랑스와 러시아 사이의 완충국(Pufferstaat) 신분으로 전락했다.

43 나폴레옹은 프로이센으로부터 양도받은 폴란드 영토에 1807년 바르샤바 공국을 세워 프랑스의 종속국으로 만들었다. 바르샤바를 중심으로 하여 북쪽의 토른(Thorn), 동쪽의 포젠(Posen), 남서쪽의 크라카우, 남동쪽의 루블린 등이 바르샤바 공국의 주요 도시들이었다. 1809년 바르샤바 공국에 편입된 크라카우와 루블린은 폴란드 2차 분할 시 오스트리아가 차지한 지역으로서, 5차 대불동맹 전쟁에서 패한 오스트리아가 쇤브룬 평화조약에서 프랑스에게 양도한 도시들이었다. 동프로이센을 관통하여 발트해로 유입되는 바이히셀(Weichsel, 폴란드에서 가장 긴 강)강 하구에 위치한 전략적 요충지 단치히는 바르샤바 공국의 역외 영토로서 공화국으로 선포된 후, 나폴레옹이 임명한 총독에 의해 관리되었다. 그리고 나폴레옹은 알렉산드르 1세의 요청을 수용하여 프랑스군이 점령한 작

이후 프로이센 내부에서는 '위로부터의 혁명(Revolution von oben)'이 시작되었는데 이것은 붕괴 직전의 국가를 되살려야 한다는 위기의식에서 비롯되었다. 그런데 이러한 개혁을 담당한 인물들은 프로이센 출신이 아닌, 나사우(Nassau) 출신의 슈타인과 하노버 관료 출신의 하르덴베르크였다.

1807년 프로이센 수상으로 임명된 슈타인은 당시의 현실적 상황을 고려할 때 점진적이고 단계적인 개혁을 통해 시민사회 체제로 이행해야 한다는 입장을 밝혔고 그것을 자신의 정책에 적극적으로 반영시키려 했다.

그리고 프리드리히 빌헬름 3세의 전폭적 신임을 받던 하르덴베르크는 1810년 '군주제적 통치하에서 자유주의적 제 원리를 실행한다'라는 목표로 개혁을 추진했다. 그가 추진한 개혁 목표는 명확했는데 그것은 절대왕정 체제하에서 신분제의 굴레에 묶여 있던 수동적 신민을 자유롭고 평등한 능동적 시민으로 전환시켜 그 에너지를 국가 발전의 동력으로 활용하겠다는 것이다. 또한 그는 '법률 제정에 각 부처가 책임을

센-코부르크 공국과 올덴부르크 공국, 그리고 메클렌부르크-슈베린 공국을 해당 공작들에게 반환했다. 그런데 이 세 공작 가문 모두는 러시아 황실과 인척으로 연계된 공통점을 가지고 있었다. 아울러 프로이센은 작센 국왕인 프리드리히 아우구스트 1세에게 코트부스를 양도해야 했다. 프로이센의 동맹국으로 프로이센과 더불어 제4차 대불동맹에 참여했다가 예나와 아우어슈테트 전투에서 나폴레옹에게 패배한 후, 작센은 나폴레옹 진영으로 전향하여 라인 동맹에도 가입했다. 그 대가로 1806년 12월 11일에 체결된 포젠 평화조약에서 작센을 공국에서 왕국으로 격상시키고, 작센 선제후에게 국왕의 칭호를 부여함과 동시에 바르샤바 공국에 대한 통치권을 부여함으로써 작센과 폴란드 간의 역사적 군합국 관계를 복원시켜주었다.

진다'라는 원칙도 제시했다. 그 결과 왕의 칙령에도 주무장관의 확인 서명이 필요하게 되었다. 하르덴베르크는 1810년과 1811년에 무역 규정과 영업세에 관한 일련의 법령을 제정하여 길드의 독점권을 폐지하고 영업의 자유를 보장하고자 했다. 이제 모든 영업은 길드가 아닌 국가의 감독을 받게 되었으며, 그 결과 그것에 대한 통제도 예전과 같이 심하지 않게 되었다. 이러한 정책은 경제 성장을 자극해 국가 세입을 증대시키고 도시와 농촌의 과세 불평등을 시정하기 위한 것이었다. 재임 시간 중 하르덴베르크는 귀족들의 면세특권을 폐지하려 했지만 귀족들의 강한 반발로 시행되지는 못했다.[44]

메테르니히는 프리드리히 빌헬름 3세와 나폴레옹과의 평화협상 과정을 처음부터 지켜보았는데 거기서 그는 나폴레옹레의 오만이 더욱 심화되었음을 인지했다. 따라서 그는 나폴레옹과의 향후 협상에서 중용이나 배려 같은 것을 기대할 수 없다는 현실적 판단도 했다.

1807년 4월 17일 나폴레옹은 카셀에서 프로이센으로부터 빼앗은 엘베(Elbe)강 서부 지역에다 헤센 선제후국(Kurhessen), 브라운슈바이크 공국, 그리고 하노버 공국의 일부 지역을 포함시켜 베스트팔렌(Westfalen) 왕국을 세웠다.[45] 그리고 1807년 11월 15일 이 왕국에 나폴레옹 법전

---

44 러시아 역시 틸지트 조약으로 프랑스가 주도하던 대륙봉쇄령에 참여해야만 했다. 아울러 러시아는 프랑스의 예속을 받게 될 바르샤바 공국(작센 왕국의 국왕 프리드리히 아우구스트 1세가 이 공국의 수장으로 등극)을 인정해야만 했다.
45 이 왕국은 프로이센과 국경을 공유하던 작센 왕국과 동맹조약을 체결하여, 프로이센을 동쪽(바르샤바 공국)과 서쪽(베스트팔렌 왕국)과 남쪽(작센 왕국)에서 포위했다.

(Code Napoléon)에 명시된 내용들을 포함한 헌법도 도입했는데 거기서는 시민의 제 권리를 보장한다는 것이 명시되었다.[46] 그러나 이 왕국의 신민들은 지나친 과세 및 병역 의무를 져야만 했고 거기서 반프랑스 감정도 강하게 부각되기 시작했다. 1806년 8월 메테르니히가 프랑스 공사로 취임할 시점 프란츠 2세는 신성로마제국의 황제직을 포기했다.[47]

그리고 이에 앞서 나폴레옹은 1806년 7월 12일 라인 동맹(Rheinbund ; Confédération du Rhin)도 출범시켰는데 이 동맹에는 신성로마제국에서 이탈한 바이에른과 뷔르템베르크 왕국을 비롯한 남부 독일 및 남서 독일의 16개국이 참여했다.[48] 이 당시 나폴레옹은 독일권에 프로이

---

46 이 조약으로 프로이센은 상비군의 수도 4만 2천 명 이하로 제한되는 수모를 당했다.

47 1806년 7월 22일 나폴레옹은 프란츠 2세에게 8월 10일까지 신성로마제국의 황제직을 포기할 것을 요구했다. 이에 따라 타의에 의해 프란츠 2세가 오스트리아 제국의 세습 황제로 등극한 것은 1806년 12월 7일이었다. 이로써 622,337km^{2}의 면적과 3천만 명의 인구를 가진 오스트리아 제국이 탄생하게 되었다.

48 프레스부르크 조약을 통해 1806년 1월 1일 왕국으로 격상된 바이에른과 뷔르템베르크는 헌법적으로 완전한 주권을 행사하게 되었다. 그리고 나폴레옹의 보호를 받게 된 라인 동맹 가입국들은 이전에 마인츠 대주교이고 대재상(Erzkanzler)이었던 달베르크(K.T. v. Dalberg)를 수석 제후로 선출했다. 그리고 이 인물의 보좌역으로는 나폴레옹의 외삼촌 페슈(Fesch) 추기경이 임명되었다. 당시 달베르크와 그의 측근들은 샤를마뉴(Charlenagne, 768~814) 대제의 카롤링거 왕국을 모태로 한 통합국가를 건설해야 한다고 했는데 그것에 따를 경우 독일, 프랑스, 그리고 이탈리아도 포함되었다. 바이에른, 뷔르템베르크, 바덴, 베르크(Berg), 헤센-다름슈타트, 아샤펜부르크(Aschaffenburg), 나사우-우징엔(Nassau-Ussingen), 나사우-바일부르크(Nassau-Weilburg), 호엔촐레른-헤힝엔(Hohenzollern-Hechingen), 호엔촐레른-지크마링엔(Hohenzollern-Sigmaringen), 잘름-잘름(Salm-Salm), 잘름-퀴부르크(Salm-Kyburg), 이젠부르크-비르슈타인(Isenburg-Warstein), 알렌베르크(Alenberg), 리히텐슈타인(Lichtenstein), 게롤체크가

센과 오스트리아에 대응할 제3세력을 구축하려고 했는데 그것이 바로 라인 동맹이었다. 실제로 나폴레옹은 라인 동맹을 프로이센과 러시아 사이의 군사적 완충지대로 활용하고자 했다.

메테르니히는 프레스부르크 평화 이후 나폴레옹의 위상이 지나치게 증대되었기 때문에 오스트리아는 프랑스와의 긴장 관계 완화에 관심을 가져야 한다는 관점을 가지고 있었다. 따라서 그는 오스트리아를 위기적 상황에 놓이지 않게 하려면 빈 정부가 '적응과 기다림의 정책(Politik der Anpassung und des Abwartens)'을 실시해야 한다는 보고서를 빈에 보내기도 했다.[49]

자신의 공식적 업무를 수행하면서 메테르니히는 파리에서도 많은 여성, 특히 나폴레옹의 막내 여동생이자 뮈라(J. Murat)의 부인인 카롤린[50]뿐만 아니라 쥐노(A. Junot)의 부인과도 부적절한 관계를 유지했다.

참여한 라인 동맹은 1806년 10월 예나 전투 이후 규모가 확대되어 1808년에는 모두 40개국이 참여하게 되었다. 이 당시 라인 동맹의 범위는 1803년 제국의회 대표자회의 결의에 따라 재편된 독일제국의 제후국 중 오스트리아와 프로이센 왕국이 빠진 규모였다. 1811년을 기준으로 라인 동맹의 총 면적은 325,752km^{2}였고 여기에는 14,608,877명이 살고 있었다. 그러나 이 동맹은 라이프치히 전투 이후 해체 수순을 밟았으며, 1815년 빈 회의에서 공식적으로 해체되었다.

49 이 당시 메테르니히는 나폴레옹과 그의 제국 대신에 열강 간의 세력 균형 유지가 필요하다는 것을 인지하고 있었다.

50 카롤린은 자신의 자서전에서 메테르니히의 외모를 자세히 언급했다. 그녀에 따를 경우 메테르니히는 날씬한 몸매, 유연한 몸짓, 균형 잡힌 인상, 금발, 약간 나이가 들게 화장한 얼굴, 푸른 눈, 약간 처진 눈꺼풀을 가졌는데 이것들은 당시 황실 출입 여성들을 강하게 유혹하는 요인으로 작용했다는 것이다. 또한 그녀는 처음 만났을 때의 메테르니히는 '크림 같은 얼굴(Cremes Gesicht)'을 가졌다고 회상하기도 했다. 이렇게 메테르니히에게 강한 호감을 가졌던 카롤린은 이기적이고 냉정했지만 그녀의 주변에는 항상 파리 주재 각국의 외교관들이 많

1793년부터 나폴레옹의 부관으로 활동하던 쥐노는 1807년 11월 30일 다브랑테 공작(Duc d'Abrantès)으로 임명되었다. 이 인물은 1806년 파리 지사로 임명되었고 다음 해인 1807년 포르투갈 원정군 사령관으로 활동했다. 이렇게 남편이 프랑스를 떠나자 그동안 메테르니히에게 깊은 연정을 가지고 있던 22세의 로르 쥐노는 그에 대한 자신의 감정을 표출하기 시작했고 메테르니히 역시 관심을 표명했다. 당시 매력적이고, 우아하고, 그리고 교양을 충분히 갖춘 로르 쥐노는 파리 상류사회에서 두각을 나타내고 있었다. 그런데 나폴레옹의 궁녀들과 황후 조세핀의 친한 친구들은 메테르니히와 로르 쥐노 사이의 열애를 그들 이익에 효율적으로 활용하려 했다. 짧은 기간 내에 메테르니히와 로르 쥐노 사이의 관계는 깊어졌고 이들은 서신 교환을 통해 그들의 감정을 적극적으로 표현했다. 당시 나폴리 왕국의 여왕이었던 카롤린은 메테르니히에 대한 자신의 감정 때문에 이들의 교류를 방해하려고 했다. 따라서 그녀는 편지 전달을 담당한 궁녀에게 뇌물을 주고 획득한 로르의 열애 편지를 바로 그녀의 남편 쥐노에게 보냈다.

편지를 접한 쥐노는 크게 격노했다. 여기서 쥐노는 자신의 부인과 메테르니히가 불륜 관계를 맺게 된 것이 메테르니히의 부인인 마리−

───────

이 모였는데 그것은 그녀를 통해 나폴레옹에 대해 중요한 정보를 얻을 수 있다는 판단에서 비롯된 것 같다. 실제로 카롤린은 오빠 나폴레옹에 대해 정확히 알고 있었기 때문에 그에 대해 절대적인 영향력도 행사할 수 있었다. 메테르니히 역시 카롤린과의 접촉을 게을리하지 않았는데 그것은 '정보근원지로서의 여성(Frauen als Nachrichtenquelle)'을 적극적으로 활용해야 한다는 관점을 가졌기 때문이다.

제1장 보수적인 청년 외교관

엘레오노레 폰 카우니츠-리트베르크가 남편 관리를 제대로 하지 않은 데서 비롯되었다고 판단했다. 따라서 그는 메테르니히 부인에게 봉함엽서를 보내 강제소환을 검토했는데 이것은 그 자신이 마리-엘레오노레와 자녀들이 파리에 체류 중이라는 사실을 파악한 데서 비롯된 것 같다. 그리고 얼마 후 쥐노가 공개 석상에서 자신의 부인과 메테르니히 사이의 불륜 관계를 밝힘에 따라 탈레랑-페리고와 나폴레옹도 이러한 상황을 알게 되었다.

이 미묘한 사건을 접한 나폴레옹은 당시 상황을 고려한 조치를 즉각적으로 취했다. 즉 곧 오스트리아 외무장관으로 승진될 메테르니히에 대한 제재보다 쥐노와 그의 부인을 재빨리 포르투갈로 보내는 선에서 문제를 덮으려고 한 것이다. 그리고 이것으로 메테르니히와 로르 쥐노 사이의 불륜은 외양상 마무리되었다.[51]

메테르니히는 파리에서의 일련의 불륜 행각으로 '고삐 없는 방탕아 (zugellosen Lebemann)'라는 별명을 얻게 되었다.[52] 그러나 이를 통해 쉽게 접근할 수 없는 정보들도 얻었다.[53] 이렇게 방탕아로 활동했음에도 불

---

51 이후에도 둘 사이의 관계는 동요 없이 지속되었고 로르 쥐노는 1815년 이후 프랑스에서 메테르니히의 외교정책을 지지하는 유명한 여성으로 부각되었다. 1817년 6월 로르 쥐노는 파리를 떠나 이탈리아 여행을 하게 되었는데 피렌체와 로마에서 메테르니히를 만났다. 특히 로마에서 메테르니히는 로르 쥐노에게 필요한 서류들을 작성해주는 등 편의를 제공하는 세심한 배려를 하기도 했다.

52 이 당시 마리-엘레오노레 폰 카우니츠-리트베르크와 자녀들이 파리에 체류 중에도 불구하고 메테르니히의 부적절한 애정 행각은 계속되었다.

53 실제로 카롤린은 쥐노, 탈레랑-페르고, 푸셰와 친했기 때문에 그들로부터 중요한 국가 정보를 얻는 데 어려움이 없었다. 그 일례로 메테르니히는 1806년 11월말 카롤린으로부터 그녀의 남편 뮈라가 새로 재건된 폴란드 국왕으로 등극하

구하고 메테르니히는 자신의 보수적 관점을 더욱 확고히 했다.

이 시기에 메테르니히는 자신의 향후 정치적 행보에 도움을 줄 수 있는 푸셰(J. Fouche)[54]와 탈레랑-페리고[55]와 교류했을 뿐만 아니라 언론의 역할도 정확히 인지했다. 절친한 친구에게 보낸 한 편지에서 메테르니히는 "종교와 마찬가지로 언론은 정부의 지시나 명령이 영향력을 발휘할 수 없는 곳까지 침투할 수 있는 가장 강력한 힘"이라고 언급했다.

기를 바라고 있다는 정보도 입수했다.

54 프랑스 대혁명 기간 중에 푸셰는 리옹(Lyon)에서 로베스피에르(Robesperre)에게 저항하는 소요를 무자비하게 진압했다. 그는 1793년 툴롱(Toulon) 몰락 이후 파리의 한 동료에게 흐뭇한 표정으로 말했다. "오늘 밤에 1,213명의 반란군이 처형될 것이다. 내 눈에서 흐르는 기쁨의 눈물도 이제는 안녕이다." 그는 혁명 중에 보여준 잔인함에 어울리는 악명도 얻었다. 예컨대 리옹의 대학살 중에 그는 사람 귀 한 쌍을 성직자 모자의 양쪽에 달고 다녔다고 했다. 그리고 집정정부 시대에 푸셰는 네덜란드에서 바라스(P. Barras)의 밀정 역할을 담당했다. 언제나 지하에서 두더지처럼 움직이던 푸셰는 브뤼메르(Brumaire, 1799.11.9) 이후부터 10년간 무시무시한 경찰총독으로 활약했다. 1810년 나폴레옹은 영국과의 비밀회담 건으로 그를 문책했다. 1812년 모스크바에서 퇴각한 이후 나폴레옹은 자신의 등 뒤인 파리에서 푸셰가 활동하는 것을 더 이상 믿지 못했다. 따라서 그는 푸셰를 베를린으로 보냈다가 곧 일리리아의 통치자로 임명했다.

55 푸셰와 마찬가지로 탈레랑-페리고는 당대의 기회주의자였다. 그는 혁명 때부터 루이 필리프에 이르기까지 프랑스의 모든 통치자에게 열심히 봉사했다. 이 인물은 오툉(Autin)의 주교였으나 스스로 성직을 버리고 결혼했다. 왕당파였던 탈레랑-페리고는 공포정치가 닥치자 미국으로 망명했다. 이 기간 중 그는 망명 귀족들과 사귀었고, 유색인 여인과 공공연하게 어울리면서 근엄한 필라델피아 사회에 커다란 충격을 가져다주었다. 한편 그는 신생 미국이 언제나 더 영국적이라는 중요한 사실에 따라, 영국과 전쟁을 재개할 경우 프랑스는 전력을 다하여 미국이 적의 편이 되지 않게끔 조심해야 한다는 것을 인지했다. 1797년 미국에서 귀국한 탈레랑-페리고는 집정정부의 외상으로 임명되었는데 그때 그의 나이는 43세였다.

7

나폴레옹의 유럽 제패

메테르니히가 파리에서 외교관으로 활동할 당시 유럽은 나폴레옹에 의해 셋으로 나누어졌다. 하나는 그동안 국경 지대의 영토를 병합하면서 팽창한 프랑스 제국, 두 번째는 나폴레옹 일가가 통치하는 위성국가들,[56] 그리고 세 번째는 패전국의 신분으로 프랑스와 동맹 체제를 구축한 오스트리아, 프로이센, 그리고 러시아였다.

나폴레옹의 절대적 우위는 에스파냐에서 도전을 받게 되었다. 이는 1808년 6월 나폴레옹이 당시 에스파냐에서 인기가 없던 카를로스 4세(Carlos IV, 1778~1806)를 퇴위시키고, 형 조제프 보나파르트(Joseph Bonapart)를 에스파냐 국왕으로 등극시킨 것에 대한 에스파냐인들의 반발에서 비롯되었다. 에스파냐의 반나폴레옹 투쟁은 날이 갈수록 확대되었고 웰링턴(A.W. Wellington)의 영국군은 이러한 상황을 적극적으로 활용

---

56 나폴레옹이 국왕이고 외젠 드 보아르네(Eugène de Beauharnais)가 부왕인 이탈리아 북부의 이탈리아 왕국, 루이(Louis)를 위한 네덜란드 왕국, 카롤린 보나파르트의 남편 뮈라를 위한 나폴리 왕국이 이에 해당된다 하겠다.

하고자 했다. 즉, 그는 에스파냐의 반나폴레옹 세력을 지원하여 나폴레옹의 입지적 조건을 위축시키려 했다. 이에 나폴레옹은 30만 명의 병력을 투입했으나, 에스파냐의 저항을 진압하지는 못했다.

이 시기 메테르니히는 나폴레옹의 성격을 정확히 파악했다. 그럼에도 불구하고 그는 반나폴레옹파 인물들과의 교류 과정에서 프랑스와 연계된 국제 정세를 오판하는 실수도 범했다. 즉 메테르니히는 나폴레옹 체제에 반기를 든 에스파냐 소요와 그것이 가지는 의미를 과대평가했던 것이다. 따라서 그는 빈 정부에게 프랑스에 대한 군사적 행동을 요구했는데 이 판단은 프랑스 국민들이 장기간 지속된 전쟁에 대해 피곤해한다는 것과 나폴레옹 자신이 가족들로부터 소외된 것에서 비롯된 것 같다. 메테르니히의 이러한 분석은 당시 외무장관이었던 슈타티온(J.P. v. Station) 백작을 중심으로 한 전쟁파에게 전쟁의 빌미를 제공했고 실제로 이것은 1809년 4월 9일에 발발한 전쟁의 주된 요인으로 작용했다.

보수적 성향을 가졌던 슈타티온은 언론을 통해 애국주의 확산을 지향했다. 즉 그는 정부의 안건을 민족의 안건으로 변형시켰던 것이다. 따라서 그는 오스트리아·프랑스 전쟁을 독일 제국의 자유 및 부흥을 위한 전쟁으로 부각시켰다. 그리고 오스트리아군이 독일 북부 지역으로 진격할 경우 그곳의 독일인들이 적극적으로 동참할 것이라고도 예견했다. 실제로 슈타티온은 오스트리아가 프랑스와 전쟁을 할 경우 독일 전역에서 의용병들이 전쟁에 적극적으로 참여할 것이고 프로이센 역시 군사적 지원을 하리라는 믿음을 가지고 있었다. 그러나 전쟁이 시작된 후 독일에서는 오스트리아에 대한 지원 움직임이 거의 없었다.

　　　　　　　　　　　　　　　　　　　　제1장 보수적인 청년 외교관

프랑스와의 전쟁이 시작된 직후 메테르니히는 빈으로 돌아왔다. 비록 그가 나폴레옹에 대한 민족전쟁을 부추겼지만 7월 5일 바그람(Wagram) 전투에서 오스트리아군이 패배한 직후 바로 전쟁 종결을 외치는 민첩성도 발휘했다. 나폴레옹은 5월 13일 빈을 점령했고 오스트리아는 국가의 존속마저 걱정하는 상황에 놓이게 되었다.[57] 이후 오스트리아는 1809년 10월 14일에 체결된 쇤브룬 조약에 따라 나폴레옹에게 350만 명이 거주하던 110,000km²의 영토를 넘겨주어야 했고 이것은 국가의 위상을 강대국에서 중대국으로 격하시키는 요인도 되었다.

오스트리아는 잘츠부르크와 인비어텔(Innviertel)을 바이에른 왕국에게, 일리리아 지방은 프랑스에게, 서갈리시아는 바르샤바 공국에게 넘겨주어야만 했다. 뿐만 아니라 8,500만 프랑의 전쟁 보상금을 지불해야 했고 병력 역시 15만 명으로 제한되는 수모도 겪게 되었다.

---

57 이 당시 프란츠 1세와 그의 측근들은 전쟁을 계속할 것인가 또는 프랑스와 평화 조약을 체결할 것인가에 대해 논의했지만 쉽사리 결정을 내리지 못했다.

제2장

나폴레옹 시대

Klemens

Wenzel

Lothar

Fürst von

Metternich

1
외무장관 취임

프랑스와의 전쟁에서 패배한 직후, 즉 1809년 10월 8일 프란츠 1세는 외무장관 슈타티온 백작을 해임하고 메테르니히를 그 후임으로 임명했다.[1] 1794년 벨기에의 한 전투지에서 프란츠 1세는 메테르니히를 처음 만났는데 여기서 그는 메테르니히가 지향하던 정치적 기본 원칙을 파악했고 그것이 매우 옳다는 판단도 했다. 또한 그는 메테르니히가 제국이 매우 어려운 상황에 놓이거나 또는 패전 후 바로 출구를 찾으려는 노력을 기울였다는 것과 그 과정에서 제국의 결속을 우선적으로 배려하는 능력에도 깊은 감명을 받았다. 즉 그는 메테르니히가 나폴레옹과 알렉산드르 1세와의 협상에서 효율적으로 대응했고 거기서 국가의 이익을 최우선적으로 선정한 것도 직접 목격했던 것이다. 따라

---

[1] 전쟁에서 패한 직후 프란츠 1세는 모든 공직에서 장군 출신의 인물을 배제했다. 아울러 카를 대공과 요한 대공을 비롯한 자신의 형제들이 정부에서 활동하는 것도 금지시켰다. 이러한 분위기에 등장한 메테르니히는 1821년까지 외무장관직을 수행했다.

서 메테르니히에 대한 프란츠 1세의 신임은 절대적이었다.[2]

외무장관으로 임명된 이후 메테르니히는 대프랑스 접근 정책을 본격적으로 실시했다. 그는 나폴레옹과 협력하려는 자세를 보였을 뿐만 아니라 오스트리아 국익에 도움이 되는 방안도 동시에 강구하려고 했다. 그러나 그는 향후 나폴레옹의 입지가 약화될 경우 그것을 즉시 활용해야 한다는 생각도 가지고 있었다.[3]

외무장관으로 임명되기 전 프랑스에서 대사로 활동하던 메테르니히는 나폴레옹이 보낸 외젠 드 보아르네(E. de Beauharnais)와의 독대 과정에서 나폴레옹이 오스트리아 황제의 장녀인 마리에 루이제(Marie Louise)와의 결혼에 대해 깊은 관심이 있다는 것을 파악했다. 그런데 이에 앞서 나폴레옹은 러시아 황제 알렉산드르 1세의 넷째 여동생인 예카테리나 파블로프나(Ekaterina Pavlovna)와의 결혼을 추진했다. 그러나 알렉산드르 1세는 여동생을 나폴레옹에게 시집보내는 것에 대해 부정적이었기 때문에 1809년 8월 3일 그녀를 이종사촌인 올덴부르크(Oldenburg) 공국의 왕자 페터 프리드리히 게오르그(Peter Friedrich Georg)에게 시집보냈다.

그리고 알렉산드르 1세는 예카테리나보다 일곱 살이나 어린 막내 여동생인 안나 파블로프나(Anna Pavlovna)를 나폴레옹과 결혼시키려 했고

---

2 이렇게 황제의 신임을 받던 메테르니히는 예상과는 달리 계몽절대사상을 신봉했는데 이것은 그가 "모든 정책은 신민을 위해, 그러나 이러한 정책이 신민으로부터 나와서는 안 된다."라고 언급한 데서 확인할 수 있다.

3 외무장관으로 임명되기 전부터 메테르니히는 "우리는 우리의 안전을 승전국인 프랑스 시스템에서 찾아야 한다."고 언급했다. 그리고 메테르니히의 친프랑스적 성향은 알텐부르크(Altenburg) 평화협상에서 부각되기 시작했다.

거기서 나폴레옹은 안나가 성년이 될 때까지 기다려야 한다는 조건도 제시했다. 당시 유럽의 지배자라 자칭하던 나폴레옹은 알렉산드르 1세의 이러한 일방적 제의에 대해 심한 모욕감을 느꼈다. 아울러 그는 당시 러시아 황실의 대소사에 전권을 휘두르던 황태후가 알렉산드르 1세와 그 사이에 체결된 틸지트 조약을 '악마와의 약속'으로 간주하는 등 그에 대해 심한 적대감을 가지고 있다는 것도 잘 알고 있었다. 당시 나폴레옹에 대해 매우 부정적이었던 황태후는 그가 무정자증이라는 소문도 들었는데 이것은 필사적으로 이혼을 막으려 했던 조세핀의 의도에서 비롯되었다. 이에 따라 나폴레옹은 러시아 황녀와의 결혼을 포기하고 메테르니히를 통해 마리에 루이제와의 결혼을 추진했다.

외젠 드 보아르네를 통해 나폴레옹이 일방적으로 제시한 청혼 조건은 첫째, 빈 황실은 자신이 제시한 마리에 루이제와의 청혼을 거절할 수 없다. 둘째, 자신과 마리에 루이제 사이의 약혼은 가능한 한 빨리 거행한다였다. 이러한 나폴레옹의 일방적 통보에 메테르니히는 크게 놀랐지만 나폴레옹의 요구를 즉석에서 반대할 상황도 아니었다.

빈으로 급거 귀국한 메테르니히는 프란츠 1세와 나폴레옹의 청혼 요구를 심도 있게 논의했고 거기서 나폴레옹이 '합스부르크 가문의 일원이 되기를 기대한다(einer aus dem Habsburg-Clan soll es sein)'는 것을 프란츠 1세에게 알렸다. 그러나 프란츠 1세는 딸인 마리에 루이제와 나폴레옹의 결혼에 부정적이었다. 따라서 메테르니히는 프란츠 1세를 설득해야 했는데 거기서 그는 양국 간의 국혼을 통해 얻을 수 있는 이점들을 상세히 밝혔다. 양국 간의 국혼은 당시 추진 중이던 프랑스와 러시아 사이의 동맹 체제 결성을 차단하고 나폴레옹의 오스트리아 공격도 원천적으로 봉쇄할 수 있다는 것이 그의 주장이었다.

또한 메테르니히는 프란츠 1세에게 7억 8,500만 굴덴의 부채를 가진 오스트리아 제국이 프랑스와 다시 전쟁을 할 경우 도저히 감당할 수 없는 경제적 위기 상황도 초래될 수 있다는 점을 부각시켰다. 메테르니히와의 수차례 독대 이후 프란츠 1세는 딸과 나폴레옹의 결혼에 동의했다. 이후 메테르니히는 부인의 측면 지원을 받으면서 마리에 루이제와 나폴레옹 간의 결혼 성사에 깊숙이 개입했다.

메테르니히는 1810년 2월 18일 당시 빈에 머물던 프랑스 외무장관을 만나, 프랑스 황제와 마리에 루이제의 결혼 협정에 최종적으로 합의했다. 이 자리에서 프랑스 외무장관은 양국 간의 국혼 성사로 프랑스군의 독일 철수와 라인 동맹군의 수를 절반으로 줄이겠다는 계획도 밝혔다. 또한 그는 파사우 요새 건설 중단과 일리리아(Illyria) 지방의 군대를 4분의 1로 감축하겠다는 것도 제시했다. 여기서 메테르니히는 프랑스 외무장관이 밝힌 이러한 약속들이 나폴레옹의 의도에서 비롯되었다는 것을 인지했을 뿐만 아니라 쇤브룬 평화조약의 개정 역시 가능하다는 판단을 했다. 따라서 메테르니히는 마리에 루이제의 결혼을 국익에 효율적으로 활용할 수 있다고 보았고 그에 따라 마리에 루이제와 같이 프랑스로 떠난다는 구상도 했다.[4]

파리로 출발하기 전 메테르니히는 프란츠 1세를 알현했고 거기서 그 자신이 몇 주 동안 파리에 체류해야 하기 때문에 업무를 일시적으로

---

4 이때 메테르니히가 출장의 외양상 목적으로 제시한 것은 마리에 루이제가 가능한 한 빨리 프랑스 황실 생활에 적응하게끔 도움을 준다는 것이었다.

부친에게 이관시키는 것에 대해서도 허가를 받았다.[5] 그런데 메테르니히는 예상과는 달리 파리에 장기간 머무르게 되었다.[6] 즉 1810년 3월 28일부터 같은 해 9월 24일까지 파리에 머물렀는데 이것은 나폴레옹이 153일 동안 쉔브룬궁에 머물렀던 것보다 28일이나 긴 기간이었다. 이렇게 파리 체류 기간이 장기화됨에 따라 메테르니히는 서신을 통해 외교적 중요 현안을 프란츠 1세에게 보고했고 그로부터 재가를 받는 등의 외교적 업무를 수행했다.

이 시기 메테르니히는 나폴레옹과의 독대를 통해 8,500만 프랑에 달하는 전쟁 보상금과 15만 명으로 제한된 병력의 조정을 시도했다. 또한 그는 독대 과정에서 오스트리아가 아드리아(Adria)해로 진출하는 거점도 확보하려고 했다. 이러한 시도들 중의 일부는 관철되었는데 그것은 프랑스가 전쟁 보상금의 액수를 조정하는 대신 낮은 금리의 차관 공여 및 교역 협정을 통해 오스트리아의 어려운 재정적 상황을 다소나마 완화시켜준 데서 확인할 수 있다.

그런데 당시 결혼 당사자였던 마리에 루이제는 나폴레옹과 조세핀이 이혼했다는 소식을 접한 후 "앞으로 황후가 될 여인에게 진심으로 동정을 표시함과 동시에, 그 여인이 내가 아니길 바라고 있다."는 내용의 편지를 절친한 친구에게 보낼 정도로 나폴레옹에 대해 강한 반감을 가지고 있었다. 그러나 메테르니히는 그녀를 정치적 희생양으로 만들

---

5   이후부터 메테르니히는 공무상 외국에 장기간 머물 경우 측근에게 업무를 일시적으로 이관하곤 했다.
6   이 기간 중 메테르니히는 당시 18세의 마리에 루이제를 정확히 파악하게 되었다. 그에 따를 경우 그녀는 모든 사람들에게 상냥하고, 공손한 태도를 보였다.

었으며, 그녀 역시 자신을 희생자로 간주했다. 실제로 당시 그녀는 나폴레옹을 사랑하지 않았으며, 나폴레옹 또한 그녀를 사랑한 것이 아니라 황위를 계승할 아들만을 원했을 뿐이었다.

나폴레옹과 마리에 루이제의 결혼식은 두 차례에 걸쳐 진행되었다. '대행결혼(in Procula)' 형태로 진행된 첫 번째 결혼식은 1810년 3월 11일 빈에서 궁정 예식에 따라 화려하게 거행되었다.[7] 이 결혼식에서 오스트리아 황실의 무력함이 다시금 표출되었다. 그것은 당시 신랑인 나폴레옹이 예식에 참여할 시간이 없어 그의 대리로 프란츠 1세의 동생인 카를 대공을 일방적으로 선정한 것에서 확인할 수 있다.[8] 그런데 카를 대

---

7 두 번째 결혼식인 '실제(realiter)'는 4월 2일 파리에서 화려하고, 장엄하게 진행되었다. 이어 거행된 연회에는 나폴레옹 부부를 비롯하여 바덴 대공국 공작, 나폴리 왕국 국왕, 베스트팔렌 왕국 국왕, 네덜란드 국왕, 뷔르츠부르크 대공국 공작, 그리고 메테르니히 등이 참여했다.

8 이렇게 시작된 결혼 생활에서 마리에 루이제는 점차 나폴레옹이 자신을 진심으로 사랑한다는 것을 알게 되었고 이후 그를 인생의 반려자로 간주했다. 실제로 나폴레옹은 마리에 루이제가 파리에 도착한 이후부터 그녀가 낯선 도시에서 빨리 적응할 수 있게끔 모든 면에서 배려했다. 결혼한 지 1년 후, 즉 1811년 마리에 루이제는 나폴레옹이 그렇게 원했던 아들을 출산했다. 이미 요람에서 로마 왕의 칭호를 부여받고, 후에는 라이히슈타트(Reichstadt) 공작으로 빈 황궁에서 그림자처럼 살았던 인물이 태어난 것이다. 1821년 5월 5일 나폴레옹은 세인트 헬레나(St. Helena)에서 사망했지만 마리에 루이제는 1847년까지 살았으며 이 기간 중에 그녀는 두 번, 즉 1822년과 1834년에 재혼했다.

메테르니히는 나폴레옹이 엘바섬으로 간 후 마리에 루이제 역시 이 섬으로 갈 것이라는 예상을 했는데 이것은 그녀가 나폴레옹을 사랑한다는 판단에서 비롯되었다. 또한 그는 프란츠 1세가 마리에 루이제와 나폴레옹이 다시 만나는 것을 반대한다는 것도 알고 있었다. 따라서 그는 마리에 루이제가 엘바섬으로 가는 것을 저지하기 위해 당시 빈에서 호색한으로 알려진 나이페르크(A.A. Neipperg) 백작을 마리에 루이제의 부관으로 임명한 후 엑스레벵(Aix-les-Bains)에 체류하

공은 1809년 5월 21일에 벌어진 아스페른(Aspern) 전투에서 나폴레옹군을 패배시킨 오스트리아군의 지휘관이었다. 비록 이 전투에서 프랑스군이 패배를 당했지만 그것은 오스트리아에 대한 나폴레옹의 우위에 전혀 영향을 끼치지 못했다. 그럼에도 불구하고 나폴레옹은 카를 대공을 오스트리아 제국에서 존경할 수 있는 유일한 인물이라고 평가했을 뿐만 아니라 프란츠 1세를 폐위시키고 그를 오스트리아 황제로 등극시

던 마리에 루이제가 엘바섬의 나폴레옹에게 가지 못하게끔 했고 만일 그녀가 엘바섬에 갈 경우 반드시 동행해야 한다는 비밀 지령도 내렸다. 그리하여 42세의 나이페르크는 마리에 루이제를 유혹하는 데 주저하지 않았는데 이것은 메테르니히의 암묵적 동의가 있었기 때문에 가능했다. 점차 그녀의 나폴레옹에 대한 추억은 희미해져갔고 나폴레옹이 죽기도 전에 나이페르크와의 사이에서 두 아이가 태어났다.

나폴레옹이 몰락한 이후부터 프란츠 1세는 딸 마리에 루이제의 향후 신분을 우려했다. 따라서 그는 파리에서 평화협상을 주도하던 메테르니히에게 승전국과 더불어 딸이 향후 통치할 수 있는 지역에 대해 구체적으로 논의할 것을 명령했다. 황제의 명령을 받은 메테르니히는 승전국과 더불어 협상을 진행했고 마침내 1814년 4월 11일 승전국으로부터 마리에 루이제가 이탈리아 북부에 위치한 에밀리야-로마냐(Emilis-Romagna) 지방, 즉 파르마(Parma), 피아첸차(Piacenza), 구아스탈라(Guastalla)의 통치자가 되는 것에 대한 동의도 얻어냈다. 1816년 3월 7일 프란츠 1세는 마리에 루이제에게 파르마 대공국(Ducato di Parma)을 이양했고 통치 운영비 및 생활비를 자신의 사금고(Kameralärarium)에서 지불했는데 그 액수는 799,982굴덴에 달했다.

나폴레옹이 죽은 후 마리에 루이제는 나이페르크와 1822년 9월에 결혼했고, 그가 사망하자 다시 파르마 공국 총리인 봉벨(C.R. de Bombel) 남작과 1834년에 결혼했다. 국가 이익을 위해 마리에 루이제를 나폴레옹에게 보냈던 메테르니히는 언제나 그녀를 위해 적당한 남자가 있게끔 배려했고 그러한 성의를 마리에 루이제 역시 암묵적으로 받아들였다. 그러나 메테르니히는 말년에 이르러 국익을 위해 한 여인을 희생시킨 것이 올바른 행위가 아니었음을 분명히 밝혔다.

키려는 구상까지 했다.[9]

나폴레옹으로부터 낮은 이자의 차관을 제공받았음에도 불구하고 오스트리아는 프랑스와의 수차례에 걸친 전쟁으로 경제적 어려움에서 벗어나지 못했을 뿐만 아니라 그 상황 역시 더욱 악화되었다. 이러한 경제적 위기 상황을 극복하기 위해 프란츠 1세는 발리스(J. Wallis) 백작을 재무장관으로 기용했지만 이 인물은 경제 및 재정에 대해서는 거의 문외한이었다.[10] 발리스는 1811년 3월 15일 황제 칙령을 발표했는데 거기서는 상환증권(Einlösungsscheine)을 통해 구폐(Bankozettel) 가치를 20%까지 절하한다는 것이 언급되었다. 이것을 통해 빈 정부는 국가 부채 규모를 20%로 축소할 수 있었지만 이것은 결국 국가파산(Staatsbankrott)이라는 최악의 상황을 유발시켰다. 그리고 이러한 국가파산은 감당할 수 없는 경제적 재앙까지 촉발시켰다. 이에 따라 수만 명에 달하는 오스트리아인들은 저축의 80%를 잃게 되었고 이것은 이들을 하루아침에 빈곤 계층으로 전락시켰다. 아울러 잘 나가던 사업들 역시 부도 위기에 직면하게 되었다. 이후 빈에서의 자살률은 급증하였고 그것은 심각한 사회문제로 부각되기도 했다.

메테르니히가 회고록에서 밝혔듯이 그는 나폴레옹의 지배 체제가

---

9 이 당시 나폴레옹은 마리에 루이제와의 결혼을 통해 오스트리아 제국의 상속권을 부여받아 프랑스를 명실상부 유럽 최강의 국가로 격상시키려 했다. 또한 그는 정통성이 결여된 혁명을 통해 자신의 제국이 창출되었다는 것을 인지했기 때문에 정통성을 갖춘 오스트리아 제국과 결합할 경우 자신의 후계자들은 이러한 문제점으로부터 벗어날 수 있다는 확신도 가지고 있었다.
10 다만 그는 빈 정부의 다른 장관들처럼 황제에게 충성하는 열성만을 가졌을 뿐이다.

일시적 현상에 불과하고 내부적 모순으로 인해 결국 붕괴될 수밖에 없다는 관점을 가지고 있었다. 그러나 정확한 붕괴 시점을 예견할 수 없기 때문에 기다리는 정책, 즉 인내 정치를 시행해야 한다고 했다. 그에 따를 경우 현시점에서 필요한 것은 오스트리아가 나폴레옹에 대처하여 활동할 수 있는 여지를 확보하는 것이었는데 그 외교적 성과는 1812년 3월 14일 프랑스와 체결된 동맹 체제에서 나타났다. 즉 오스트리아는 프로이센의 프리드리히 빌헬름 3세가 프랑스와 굴욕적 조약을 체결한 것과는 달리 프랑스와 대등한 입장을 견지할 수 있었다. 이것으로 인해 오스트리아는 라인 동맹에 강제로 가입할 필요가 없었을 뿐만 아니라 나폴레옹 시스템에 직접적으로 연계되지 않아도 되었다. 또한 나폴레옹의 오스트리아 침입 가능성이 사라졌고 오스트리아는 다양한 외교적 선택권도 가지게 되었다.

이렇게 메테르니히는 외무장관으로 취임한 이후부터 자신의 외교적 노선, 친나폴레옹 정책을 지속적으로 실시했는데 이것은 나폴레옹에 반감을 가지고 있던 여론 및 궁정 사회의 심한 반발에 직면하곤 했다. 그럼에도 불구하고 당시의 국제 정세 및 국내 상황이 고려된 메테르니히의 외교 정책은 고수되었는데 이것은 그에 대한 프란츠 1세의 신뢰 때문에 가능했다.

이 당시 메테르니히는 민족문제가 다민족국가(Vielvölkerstaat)인 오스트리아 제국 존속에 위협을 줄 수 있다는 것을 알고 있었지만 그것의 해결에 대해서는 소극적인 자세를 보였다. 따라서 메테르니히는 내부 문제인 민족문제를 해결하는 것보다 겐츠와의 협조를 통해 유럽 열강 간의 균형 유지 방법을 강구했고 그것을 국가 및 외교정책의 최우선 과제로 설정하기도 했다. 이렇게 민족문제 해결에 의지를 보이지 않던 메테르니히도 1830년대 초반부터 문제 해결의 심각성을 인식하고 그것을 정책에 반영하려는 자세를 보이기 시작했다.

2
나폴레옹의 러시아 원정

1806년 11월 21일부터 효력을 발휘하기 시작한 대륙 봉쇄령(Blocus continental)으로 인해 러시아는 영국으로의 농산물 수출을 할 수 없게 되었고 그것으로 인해 막대한 경제적 손실도 감수해야만 했다. 대륙 봉쇄령은 나폴레옹이 영국에 대한 경제적 봉쇄 조치에서 비롯된 것인데, 이것은 프랑스 경제가 유럽 장악을 시도한 중상주의 정책의 표현이었다. 나폴레옹은 대불동맹을 주도한 영국을 굴복시키기 위해 1805년 10월 21일 에스파냐 남서쪽에 위치한 트라팔가르(Trafalgar)에서 넬슨(H. Nelson) 제독이 주도한 영국 해군과 해전을 치렀지만 패전하게 되었고 이것은 대륙 봉쇄령을 발표하게 하는 결정적인 요인으로 작용했다.

대륙 봉쇄령에서는 영국에 대한 전면적 봉쇄, 영국과의 통상 및 통신금지, 영국 선박의 대륙 내 항구 출입 금지 및 위반 선박의 강제 몰수 등이 언급되었다. 이 대륙 봉쇄령의 첫 번째 제재 국가는 포르투갈이었는데 그것은 이 국가가 프랑스의 요구에도 불구하고 계속하여 영국과 교역을 했기 때문이다. 그러나 이러한 제재 조치는 나폴레옹이 기대한 성과 대신 대륙 내에서 반프랑스 감정을 고조시키는 결과만을 초래했다. 대륙 봉쇄령으로 인해 경제적 타격이 심화됨에 따라 러시아의 알렉산드르 1세는 1810년 12월 31일 대륙 봉쇄령에 더 이상 참여하지 않겠다는 입장을 공식적으로 밝혔고 그것은 나폴레옹의 군사적 행동을 야기시키는 요인이 되었다.[11] 나폴레옹의 러시아 원정 이전 메테르니히는 러시아가 프랑스와의 전쟁을 통해 모든 것을 잃게 되리라는 확신을 갖고 있었다. 또한 그는 전쟁으로 인해 러시아뿐만 아니라 프랑스 역시 국력이 약화되리라는 예상도 했다. 여기서 그는 상대적으로 오스트리아의 위상 증대를 예견하기도 했다.

나폴레옹의 러시아 원정은 1812년 6월 24일에 시작되었는데 여기에는 오스트리아 및 프로이센군도 참여했다.[12] 빌뉴스(Vilnius), 스몰렌스크(Smolensk)[13]를 거쳐 원정을 개시한 지 석 달 만인 9월 14일 나폴레옹

---

11 알렉산드르 1세는 영국 상품이 중립국 국기를 게양한 선박에 의해 수송되는 경우 러시아 항구에 입항하는 것을 허용했는데 이것은 러시아 산업 체제를 유지하는 데 영국의 기계제품이 절대로 필요했기 때문이다. 그리고 육로를 통해 수입되던 프랑스 상품에 대해서는 고율의 관세를 부과했다.

12 1812년 5월 18일부터 5월 24일까지 개최된 드레스덴 회의에서 나폴레옹은 오스트리아, 프로이센, 그리고 라인 동맹 국가들에게 러시아 원정 참여를 강력히 요구했다. 이에 따라 이들 국가의 병사들도 러시아 원정군에 포함되었다. 그리고 이들은 제10군단에 배속된 프로이센군 2만 명, 라인 동맹이 파견한 13만 명, 그리고 독립군단으로 활동한 오스트리아군 3만 3천 명으로 세분화되었고 그 총수는 18만 8천 명에 달했다.

13 1812년 8월 17일 나폴레옹은 스몰렌스크를 포위하고, 치열한 교전 끝에 스몰렌스크의 교외 지역을 점령했다. 스몰렌스크는 프랑스군의 포격으로 파괴되었고, 러시아군들은 퇴로를 확보하기 위해, 프랑스군들은 러시아군의 공격을 저지하기 위해 경쟁적으로 도시에서 방화를 시도했다. 바르클라이 드 톨리는 러시아군의 기지창 파괴도 명령했다. 비록 인명 피해는 예상보다 적었지만 목조 건물이 대부분이었던 스몰렌스크는 포격과 방화로 인해 도시 전체가 폐허가 되

은 모스크바도 점령했다. 알렉산드르 1세는 1811년 5월 말 프로이센의 프리드리히 빌헬름 3세에게 서신을 보냈는데 거기서 그는 향후 일어날 프랑스와의 전쟁에서 웰링턴 장군이 에스파냐에서 프랑스군을 탈진시켜 승리를 이끌었던 방식을 활용하겠다고 했다. 즉 그는 결전을 피하고 참호를 둘러싼 캠프까지 긴 병참선을 꾸려 퇴각하겠다는 계획을 밝혔던 것이다.

실제로 나폴레옹의 러시아 원정이 실행되자 알렉산드르 1세는 여론의 요구에 따라 8월 20일 67세의 쿠투조프(M.I. Kutuzov)를 러시아 총사령관으로 임명했다. 모스크바에 도착하기 전인 9월 7일 보르디노(Bordino) 전투에서 나폴레옹은 러시아군을 격파했지만 아무런 이득도 없는 승리였다.[14] 9월 15일 나폴레옹은 그의 친위대와 같이 〈라 마르

었다. 다음날 프랑스군은 스몰렌스크 시내로 진입했지만, 대부분의 러시아군은 도시를 떠난 후였다. 스몰렌스크에서 러시아의 주력군을 섬멸하려 한 나폴레옹의 계획은 실현되지 못했다. 비록 스몰렌스크를 점령했지만 필요한 보급품을 얻지 못했기 때문에 이 도시의 이용 가치는 없었다.

14 1805년 아우스터리츠 전투에서 러시아-오스트리아 동맹군을 지휘했던 쿠투조프는 나폴레옹을 과소평가하는 실수를 저지르지 않았다. 자신의 보좌관이 나폴레옹을 폄하하자 즉시 시정 요구를 한 것이 그 일례이다. 실제로 쿠투조프는 "어느 누구도 나폴레옹과 같은 위대한 인물을 조롱할 자격이 없다."는 관점을 가지고 있었다. 당시 쿠투조프는 모스크바 사수를 위해 더 이상 후퇴 작전을 전개해서는 안 된다는 여론의 압박을 받고 있었다. 그러나 그는 강도가 심화되던 여론의 비난과 전술적 위험을 감수하면서도 퇴각을 계속하여 러시아의 광활한 공간과 기후를 결정적인 무기로 활용하고자 했다. 따라서 그는 울창한 삼림지역을 적극적으로 활용하여 모스크바에서 서쪽으로 100킬로미터 떨어진 보로디노 남쪽과 북동쪽에 12만 8천 명의 병력과 640문의 대포를 배치하여 모스크바를 위협하던 나폴레옹군의 진격을 저지하려고 했다. 1812년 9월 7일 새벽 5시 30분 나폴레옹은 예하 포병대에 포격 개시 명령을 내렸다. 이렇게 시작된 전투

세예즈(La Marseillaise)〉가 연주되는 크렘린(Kremlin) 궁에 도착했다. 같은 날 군사 작전의 일환으로 자행된 러시아군의 방화로 모스크바에서 대화재가 발생했는데 이것으로 인해 모스크바 전체 건물(9,158채) 중에서 6,532채가 소실되었고 290개 교회 중에서 127곳이 무너졌다. 이로써 모스크바는 모든 것이 불타버린 쓸모없는 도시로 변했다.

당황한 나폴레옹은 약 5주 동안 모스크바에 머무르면서 알렉산드르 1세와 협상을 시도했으나, 러시아의 차르는 나폴레옹의 그러한 휴전 제의를 거부했다.[15] 러시아에서 겨울을 맞게 되자, 프랑스군은 러시아에서의 혹한을 견디지 못해 결국 철수했으나, 철수 과정에서 쿠투조프 휘하의 군대와 코사크 기병대로부터 습격을 당했다.[16] 그 결과 67만 명의 원정군 중 40만 명이 죽고 10만 명 이상이 포로로 잡혔다.[17] 비록 3만 명에 달하는 오스트리아군이 러시아 원정에 참여했지만 이들은 독자 연대 편성을 통해 자유로운 작전권을 부여받았고 그것으로 오스트

에서 58,521명이 전사했고 35,478필의 군마가 희생되었다. 후에 나폴레옹은 이 전투를 "내가 치른 전투 중에서 가장 혹독한 전투였다. 이 전투를 통해 프랑스군은 승리할 능력이 있음이 확인되었지만 러시아군 역시 난공불락이라는 것이 입증되었다."라고 언급했다.

15 나아가 알렉산드르 1세는 쿠투조프에게 나폴레옹과 어떠한 접촉도 하지 말 것을 명령했다.

16 1812년 10월 18일 나폴레옹은 모스크바로부터 스몰렌스크로 후퇴하여 장기전에 대비하고자 했다. 그런데 이 도시의 온도는 11월 5일에 섭씨 영하 10도, 11월 29일에는 섭씨 영하 30도까지 떨어질 정도로 추웠다.

17 61만 명의 원정군에서 프랑스군이 차지하는 비율은 3분의 1에 불과했다. 나머지 3분의 2 중에서 라인 동맹, 프로이센, 그리고 오스트리아에서 온 독일군이 3분의 1을 차지했고 나머지 3분의 1은 폴란드와 리투아니아군과 기타 민족에서 차출된 군사로 충당되었다.

리아의 슈바르첸베르크(K.P. zu Schwarzenberg)는 1813년 1월 30일 러시아와 휴전조약을 독자적으로 체결했다.[18]

나폴레옹의 러시아 원정이 실패로 끝난 후 메테르니히는 유럽 외교 무대에서 매우 중요한 인물로 부상했다. 프로이센과 러시아는 1813년 2월 28일 칼리슈(Kalisch) 조약[19]을 체결해 동맹 체제를 구축했다. 칼리슈에 위치한 러시아군 사령부에서 러시아와 프로이센 사이에 체결된 이 조약은 그동안 프로이센이 프랑스와 러시아 사이에서 보여준 이중 외교를 종료하고, 반나폴레옹 동맹에 참여한 것으로 볼 수 있다. 여기서 프로이센은 러시아의 폴란드 점유를 인정했고 그것에 대한 반대급부로 러시아는 프로이센을 1806년 이전 상태로 환원시키는 데 적극적으로 협력하겠다는 약속도 했다.

당시 알렉산드르 1세의 정치고문이었던 슈타인 남작의 적극적인 개입으로 체결된 칼리슈 조약에서 양국은 전쟁 지속에 대해서는 합의하지 못했다.[20] 따라서 오스트리아의 입장이 변수로 작용하게 되었다. 메

---

18 메테르니히는 러시아에게 오스트리아가 병력을 불가피하게 동원할 수밖에 없는 상황과 향후 원정 과정에서 프랑스에게 최소한의 협력만 하겠다는 약속을 비밀리에 통보했다. 실제로 오스트리아는 원정 과정에서 소극적인 전투만을 수행했다. 러시아와 독자적으로 휴전 조약을 체결한 슈바르첸베르크는 오스트리아군을 이끌고 빈으로 귀환했다.

19 칼리슈는 1772년 제1차 폴란드 분할 이후 프로이센이 차지하다가, 1807년 이후부터 러시아령으로 바뀐 도시이다.

20 여기서 러시아는 프로이센이 북부 독일 지방에서의 영역 확대에 대해서도 동의했다. 이에 대한 반대급부로 프로이센은 자국령 폴란드에서 나폴레옹이 위성국으로 세운 바르샤바 공국을 러시아에 양도해야 했지만 슐레지엔과 프로이센 사이의 폴란드 영토는 자국에 귀속시킬 수 있었다. 칼리슈 조약 체결 하루 전인

테르니히는 유럽에서 러시아의 우위를 저지하려고 했기 때문에 동맹 체제에 대한 입장을 빨리 정리하지 않았다. 그리고 오스트리아의 군사력을 강화시키고 오스트리아 영역에서의 전투도 가능한 한 피하면서 프랑스와의 동맹 체제 파기를 생각한 것 역시 오스트리아의 입장 정리를 늦추게 하는 요인으로 작용했다.

그런데 메테르니히의 이러한 자세는 전쟁의 성격에서 비롯된 것 같다. 그는 오스트리아가 단순히 대불동맹의 일원이 아닌 유럽 질서 체제의 회복 과정에서 구심체 역할을 담당해야 한다는 관점을 가지고 있었다. 또한 그는 민족성이 부각된 해방전쟁의 성격도 왕조 간의 전쟁으로 변형시키려고 했다. 이것은 그 자신의 보수주의적 관점을 토대로 유럽 열강들의 균형 체제 회복 및 정통 왕조의 복고를 지향했기 때문이다. 유럽의 새로운 질서 체제하에서 메테르니히는 러시아의 우위권을 인정하지 않으려 했고 프로이센을 인접국인 러시아의 영향으로부터 자유롭게 해야 한다는 생각도 했기 때문에 프랑스의 지나친 세력 약화를 고려하지 않았다. 또한 그는 독일과 이탈리아에서 민족국가의 탄생을 저지하려고 했는데 이것은 다민족국가인 오스트리아의 생존과도 직결되었기 때문이다. 이후부터 메테르니히는 프랑스와의 동맹 체제를 약화시키면서 중립적 입장을 표방했고 대불동맹의 전달자 역할도 기꺼이 수행하려고 했다.

1813년 2월 27일 프로이센은 프랑스와의 동맹 체제를 파기했고 러시아와 더불어 동맹군 설립에도 합의했다. 여기서 러시아가 15만 명, 프로이센이 8만 명을 분담하는 데도 동의했다. 같은 날 이 조약은 프리드리히 빌헬름 3세에 의해 비준되었다. 이로써 제6차 대불동맹 체제가 출범했다.

1813년 6월 4일 메테르니히는 플레스비치(Pläswitz) 휴전을 제안했고 거기서 그는 대불동맹에 참여한 국가들이 자신이 지향하던 전쟁 목표에 동조하게 했다. 메테르니히는 1813년 6월 14일부터 시작된 라이엔바흐(Reichenbach) 회의 및 거기서 체결된 조약을 통해 만일 프랑스가 자신이 제시한 평화 조건들을 수용하지 않을 경우 오스트리아도 대불동맹에 참여한다는 것을 언급했다.[21]

이 당시 메테르니히가 제시한 평화 조건들은 첫째, 바르샤바 공국(Duché de Varsovie)을 해체하고 러시아, 프로이센, 그리고 오스트리아에게 분할 양도할 것, 둘째, 단치히(Danzig)를 프로이센에게 반환할 것, 셋째, 1806년 이후 프로이센 및 프로이센령 폴란드 요새에 주둔한 프랑스 수비대 병력을 철수시킬 것, 넷째, 일리리아 지방[22]을 오스트리아에게 반환할 것, 다섯째, 한자 동맹 도시인 함부르크(Hamburg), 브레멘(Bremen), 그리고 뤼베크(Lübeck)의 독립을 회복시킬 것이었다. 이러한 요구 사안들은 오스트리아의 현안뿐만 아니라 프로이센과 러시아의 관심사 모두를 대변했다는 점에서 오스트리아가 제6차 대불동맹의 주도권 확보 전략을 공개적으로 문서화한 것으로 볼 수 있다. 이 회의에서는 러시아와 오스트리아가 각각 최소 병력 15만 명을, 프로이센이 8만 명을 동원한다는 데도 합의했다.

---

21 메테르니히가 주도한 이 조약에는 영국, 프로이센, 러시아, 그리고 오스트리아가 참여했다.
22 일리리아 지방은 오늘날의 보스니아-헤르체고비나 연안 지역을 지칭한다.

3
해방전쟁의 시작

나폴레옹의 러시아 원정 실패는 그동안 그에게 종속되었던 독일권 국가들에게 반격의 계기를 제공했다. 각지에서 민족주의자들이 전면에 나서게 되었고 이들은 민족적 저항을 호소했다. 특히 예나 전투에서 패배한 이후부터 민족의식이 고양되던 프로이센에서는 대학생들을 중심으로 한 애국 단체들이 의용군을 결성하여 반나폴레옹 전선에 참여하는 등의 적극성을 보였다. 그리고 틸지트 조약으로 20만 명의 프로이센군이 4만 명 수준으로 감축된 것 역시 나폴레옹에게 불리하게 작용했는데 그것은 퇴역한 프로이센 장교들의 반발이 의외로 강했기 때문이다.

프로이센 신민들 사이에 나폴레옹과의 일대 결전 의지가 고조됨에 따라 프리드리히 빌헬름 3세는 러시아와 동맹 체제를 구축한 후 프랑스와의 전쟁을 위해 3월 17일 국민총동원령[23]도 내렸는데 이때부터 해

---

23 국민개병제 도입을 통해 프로이센은 짧은 기간 내에 28만 명의 병사들을 소집할 수 있었다. 그리고 이렇게 소집된 병사들 중에는 아른트(E.M. Arndt), 쾨르너

방전쟁(Befreiungskrieg)이 시작된 것으로 보아야 할 것이다.[24] 또한 같은 해 영국, 러시아, 프로이센, 그리고 스웨덴은 반프랑스 연합전선 구축에 동의했고 이후부터 이들 국가는 나폴레옹의 팽창으로 확산된 민족주의와 자유주의를 배제하는 데 필요한 방법도 동시에 강구하기 시작했다.

메테르니히는 1813년 6월 26일 드레스덴의 마르콜리니(Marcolini)궁에 있던 프랑스군 사령부에 가서 나폴레옹과 독대하려고 했다. 이 당시 군 사령관부에 있었던 프랑스 장군들은 메테르니히에게 두 사람의 대화에 모든 희망을 걸고 있다는 언급도 했다. 이렇게 시작된 독대에서 메테르니히는 다시금 바르샤바 공국을 해체하고, 프로이센 국경을 1805년 이전으로 환원시키고, 1810년 합병한 한자 동맹 소속 도시들과 북부 독일의 프랑스 합병 지역을 포기하고, 그리고 일리리아를 오스트리아에 반환할 것을 요구했지만 나폴레옹은 거절했다. 9시간 가까이 진행된 첫 번째 독대에서 메테르니히는 프랑스의 양보가 절대적으로 필요하다는 관점을 피력했지만 나폴레옹의 반응은 매우 부정적이었다.

나폴레옹은 오스트리아의 중립 대가로 일리리아 지방을 넘겨주겠다는 역제의를 하면서 메테르니히가 제시한 평화 조건을 수용할 수 없다는 입장을 밝혔다. 자신이 메테르니히의 제안을 수용할 경우 프랑스가

(K.T. Körner) 등과 같은 유명한 인사들도 포함되었다.

24 샤른호르스트 장군과 하르덴베르크의 영향을 받은 프리드리히 빌헬름 3세는 3월 27일 프랑스에 대해 공식적으로 선전포고를 했다. 이에 앞서 브레슬라우에 머무르던 프리드리히 빌헬름 3세는 3월 17일 대국민 담화문을 발표했다.

보유하고 있는 현재의 영토에서 라인강과 알프스, 피레네 산맥 너머 지역 모두를 포기해야 하므로 이것은 완전한 항복이나 다름없다는 것이었다. 그리고 그가 평화협정에 서명할 경우 자신을 바보처럼 적들에게 넘겨주고 정복한 자들의 아량에 자신의 불확실한 미래를 맡기는 것이라고 했다.

나폴레옹은 "오스트리아 제국의 군주들은 권좌를 대대로 물려받았기 때문에 스무 번 이상을 패하더라도 빈으로 돌아갈 수 있을 것이다. 하지만 나는 그럴 수가 없다. 나 자신이 벼락출세한 군인이기 때문이다. 강력한 힘으로 남들을 두려움에 떨지 못하게 하는 날이 온다면 나의 통치 역시 그날로 종료될 것이다. 따라서 나 같은 사람은 백만 명의 목숨에 관심을 가질 필요가 없다."라는 답변을 하면서 향후 전쟁을 계속하겠다는 입장을 밝혔다. 이에 대해 메테르니히는 나폴레옹에게 "폐하께서는 패하셨습니다. 여기에 오면서 저는 그러리라 예감을 했지만 이제는 그것을 확신하게 되었습니다. 그리고 지금까지 폐하께서 추구하신 목표와 유럽의 현실 사이에는 절대적 모순이 내재해 있습니다. 지금까지 폐하께서 맺은 여러 조약들은 결코 휴전 이상의 의미를 가지지 않았습니다. 오늘까지만 폐하께서 프랑스의 이익을 고려한 평화조약을 체결하실 수 있습니다."라는 말을 남기고 회담장을 떠났다.

이날 저녁 메테르니히는 오스트리아군 총사령관 슈바르첸베르크에게 서신을 보내 프랑스와의 휴전 기간을 연장할 경우 오스트리아의 병력 증강이 가능한지와 그것을 위해 어느 정도의 기간이 필요한지를 질의했다. 6월 28일 슈바르첸베르크로부터 20일 이내에 7만 5천 명의 병력 증강이 가능하다는 답변이 왔다. 이에 따라 메테르니히는 나폴레옹과의 협상에 크게 기대한 바가 없었음에도 불구하고 병력 증강에 필요한 시간을 확보하기 위해 6월 30일까지 프랑스와 협상을 계속하기로 했다.[25]

6월 29일 저녁 메테르니히는 프랑스 외무장관 마레(Duc de B.H.B. Maret)를 만나 다음 날 아침 드레스덴을 떠나겠다는 것을 알렸다.[26] 마레는 즉시 나폴레옹에게 메테르니히의 출발을 보고했고, 나폴레옹은 6월 30일 오전 8시 메테르니히를 마르콜리니궁으로 불러 다시 평화협상도 재개하려고 했다. 그러나 메테르니히는 이미 나폴레옹과의 협상이 아무런 의미가 없음을 인지했기 때문에 그러한 후속 제의를 거의 기대하지 않았다.[27] 드레스덴 협상이 아무런 성과 없이 끝났지만 전쟁 종식을 위한 외형상의 노력은 계속되었고 거기서 프라하(Praha) 회의가 개최되기도 했다.[28]

1813년 7월 12일부터 8월 20일까지 진행된 프라하 회의에는 메테르

---

25 거의 같은 시점인 6월 27일 러시아, 프로이센, 그리고 영국 사이에 비밀 협상이 체결되었다.

26 1811년부터 프랑스 외무장관으로 활동한 마레는 1799년 나폴레옹이 주도한 쿠데타를 지지한 후 그의 신임을 받게 되었다. 프랑스에서 왕정 체제가 복고된 후 이 인물은 망명 생활(1815~1820)을 하다가 1831년 귀족원의 일원이 되었고 1834년에는 18일 동안 수상직을 수행하기도 했다.

27 메테르니히는 그의 자서전에서 만일 나폴레옹이 6월 26일에 전개된 협상에서 6월 30일처럼 적극성을 보였다면 프랑스와의 평화 협상은 성공했을 것이라는 아쉬움도 피력했다. 나폴레옹 역시 자신이 메테르니히와 휴전협정을 체결한 것이 큰 실수였다는 것을 술회했다.

28 프라하 평화회담 개최는 나폴레옹이 제안했고 그것에 대해 메테르니히 역시 동의했다.

니히, 훔볼트(W. v. Humboldt), 러시아의 네셀로데(K.R.V. Nesselyrode)와 슈타인, 그리고 프랑스의 콜랭쿠르(A.A.L. de Cauaincourt)가 참석했지만 처음부터 어떤 기대를 가지고 모인 것은 아니었다.[29] 여기서는 다만 휴전 기간을 8월 10일까지 연장하는 데 합의했는데 이것은 메테르니히가 병력 증강에 필요한 시간을 얻기 위한 것에서 비롯된 것이라 하겠다.

예상한 대로 휴전 기간이 끝날 때까지 나폴레옹은 아무런 회답도 보내지 않았다. 이에 따라 1813년 8월 11일 오스트리아는 프랑스에 전쟁을 선포했다. 그리고 하루 뒤 프라하 평화회의에 참석한 프랑스 대표인 콜랭쿠르에게 오스트리아의 대프랑스 선전포고문이 전달되었다. 이후 오스트리아는 제6차 대불동맹, 즉 해방전쟁에 정식으로 참가했고 메테르니히의 외교력으로 슈바르첸베르크가 6차 대불동맹군의 최고 지휘관으로 임명되었다.

같은 해 9월 9일 러시아, 프로이센, 그리고 오스트리아가 테플리츠(Teplitz)에서 조약도 체결했다. 여기서 메테르니히는 유럽의 불행을 종식시키고 유럽에서의 균형 회복을 통해 평화 정착도 구현시켜야 한다고 했다.[30] 이에 따라 메테르니히는 오스트리아를 대불동맹 체제의 핵심 국가로 등장시켰고 그 자신 역시 결정력을 가진 정치가로 부상시켰다. 이 당시 메테르니히는 러시아의 패권주의에 동의하지 않았다. 따

---

29 이 인물은 7월 28일 프라하에 나타났지만 나폴레옹은 그에게 독자적인 권한을 부여하지 않았다.

30 영국도 10월 3일에 서명한 이 조약에서는 외부로부터 침략을 받을 경우 동맹국들은 상호 간 군사적 지원을 하고 동맹국들 중의 한 국가가 일방적으로 휴전이나 평화협정을 체결할 수 없다는 것이 명시되었다.

라서 그는 1807년에 체결된 틸지트 평화조약 이후 군사적으로 러시아에 종속된 프로이센이 러시아의 군사적 비호로부터 벗어날 수 있을 정도로 국력이 신장되기를 원했고, 같은 이유에서 패전국인 프랑스가 종전 후에도 유럽의 강국으로 기능할 수 있기를 바랐다. 그리고 독일과 이탈리아가 단일민족국가로 전환할 경우 다민족국가인 오스트리아의 안전성이 위협받을 수 있다는 판단을 했기 때문에 두 국가의 통일 저지를 중요한 과제로 선정했다. 대불동맹군이 1813년 10월 18일 라이프치히(Leipzig)에서 승리한 직후 메테르니히는 뢰타(Rätha)성에서 프란츠 1세에 의해 백작에서 공작(Fürst)으로 승격되었다.[31]

19세기 독일 정치 구조의 핵심적 구도는 1813년 10월 8일 오스트리아 제국과 바이에른 왕국 사이에 체결된 리드(Ried) 조약에서 확인할 수 있다. 이 조약에서는 바이에른 왕국의 라인 동맹 탈퇴와 이 국가의 제6차 대불동맹 참여가 명시되었다. 그리고 이에 대한 반대급부로 바이

---

31 대불동맹 체제가 수립된 직후인 1813년 6월, 나폴레옹은 연장자층에서 12만 명을, 1814년에는 1809~1812년도 징집 대상자 중에서 면제됐던 자들도 모두 징집했다. 같은 해 11월 30만 명을 채우기 위해 1803년 징집 대상자 중에서 면제받은 사람들에게도 병역의 의무가 부과되었다. 지금까지 세계 전투사에서 가장 규모가 컸던 이 전투는 10월 16일에 시작되었고 동맹군 33만 명과 프랑스군 20만 명이 참전했다. 라이프치히 전투는 18일까지 진행되었다. 첫날인 10월 16일에는 나폴레옹이 승리했지만 탄약 부족과 동맹국이었던 작센과 뷔르템베르크의 이탈로 프랑스군은 이후의 전투에서 패배를 당했다. 라이프치히 전투에서 양측 합쳐 12만 6천 명이 목숨을 잃었다. 연합군이 승리함에 따라 나폴레옹에 대한 해방전쟁도 끝나게 되었다. 이후 라인강 우안 지역은 프랑스의 지배로부터 벗어날 수 있었다. 전투가 끝난 후 첫 번째 일요일인 10월 24일 베를린에서는 101발의 축포와 더불어 성대한 승전 축제가 개최되었다.

에른 왕국의 영토 보존 및 주권이 보장되었다. 같은 맥락에서 메테르니히는 11월 2일 뷔르템베르크 왕국과 풀다(Fulda) 조약을, 라인 동맹에 가입한 나머지 국가들과 11월 4일 프랑크푸르트 조약을 체결했다.[32]

이러한 조약들은 대불동맹 체제에 바이에른을 비롯한 라인 동맹 국가들이 가입한 대가로 국가 존속을 계속 보장했고 이것은 메테르니히가 나폴레옹이 구축한 남부 독일의 존재를 인정한 것으로도 볼 수 있을 것이다. 또한 이것은 독일 연방 탄생의 중요한 전제조건도 되었다. 실제로 메테르니히는 라인 동맹에 가입한 국가들을 오스트리아에 밀착시키려 했다. 그리고 이러한 동맹 체결로 당시 슈타인 남작이 강력히 요구하던 라인 동맹 체제의 완전 해체는 가시화되지 못했다.[33] 독일에서 나폴레옹을 축출하는 과정에서 동맹 체제에 가입한 국가들 사이에 의견 대립도 표출되었다. 유럽 대륙에서 힘의 균형을 지향하던 메테르니히는 라인 지방까지 진격하기를 원했지만 슈타인을 비롯한 매파, 프로이센 군부의 대다수, 그리고 민족주의 언론가 아른트(E.M. Arndt)는 파리까지 진격하기를 원했다. 이에 메테르니히는 다시금 나폴레옹의 마음을 돌리려는 시도를 했지만 거기서 아무런 성과를 거두지 못함에 따라 대불동맹군은 라인 지방을 넘어 프랑스로 진격하기 시작

---

32 풀다 조약을 통해 뷔르템베르크 왕국은 공식적으로 라인 동맹을 탈퇴했고 최소 1만 3천 명의 병력을 제6차 대불동맹군에 제공해야 했다. 그런데 앞서 체결된 리드 조약과 마찬가지로 이 조약 역시 프랑스어로 작성되었는데 이로써 이 언어가 기존의 라틴어 대신 국제조약 체결 언어로 사용되었음을 알 수 있다.

33 당시 슈타인은 프랑스와 군사동맹 체제를 구축한 후 이적 행위를 한 라인 동맹 국가들을 전시점령법에 따라 처리해야 한다는 입장을 밝혔다.

했다.

이 당시 메테르니히와 대불동맹 체제에 가입한 국가들은 프랑스의
향후 처리 문제에도 의견적 차이를 보였다. 메테르니히는 나폴레옹의
지위를 그대로 인정하자는 의견을 제시했지만 그것에 대해 러시아 황
제 알렉산드르 1세는 스웨덴 황태자 베르나도트(Bernadotte)를 프랑스의
지배자로 등극시키자는 절충안으로 대응했다.[34] 그러다가 대불동맹국
들은 프랑스에 부르봉(Bourbon) 왕조를 복귀시키고 루이 16세(Louis XVI)
의 동생인 루이 18세(Louis XVIII, 1814~1824)를 국왕으로 등극시키는 데
합의했다.

---

34 이 인물은 1818년 2월 5일 칼 14세(Karl XIV, 1818~1844)로 등극했다.

4
제1차 파리 평화조약

1814년 1월 프랑스는 연이은 공격을 받았다. 이 당시 동맹국들의 전투 목적은 프랑스를 굴복시키는 것이 아니라 프랑스에서 나폴레옹을 완전히 축출하는 것이었다. 그러나 나폴레옹은 3월까지 잔여 병력을 지휘하며 저항했다. 이에 따라 오스트리아, 프로이센, 러시아, 영국은 1814년 3월 1일 쇼몽(Chaumont)에서 회동했고 거기서 나폴레옹이 항복할 때까지 전쟁을 계속하기로 합의했다.[35]

대불동맹군이 3월 30일 파리 근처에 도달하자, 파리 시당국은 나폴레옹의 의지를 무시하고 곧바로 동맹군과 평화협상에 들어갔다. 여기서 승전국은 1814년 5월 30일 패전국인 프랑스와 더불어 33개 항으로

---

35 캐슬레이, 메테르니히, 네셀로데, 그리고 하르덴베르크가 참여한 쇼몽 조약은 1814년 3월 19일에 체결되었는데 전문, 17개 조항, 그리고 3개의 비밀조항으로 구성되었다. 여기서는 우선 조약 당사국 중에서 어느 한 국가가 프랑스로부터 공격을 받을 경우 나머지 3국은 각각 6만 명의 병력을 지원한다는 것이 명시되었다. 그리고 라인강의 자유 운항 보장, 스위스의 독립, 네덜란드의 영토 확대, 독일 연방과 오스트리아 지배하의 이탈리아 분할도 확정되었다. 아울러 전쟁이 종식된 후에도 프랑스가 다시 침략 행위를 못하게끔 예방 장치가 거론되었다.

구성된 제1차 파리 평화조약을 체결했는데 여기서는 부르봉 왕조의 복권과 그것에 따른 루이 18세의 등극 및 프랑스 서부 영역을 1792년 1월 1일 수준으로 회귀시킨다는 것이 언급되었다. 그러나 그동안 패전국에게 부과되었던 전쟁 배상금을 프랑스에게 요구하지 않은 것,[36] 팔츠(Pfalz) 남부 지방과 자르(Saar) 지방을 프랑스 소유로 계속 인정한 것, 그리고 프랑스 혁명 및 나폴레옹 시대에 독일 및 이탈리아의 여러 궁전 및 박물관에서 강제로 뺏은 문화재들을 해당 국가들에 반환하지 않아도 된다는 것을 통해 평화조약의 내용이 비교적 관대했음을 알 수 있다.[37]

제1차 파리 평화조약에는 영국, 러시아, 프로이센, 오스트리아, 스웨덴, 에스파냐, 포르투갈, 프랑스가 서명국가로 참여했다.[38] 그런데 이

---

36 평화조약을 체결하는 과정에서 영국은 프랑스에게 전쟁 보상금을 요구했고 프로이센은 전쟁 보상금을 지불하지 않으면 평화조약에 더 이상 참여하지 않겠다는 입장을 밝히기도 했다. 그러나 메테르니히의 중재로 프랑스는 승전국에게 어떠한 전쟁 보상금도 지불하지 않아도 되었다.

37 오늘날 이러한 문화재들은 루브르 박물관에서 확인할 수 있다.

38 4월 11일에 체결된 퐁텐블로(Fontainbleau) 협정에 따라 나폴레옹은 엘바섬으로 가게 되었다. 나폴레옹이 엘바섬으로 떠나기 전인 4월 12일 시종 튀렌(Turenne)이 만약을 대비해 나폴레옹의 권총에서 화약을 제거한 지 몇 시간도 안 되어 콜랭쿠르는 나폴레옹의 연락을 받고 그가 머물던 방으로 달려갔다. 나폴레옹은 독약을 먹었다고 털어놓으면서 "삶을 더 이상 견딜 수가 없다. 나는 아르시에서 죽었어야 했어."라고 말했다. 그러나 독약은 나폴레옹이 모스크바에서 퇴각할 때부터 몸에 지닌 것으로 이미 그 효능을 상실했다. 구토와 경련을 했지만 나폴레옹은 살아났고, 다음 날 바로 회복되었다.
4월 20일 그를 위한 마지막 열병식이 퐁텐블로성에서 거행되었다. 여기서 그는 열병식에 참여한 제국근위대 병사들에게 "근위대 병사들이여, 작별을 고하노라. 20년 동안 그대들은 늘 명예와 영광의 길을 걸었고, 마지막의 어려운 상

평화조약이 발표되기 전인 4월 2일 파리 임시정부의 수반인 탈레랑-페리고는 나폴레옹의 폐위를 선언했고 루이 18세와 즉위 협상을 벌이기 시작했다.[39]

나폴레옹의 정복전쟁은 그에게 정복되거나 굴욕을 맛보게 된 국민들 사이에서 민족주의를 부각시켰고, 그것은 나폴레옹 몰락의 주된 요인 중의 하나로 작용했다. 그런데 이러한 민족주의는 근대에 접어들면서부터 관심의 대상으로 부각되곤 했다. 그런데 민족은 같은 종족, 지방, 그리고 직업을 중심으로 그 성원들의 충성심만으로도 개괄적 설명이 가능하다. 즉 동일한 경험적 배경을 가진 사람들은 그들 스스로를 하나의 집단으로 생각하고, 그들 이외의 사람들을 국외자로 취급하는 경향을 가진다는 것이다. 점차적으로 하나의 민족은 스스로를 타 민족과 뚜렷이 구별하는 의식을 가진 집단으로서 외국인의 지배를 혐오하

황하에서도 용기와 충성을 보여 주었다. 친구들이여, 내 운명을 가여워하지 마라."라는 고별사를 했다. 나폴레옹이 머무를 엘바섬은 코르시카 동북 연안과 이탈리아 본토 사이에 위치한 작은 섬으로 1860년부터 이탈리아의 투스카니(Tuscany)에 속했지만 당시에는 프랑스 영토였다. 5월 4일 엘바섬에 도착한 나폴레옹은 꿀벌 모양을 엠블럼으로 새긴 국가의 새 깃발을 올렸다. 섬의 면적은 223km²이었고, 궁정 예절은 엄격히 지켜졌고, 인구도 11만 2천 명에 불과했지만 통치 조직은 마치 전 유럽을 상대로 했을 때와 같은 에너지로 충만했다. 엘바섬의 주권자인 나폴레옹은 매년 200만 프랑의 생활비를 프랑스 정부로부터 지급받는다는 약속을 받았다. 그러나 루이 18세는 자신이 퐁텐블로 협정에 서명하지 않았다는 이유로 약속된 생활비를 제대로 지급하지 않았고 그로 인해 나폴레옹은 경제적 곤경에 빠지게 되었다.

39 4월 26일 영국으로부터 프랑스로 돌아온 루이 18세가 첫 번째로 시행한 공식 업무는 30만 명에 달하는 병사들을 퇴역시켜 사회 구성원으로 복귀시키는 것이었다.

며 자기 자신의 주권국가를 요구하게 되는데 이러한 요구가 바로 근대 정치 발전, 특히 향후 전개될 독일 통합에 매우 중요한 역할을 하게 되었던 것이다.

빈 회의, 그리고 그 이후

Klemens

Wenzel

Lothar

Fürst von

Metternich

1
빈 회의

나폴레옹 지배에 대항하여 해방전쟁을 수행한 오스트리아, 프로이센, 영국, 그리고 러시아를 비롯한 유럽 열강의 군주 및 지도자들은 유럽의 질서 체제를 개편하기 위해 1814년 9월 18일 빈에 모였다.[1] 이렇게 시작된 국제회의에는 오스만튀르크를 제외한 유럽의 대다수 국가들이 참석했다. 다음 해 6월까지 진행된 이 회의는 렌베크의 메테르니히 저택에서 개최되었고 여기에는 각국의 대표 217명이 참석했다. 그런데 이렇게 대표 사절단을 파견한 국가들의 대다수는 1797년 또는 1803년/1806년에 영토를 잃어버렸기 때문에 회의에서 그들 영토가 회복되기를 기대했다.

당시 빈 정부는 많은 국가 지도자들과 외교관들에 대한 접대 및 장기

---

[1] 1814년 11월 1일 프란츠 1세가 빈 회의의 활동을 공식적으로 선포했다. 그리고 이 당시 많은 정치가들은 30년 종교전쟁(1618~1648) 이후 뮌스터(Münster)와 오스나브뤼크(Osnabrück)에서 개최된 국제회의(1648)와 에스파냐 왕위계승전쟁 이후 열린 위트레흐트(Utrecht) 국제회의(1713)에 이어 빈 회의가 개최되었기 때문에 이 회의를 세 번째 국제회의로 간주했다.

간 지속될 국제회의의 운영 경비로 큰 부담을 느끼고 있었다. 실제로 오스트리아는 장기간 지속된 나폴레옹 전쟁과 이것에서 비롯된 1811년의 국가 부도로 인해 재정적인 어려움에서 벗어나지 못했다. 비록 회의가 개최된 이후부터 빈은 유럽 각국의 국왕과 제후들의 화려한 의상으로 화려하게 장식되었지만 빈 주민의 80% 이상은 절망적인 상황에 놓여 있었다. 이러한 대중적 빈곤 현상(Pauperismus)이 장기간 지속되었기 때문에 당시 빈 성인 남자들의 평균수명은 18세에서 20세였고 성인 여자들의 수명은 이보다 약간 많은 20세에서 23세에 불과했다. 그리고 이 시기에 태어난 아기들의 62%는 채 1년을 넘지 못하고 사망했다. 충분하지 못하고, 영양분이 결핍된 음식(Nahrungsmittel)을 섭취하면서 하루 16시간 이상 노동을 해야 했던 빈 시민들의 생활은 한계상황에 놓여 있었다.

그렇다면 빈 정부는 천만 굴덴에 달하는 국제회의 운영 경비를 어떻게 마련했을까? 이 당시 빈의 은행가였던 로트실트(S. Rothschild)는 빈 정부의 어려운 상황을 인지했기 때문에 적지 않은 재정적 지원을 했고 이것은 빈 정부에게 큰 도움을 주었다. 그러나 빈 정부는 로트실트의 지원만으로 국제회의를 원활히 운영할 수 없다는 것을 인지했기 때문에 일정량 이상의 재산을 가진 시민들에게 특별세(Sondersteuer)를 부과하려고 했고 이것에 대한 이들의 반응은 의외로 긍정적이었다. 그것은 빈 시민들이 22년 동안 지속된 전쟁이 종료되었다는 것과 향후 유럽에서의 전쟁 재발을 막기 위해 유럽의 군주들이 한 자리에 모였다는 것에 환호하고 동조한 데서 비롯된 것 같다. 또한 이들은 전쟁 기간 중 그들이 얼마나 많은 세금을 냈는지를 알고 있었기 때문에 메테르니히가 주도한 국제회의에 대해 긍정적인 자세를 보였던 것이다. 그리고 당시 빈의 일부 시민들은 제국 수도에서 열리고 있던 국제회의를 통해 경제적 이익을 얻고자 했다. 즉 이들은 호텔 객실이 많이 부족하다는 것을 알았기 때문에 그들의 거주 공간을 고가로 임대하는 민첩성을 보였다. 그리고 보석상을 운영하던 상인들은 유럽 전역에서 몰려든 귀족 부인들을 상대로 많은 보석을 판매하여 적지 않은 이익도 챙겼다. 이렇게 빈의 일부 시민들이 빈 회의를 활용하여 경제적 혜택을 보았지만 나머지 대다수의 시민들은 물가 급등 현상에 직면하게 되었고 이것은 그들의 생활을 더욱 어렵게 했다.

빈 회의는 1814년 11월 1일부터 공식적인 활동을 개시했다. 이 회의 개최의 국제법적 근거는 1814년 4월 11일 나폴레옹이 폐위되고, 루이 18세가 즉위한 후, 해방전쟁 주요 참전국 정상들에 의해 체결된 제1차 파리 평화조약 제32조였다. 약 200여 개의 국가 및 도시 대표들이 참가한 빈 회의는 다음 해 6월 9일까지 계속되었다. 러시아는 알렉산드르 1세와 네셀로데 외무장관,[2] 영국은 캐슬레이(R.C. Castlereagh)[3] 외무장

---

2 포르투갈 리스본에서 태어난 독일계 이 인물은 16세에 러시아 해군에 입대했으며, 1801년 러시아 외무성에 들어가 외교관이 되었다. 나폴레옹 전쟁 시기 외교관으로 활동하면서 알렉산드르 1세의 신임도 받았다. 그리고 나폴레옹의 러시아 원정이 실패로 끝난 이후, 러시아 외무성의 핵심 정치가로 빈 회의에 참석했고 회의 기간 중에 결성된 신성동맹에서도 큰 역할을 담당했다.

3 1769년 6월 18일 아일랜드 더블린에서 태어난 캐슬레이는 영국계 귀족 가문 출신이었다. 원래 이름은 로버트 스튜어트(Robert Stuart)였는데 오랜 공직 생활을 하면서 귀족 작위를 받아 캐슬레이 자작이 되었다. 캐슬레이는 1802년 헨리 에딩턴(Henry Addington) 내각에서 인도 문제를 담당하는 인도부장관을 맡았고, 1804년에는 전쟁장관(Secretary of State for War)으로 임명되었다. 1806년 윌리엄

관과 웰링턴 장군, 오스트리아는 메테르니히[4], 프로이센은 하르덴베르크(K.A. v. Hardenberg) 수상[5]과 훔볼트가 수석대표로 각각 빈 회의에 참석했다. 훔볼트는 고령의 나이와 청각장애 때문에 하르덴베르크가 그의 역할까지 담당하는 경우가 많았다. 한편 패전국 프랑스의 대표는 탈레랑-페리고 외무장관이었다.

피트(William Pitt)가 사망하면서 캐슬레이 역시 장관 자리에서 물러났다. 그러나 1807년 윌리엄 캐번디시-벤팅크(William Cavendish-Bentinck) 내각이 구성되면서 다시 전쟁장관으로 기용되었다. 당시 나폴레옹 전쟁이 진행 중이었기 때문에 영국은 여러 곳에 군대를 파견하여 프랑스군의 약화를 시도했다. 그러한 목적을 이행하기 위해 캐슬레이는 1809년 3만 9천 명의 병력을 이끌고 네덜란드 왈크런(Walcheren, 네덜란드 서남부에 위치한 섬) 원정을 단행했지만 이 원정은 실패로 끝났다. 왈크런 원정은 프랑스와 전쟁을 치르던 오스트리아군을 지원하고 프랑스 함대를 격파하려는 목적에서 시작되었지만 이미 오스트리아군은 나폴레옹에게 패했고 프랑스 함대 역시 안트페르펜(Antwerpen, 오늘날의 벨기에)으로 이동한 상태였다. 왈크런 원정은 영국 정부 내에서 큰 분란을 유발시켰다. 당시 외무장관 캐닝은 캐슬레이를 비난했고 그를 대신하여 웰링턴을 전쟁장관으로 임명해야 한다는 입장도 밝혔다. 이에 캐슬레이는 캐닝에게 결투를 신청했고 1809년 9월 21일 실제로 결투가 진행되었다. 캐닝이 쏜 총알은 캐슬레이를 비켜갔지만 캐슬레이의 총알은 캐닝의 허벅지를 관통했다. 그런데 캐슬레이와는 달리 캐닝은 이날 처음으로 총을 잡았기 때문에 그 작동 방법도 제대로 숙지하지 못한 상태였다. 이 결투는 사회적 비난을 유발시켰고 그것으로 인해 캐닝과 캐슬레이는 내각에서 물러나게 되었다. 그러다가 캐슬레이는 1812년 로버트 젠킨슨(Robert Jenkinson) 내각의 외무장관으로 기용되었다.

4 1809년부터 외무장관직을 수행한 메테르니히는 1821년부터 총리직(Staatskan-zler)도 겸하게 되었다.

5 하르덴베르크는 하노버와 브라운슈바이크에서 관리로 활동하다가 1791년부터 프로이센에서 중요한 직책을 맡았다. 1804년부터 외무장관으로 활동한 그는 중립 유지를 지향했지만 그러한 것은 틸지트 조약으로 무산되었다. 이후 외무장관직을 사임했지만 그는 1810년 프리드리히 빌헬름 3세에 의해 다시 재무장관으로 기용되었다.

제3장 빈 회의, 그리고 그 이후

이 회의를 이끈 기본 정신은 정통주의와 보상주의였다. 정통주의란 1789년 이전의 상태, 곧 프랑스 대혁명 이전의 상태로 회귀해야 한다는 주장으로 혁명 이전의 왕조들과 영토를 부활시키고 프랑스 대혁명과 나폴레옹 전쟁의 산물인 자유주의와 민족주의를 탄압한다는 것이었다.[6] 이러한 주장은 프랑스 대표 탈레랑-페리고가 프랑스에 대한 연

---

6 정통주의를 구현하는 과정에서 거론된 절대왕정 체제는 동방적 전제주의와는 달리 봉건적 정치 체제로부터 근대 시민적 민주정치로 이행하는 과정에서 나타났다. 따라서 절대왕정 또는 절대주의 국가는 봉건 영주들이 주도한 지방분권적 정치 체제를 탈피하고 강력한 왕권을 중심으로 사법, 행정, 그리고 군사적인 측면에서 중앙 집권이 구축된 근대 초기의 국가를 지칭한다. 절대왕정이란 국왕이 자신의 관료조직과 군사조직을 바탕으로 전 영토에 걸쳐 국가권력을 실질적이고 효과적으로 행사하는 정치 체제를 말한다. 그러나 여기서의 왕권의 절대성은 중세의 봉건적 권력에 대비한 의미일 뿐, 비록 전제정치라 하더라도 고대 이집트의 파라오나 동방 황제의 경우에 비할 정도는 아니었다.
절대왕정 체제를 유지하는 데 가장 중요한 요소는 관료제와 상비군이다. 국가의 통치 및 행정에서 국왕의 의사를 충실히 수행하는 관료 집단은 왕권 강화의 필수적 요소라 하겠다. 그런데 관리들의 대다수는 귀족이 아닌 평민, 다시 말해서 중산층 또는 시민계층이었고 이들은 봉토 대신에 봉급을 받았다. 그러므로 보다 많은 관리들을 채용하기 위해서는 국가의 재정 지출 증가가 요구되었고 그것은 국왕이 보다 많은 재원을 확보해야 하는 요인으로도 작용했다. 상비군의 대다수는 용병인데, 직업상의 위험으로 이들은 주로 낙후된 지역의 주민들과 하층민 출신자들로 충당되었다. 용병은 실업 해소와 유랑민을 억제할 수 있는 효과를 가져왔으며 상비군 유지는 상공업 발전에도 자극제가 되었다. 특히 전쟁이 일어나면 무기제조업자와 군납업자들은 많은 이익을 보기도 했다.
이러한 절대왕정 체제의 이론적 토대는 프랑스의 정치사상사 겸 역사가였던 보댕(J. Bodin)이 1576년에 출간한『국가론(Les six livres de la République, 국가에 관한 6권)』에서 제시되었다. 또한 모(Meaux) 주교였던 보쉬에(J. Bossuet) 역시『성서에 근거한 정치』(1708)에서 절대왕권을 나름대로 정의했다. 독일권에 절대왕정 체제가 도입된 것은 영국이나 프랑스보다 훨씬 늦었는데 그것은 지방분권적인 체제가 이 권역에서 장기간 유지되었기 때문이다. 그럼에도 불구하고 30년전쟁

메테르니히

합국들의 보복이 두려워 제시한 것이지만 메테르니히가 이를 반동 정치의 기본적 이념으로 수용했던 것이다. 그러나 정통주의 정신은 영국을 중심으로 한 연합국들의 이해관계로 흐려지게 되는데 그것은 이들 국가들이 전승국의 입장에서 영토적 보상을 요구했기 때문이다. 따라서 본래의 정통주의 이외에 보상주의라는 또 하나의 원칙이 제기되었던 것이다.

독일 문제를 논의한 '독일위원회'와 유럽 문제를 논의한 '유럽위원회'로 분리되어 진행된 빈 회의의 가장 핵심적인 회의체는 현재 UN의 안정보장이사회와 유사한 권한을 행사한 동맹 4국과 프랑스로 구성된 '5강위원회'였다. 패전국이었던 프랑스가 '5강위원회'에 참여할 수 있었던 것은 탈레랑-페리고 개인의 외교적 능력과 메테르니히의 지원

(1618~1648) 이후 독일 내의 일부 영방국가들, 즉 프로이센과 오스트리아가 신분제국가(Ständestaat)에서 벗어나 절대왕정 체제로 진입했다.

덕분이었다. '유럽위원회'는 제1차 파리 평화조약에 서명한 8개국, 즉 오스트리아, 러시아, 영국, 프로이센, 프랑스, 포르투갈, 에스파냐, 그리고 스웨덴의 수석대표로 구성되었으며, 메테르니히가 이 위원회의 의장으로 선출되었다. 그리고 이 위원회 산하에 영토 문제, 라인강 선박 운항 문제, 노예 거래 문제 등을 논의하기 위한 소위원회도 결성되었다.

오스트리아, 프로이센, 하노버, 바이에른, 뷔르템베르크의 대표로 구성된 '독일위원회'는 제1차 파리 평화조약 6조에서 거론된 독일 통합을 실행에 옮기는 일, 즉 신성로마제국 제후국들의 주권 훼손 없이 연방제로 통일하기 위한 연방헌법을 제정하는 일이었다. 5강위원회 소속의 오스트리아 대표, 즉 메테르니히가 '유럽위원회'와 '독일위원회'의 의장직을 동시에 수행함으로써 빈 회의는 그에 의해 주도되었다.[7]

나폴레옹 체제의 청산과 구질서 체제의 원상 복귀를 지향한 정통주의에 따라 프랑스에서는 부르봉 왕조가 부활되었고 루이 18세는 프랑스 국왕으로 즉위했다. 이 당시 메테르니히는 러시아가 대국으로 등장하는 것을 막고 유럽에서 세력 균형을 유지하기 위해서는 프랑스의 역할 및 협조가 필요하다는 것을 인식하고 패전국인 프랑스에게 관대한 조치를 취했다. 프랑스 외에도 네덜란드에서는 오라녜(Orange) 가문이,

---

7   빈 회의를 주도한 메테르니히는 프란츠 1세에게 라이프치히 전승 1주년 기념행사를 1814년 10월 18일에 개최할 것을 제의했는데 이것에 대한 프란츠 1세의 반응 역시 긍정적이었다. 이에 따라 2만 명에 달하는 참전용사들이 빈에 초대되었고 이들에게 식사도 제공되었는데 그것은 완자수프(Knödelsuppe), 쇠고기, 도넛(Krapfen), 브로첸(Semmel), 2분의 1 리터의 포도주로 구성되었다.

알렉산드르 1세

피에몬테와 사르데냐에서는 사보이(Savoy) 가문이, 그리고 에스파냐와 시칠리아에서는 부르봉 가문이 부활했다.

왕조가 부활한 이후 보상주의에 따른 영토 재조정 작업도 진행되었다. 영국은 나폴레옹 전쟁 중 일시적으로 프랑스 측에 가담했던 남아프리카와 남아메리카의 기아나(Guiana) 일부와 북해와 지중해에서 교역 및 해군기지 확보를 위해 헬골란트(Helgoland)와 몰타(Malta), 그리고 토바고(Tobago), 세인트루치아(St. Lucia), 모리셔스(Mauritius), 로드리고(Rodrigues), 세셸 군도(Les Sechelles), 대서양의 실론(Ceylon) 섬을 차지했다.[8] 영토적 손실을 보상한다는 차원에서 네덜란드에게는 1713년부터 오스트리아가 다스렸던 네덜란드 남부, 즉 벨기에를 할애했다. 오스트리아는 그 대가로 이탈리아에서 상당한

---

8 이 당시 영국은 하노버 공국에 지대한 관심을 가졌는데 이것은 이 국가와 영국과의 관계가 동일한 군주를 모실 뿐 각자의 주권을 행사하는 국가 간의 연합 관계인 동군연합(Personalunion)이었기 때문이다.

제3장 빈 회의, 그리고 그 이후

영토를 차지했다. 즉 오스트리아는 베네치아 공화국과 밀라노 공국을 차지했으며 파르마(Parma)와 모데나(Modena)도 지배하게 되었다. 이에 따라 오스트리아 제국의 인구 역시 500만 명이 증가했다.[9]

러시아는 1809년 스웨덴으로부터 빼앗은 핀란드를 차지하게 되었으며 그 대신 스웨덴은 덴마크의 영토였던 노르웨이를 병합했다. 그러나 이러한 영토 보상은 관련 민족들의 관심을 전혀 고려하지 않았기 때문에 민족적 반감을 유발시키는 요인이 되었다. 문화 및 종교가 전혀 다른데도 불구하고 벨기에는 강제로 네덜란드의 지배하에 놓이게 되었고, 노르웨이 역시 스웨덴으로부터 수모를 당해야 했다. 또 이탈리아는 오스트리아에게 영토의 일부를 빼앗기는 상황에 놓이게 되었다.

빈 회의에서는 정통주의와 더불어 복고주의도 강조되었다. 이는 프랑스 대혁명 이후 등장한 제 변혁을 무효화시키는 수준으로 격하시켜, 향후 일체의 혁명적 시도에 제동을 거는 것이었다. 즉 프랑스 대혁명 이후, 특히 해방전쟁을 거치면서 부각된 자유주의 및 민족주의 운동을 차단시키는 것이었다.

---

9 이 과정에서 메테르니히는 이탈리아 연방 체제를 구축한 후 이 연방 체제에서 오스트리아가 주도적인 역할을 해야 한다는 입장을 밝혔다.

2
4국동맹의 결성과 활동

빈 회의가 개최된 이후부터 오스트리아, 프로이센, 영국, 그리고 러시아는 자국의 이익을 최대한 관철시키려고 했고 그러한 과정에서 폴란드와 작센(Sachsen) 문제가 부각되었다.[10]

---

10 러시아는 프로이센과 오스트리아가 폴란드 분할 과정에서 획득한 이전의 폴란드 영토 반환도 요구했다. 그런데 폴란드 영토의 분할은 러시아가 1772년 8월 5일 프로이센과 협정을 체결하면서부터 본격화되었다. 이러한 소식을 접한 오스트리아는 속임수가 있을 수 있다는 판단을 하고는 영토 분할에 참여했다. 이에 따라 오스트리아는 집스 지방(13개 도시, 독일인들이 주로 거주), 로도메리엔 (Lodomerien, 루테니아인들이 거주), 그리고 갈리시아(Galicia, 크라쿠프[Kraków]는 제외. 70,000km²) 지방, 프로이센은 서프로이센(Westpreußen, 단치히와 토른은 제외) 과 쾨니히스베르크-베를린(Königsberg-Berlin, 35,000km²), 그리고 러시아는 두나 (Duna)와 드네프르(Dnepr)강의 동부 지역(110,000km²)을 차지했다. 내분에 지친 폴란드는 이러한 상황에 효율적으로 대응할 수 없었다. 따라서 분할에 참여한 3 개국은 1775년 폴란드 의회로부터 합법적인 동의도 쉽게 얻어냈다.
1793년의 2차 분할은 러시아가 프로이센의 제안을 수용함에 따라 현실화되었다. 분할 과정에서 러시아는 두나와 드네프르의 중간 지역(236,000km²)을 차지했고, 프로이센은 단치히, 포즈난, 그네젠(Gnesen), 그리고 토른(55,000km²)을 획득했을 뿐만 아니라 남프로이센 지역도 획득하여 슐레지엔 지방으로의 연결통로도 확보했다. 이제 폴란드는 더 이상 독립국가로 활동할 수 없게 될 정도로

당시 러시아는 폴란드에 관심을 가지고 있었고, 프로이센은 패전국이었던 작센 왕국을 병합시켜 독일권에서 자국의 위상을 증대시키려고 했다. 그러나 이것에 대한 오스트리아 및 영국의 반응은 부정적이었다. 영국은 러시아의 서진으로 유럽의 세력 균형이 파괴될 수 있다는 우려를 표명했고, 오스트리아는 독일권에서 프로이센의 세력이 확대되는 것을 용인할 수 없었다. 따라서 오스트리아와 영국은 러시아 및 프로이센의 의도가 가시화될 경우 무력적인 방법을 통해 그것을 저지하겠다는 입장도 밝혔다.[11]

아울러 이들 양국은 프랑스와 더불어 1815년 1월 13일 비밀조약을 체결했고 그것은 러시아와 프로이센으로 하여금 그들의 계획을 부분적으로 포기하게 하는 계기가 되었다.[12] 이에 따라 러시아는 나폴레옹

절단되었다. 그로드노(Grodno)에서 최후로 소집된 폴란드 제국의회 역시 이러한 분할에 동의할 수밖에 없었다.

그리고 1795년 1월 3일에 체결된 협정에서 오스트리아는 서갈리시아(루블린 [Lublin], 크라쿠프, 115,000km²), 러시아는 리투아니아의 잔여 지역(465,000km²), 그리고 프로이센은 바이헬보겐(Weichelbogen, 145,000km²)를 차지했다. 1797년 삼국은 폴란드 문제를 영원히 해결한 것으로 합의했고(finis Poloniae), 폴란드 왕국이란 이름을 다시 쓰지 않기로 선언했다.

11 메테르니히와 독대하기 전에 캐슬레이는 프로이센의 작센 왕국 병합에 이의를 제기하지 않았다.

12 알렉산드르 1세는 신경질적이고, 정신분열증적인 증세를 보였지만 상상력이 풍부하고, 사람들을 복종시키는 특별한 능력도 있었다. 당시 러시아의 위정자는 메테르니히와 대립적 상황에 놓이는 경우가 많았는데 그것은 알렉산드르 1세가 군주도 아닌 일국의 장관이 국제회의를 주제한다는 것에 동의하지 않았기 때문이다. 뿐만 아니라 탕아로 불리던 이들 두 사람은 자간 공녀의 호감을 사기 위해 노력하고 있었다. 회의 기간 중 알렉산드르 1세는 메테르니히와의 대립에서 우위를 차지하기 위해 프란츠 1세에게 메테르니히의 해임을 수차례에 걸쳐

에 의해 세워진 바르샤바 공국과의 동군연합으로 만족해야 했고 프로이센 역시 작센 왕국의 영토 절반 정도만 차지하게 되었다.[13] 당시 작센 왕국이 프로이센에게 양도한 지역은 비텐베르크, 트로가우, 나움부르크(Naumburg), 니더라우지츠(Niederlausitz), 오버라우지츠(Oberlausitz)의 절반과 튀링엔(Thüringen) 능이었다.[14]

승전국의 이해관계로 빈 회의가 난항을 겪는 사이 나폴레옹은 2월 26일 엘바섬을 탈출하여 칸(Cannes)에 상륙한 후 프랑스 국민과 옛 부하들의 환호를 받으며 총성 없이 같은 해 3월 파리에 입성했다.[15] 그는 즉시 정부 및 군대를 접수한 후 벨기에로 진격했다.[16] 나폴레옹의 복귀가 가능했던 요인으로는 첫째로 프랑스에서 왕정 체제에 대한 불만이 크게 증대되었다는 것, 둘째로 나폴레옹 자신이 엘바섬에서 대서양의 다른 오지로 옮겨지리라는 소문을 접하고 자구책을 모색했다는 것을 들 수 있다.

요구했지만 오스트리아의 황제는 그때마다 정중히 거절했다. 이 당시 프란츠 1세는 두 사람 사이의 관계가 심각하다는 것을 인지했는데 그것은 매일 아침 빈의 경찰청장인 하거(F. Hager)로부터 받는 상세 정보에서 자세히 언급되었기 때문이다.

13 프로이센은 스웨덴의 포메른 지방과 베르그(Berg)와 베스트팔렌(Westfalen) 대공국의 영토, 즉 라인 지방도 차지했다.

14 당시 프로이센에 양도된 지역에 살던 85만 명도 프로이센의 신민이 되었는데 이 수는 작센 왕국 전체 인구의 절반 정도였다.

15 나폴레옹은 2월 12일 랭스의 전 부지사 샤불롱(F. de Chaboulon)으로부터 프랑스의 국내 사정 및 군대 동향을 보고받은 후 탈출을 결심하게 되었다. 엘바섬을 탈출할 당시 나폴레옹은 1천 명의 병력과 26문의 대포만을 가지고 있었지만 자신을 지지할 프랑스인들이 매우 많다는 확신도 가지고 있었다.

16 루이 18세 역시 3월 19일 파리를 떠나야만 했다.

1815년 6월 18일의 워털루(Waterloo, 브뤼셀에서 남쪽으로 15km 떨어진 지역)에서 블뤼허(Blücher)와 웰링턴의 연합군은 나폴레옹의 주력군을 격파했다.[17] 이에 따라 나폴레옹의 '백일천하'는 종료되었고 나폴레옹은 같은 해 7월 7일 아프리카와 남아메리카 사이의 대서양에 위치한 영국 식민지인 세인트헬레나로 옮겨졌다.[18] 이후 프랑스에 대한 동맹국들의 조치가 강화되었는데 그것은 1815년 11월 20일 체결된 제2차 파리 평화조약에서 확인할 수 있다. 여기서는

① 프랑스의 국경을 1790년 이전의 영역으로 환원시킨다. 이를 통해 필리프빌(Phillippeville) 요새와 마리앙부르(Marienbourg) 요새가 네덜란드에 편입되었고, 자르(Saar) 지방은 프로이센에게 이양되었다. 그리고 팔츠의 란다우(Landau)는 오스트리아로 넘어갔고 사르데냐는 사보이를 차지했다.

② 프랑스는 그들이 강탈한 예술품들을 해당 국가, 즉 독일 및 이탈리아에게 반환한다.

③ 15만 명의 연합군은 프랑스의 북부 및 동부 지역, 즉 콩데(Condé),

---

17 이 전투는 9시간 동안 지속되었다.
18 '백일천하'가 종료된 후 독일의 많은 국가들은 프랑스로부터 영토적 보상을 받으려고 했다. 실제로 프로이센의 하르덴베르크는 알자스(Alsace), 로렌(Lorraine), 사보이(Savoy), 그리고 플랑드르(Flandre)를 공식적으로 요구했다. 프로이센에 이어 바이에른과 뷔르템베르크도 영토적 보상을 원했다. 이 당시 메테르니히는 이러한 요구를 처음부터 무시하지 않았지만 이것으로 인해 프랑스 위상이 크게 격하되리라는 우려도 했다.
남대서양에 위치한 영국의 식민지 섬인 세인트헬레나에서 자신의 행적 및 승리에 대한 회고록을 작성하는 데 주력한 나폴레옹은 1821년 5월 5일 위암으로 사망했고 그의 시신은 1840년 프랑스로 옮겨졌다.

캉브레이(Cambray), 아베느(Avesnes), 스당(Sedan), 몽메디(Montmédy), 티옹빌(Thionville), 롱위(Longwy) 등 18개 요새를 한시적, 즉 3년 내지 5년 동안 점령한다. 그리고 이 기간 중의 주둔 비용은 프랑스가 부담한다.[19]

④ 7억 프랑의 전쟁 보상금을 부과하는데 1816년 3월 말부터 4개월마다 4,660만 프랑을 15자례에 걸쳐 분할 납부한다 등이 언급되었다.[20]

나폴레옹의 '백일천하'가 종료된 이후부터 메테르니히는 정통주의 및 보상주의 원칙에 따라 결정된 사안들을 고착시키기 위해서는 제도적 장치가 마련되어야 한다는 것을 인지했다. 이에 따라 그는 1815년 11월 20일 4국동맹을 결성했는데 여기에는 오스트리아, 영국, 프로이센, 그리고 러시아가 참여했다. 이 동맹의 결성 목적은 동맹국 중의 어느 한 국가에서 소요가 발생하여 복고된 왕조나 군주가 위태롭게 되거나 또는 설정된 국경선이 위협을 받을 경우 군사 개입을 통해 사태를

---

19 이 과정에서 프로이센은 다른 국가들보다 많은 주둔 비용을 요구했고 이것은 지역 주민에게 큰 고통을 가져다주었다. 이에 프랑스는 연합국에 강력하게 시정을 요구했고 그것에 따라 1817년 2월 10일에 평화조약의 일부가 개정되었다. 이제 프랑스에는 3만 명의 연합군만 주둔하게 되었다.

20 연합군이 프랑스에게 부과한 전쟁 보상금은 프랑스의 경제적 상황을 더욱 악화시켰고 이것은 결국 프랑스가 국가 부도를 맞이하게 하는 결정적인 요인이 되었다. 이렇게 프랑스의 경제적 상황이 이렇게 급격히 악화됨에 따라 리슐리외(Richelieu) 정부는 채무 조정의 필요성을 강력히 제기했다. 그러나 프로이센은 파리 정부의 이러한 요구에 동의하지 않았을 뿐만 아니라 전쟁 보상금을 6개월 이내에 지불할 것도 요구했다. 이러한 상황에서 오스트리아와 러시아가 프로이센이 제기한 반발에 강한 제동을 걸었고 그것에 따라 승전국들은 채무 조정에 합의했다. 1818년 초 메테르니히 주도로 진행된 채무 조정에서 프로이센은 1억 2천만 프랑에서 6천만 프랑, 오스트리아는 2억 프랑에서 2,500만 프랑, 바이에른은 7,300만 프랑에서 1천만 프랑, 하노버는 2,500만 프랑에서 1천만 프랑으로 전쟁 보상금을 낮추는 데 합의했다.

해결한다는 것이었다.[21]

4국동맹의 의도는 1818부터 1822년까지 열린 네 차례 국제회의, 즉 엑스라샤펠(Aix-la-Chapelle:Aachen) 회의(1818), 트로파우(Troppau) 회의(1820), 라이바흐(Leibach) 회의(1821), 베로나(Verona) 회의(1822)에서 다시금 각인되었다.[22]

1818년 9월 29일부터 시작된 엑스라샤펠 회의에서는 프랑스에 주둔하던 연합군의 철수와 그것에 따른 프랑스의 지위 규정을 중요한 의제로 선정했다. 이 회의에는 알렉산드르 1세, 프란츠 1세, 프리드리히 빌헬름 3세, 메테르니히, 캐슬레이 등을 비롯한 주요한 인물들이 대거 참여했다. 여기서는 프랑스에 주둔하던 연합군 철수에 대한 합의가 큰 어려움 없이 이루어졌고 그것에 따라 1818년 11월 30일에 연합군이 철수했다. 또한 프로이센의 반대에도 불구하고 프랑스에 부과한 전쟁 보상금을 기존의 7억 프랑에서 2억 6,500만 프랑으로 경감시켰다. 아울러 패전국인 프랑스를 유럽 체제에 어떻게 참여시키는가에 대해서 열강들의 의견 차이가 있었다.

러시아는 프랑스의 탈패전국화에 찬성했는데 그것은 러시아가 영국과 오스트리아가 주도하던 유럽 정치를 견제하려는 의도에서 비롯되었다. 또한 러시아는 오스만튀르크 제국 내 비튀르크 민족들의 독립 움직임에 대한 대응도 유럽 강대국들이 공동으로 해야 한다는 입장을 밝혔다. 이러한 러시아의 시각에 영국은 반대 입장을 분명히 표방했

---

21 이 4국동맹은 1818년 프랑스가 가입함으로써 5국동맹으로 재편되었다.
22 라이바흐는 오늘날 슬로베니아 수도 류블랴나(Ljubljana)이다.

다. 이 당시 영국은 각국이 독자적으로 외교정책을 펼쳐야 하고 다른 국가의 일에 지나치게 관여해서도 안 된다는 원칙을 제시했다.

이렇게 러시아와 영국이 대립하게 됨에 따라 메테르니히는 타협안을 제시했다. 러시아 의견에 따라 유럽 협조 체제에 프랑스를 참여시키되, 영국의 관점을 수용해 강대국들이 유럽의 세 문제에 지나치게 간섭해서는 안 된다는 것이었다. 메테르니히의 중재안은 참여국들의 동의를 받아 1818년 11월 15일 의정서로 발표되었다. 이를 통해 프랑스는 유럽 강대국 신분을 회복하게 되었다. 아울러 이 회의에서는 메테르니히에게 카를스바트(Karlsbad) 협약의 계기 및 명분도 제공했다.

1820년 1월 1일 에스파냐의 라스 카베자스(Las Kabezas)에서 라틴아메리카 원정군 리에고(R. del Riego) 대령이 처우 개선 및 자유주의적 제 요소가 명시된 1812년의 헌법을 재도입해야 한다는 요구를 하면서 반국왕 시위를 벌였다. 그리고 이 시위에 시민들이 대거 참여하면서 시민혁명으로 확대되었다. 이 당시 에스파냐는 1813년 다시 국왕으로 복권된 페르난도 7세(Fernando VII, 1808/1813~1833)에 의해 통치되었는데 이 인물은 1808년의 지배 체제를 재도입했을 뿐만 아니라 종교재판소도 다시 개소하는 등의 반동 정책을 실시했다. 결국 시민혁명 참여자들은 국왕을 축출하고 입헌군주제의 도입도 현실화했다.

에스파냐에서 시작된 소요는 포르투갈, 사르데냐, 시칠리아로 확산되었다. 같은 해 7월 나폴리 왕국에서는 비밀결사단체인 카르보나리(Carbonari)[23] 주도로 국왕에 반대하는 자유주의 운동이 전개되기도 했

---

23 카르보나리는 이탈리아어로 '숯 굽는 사람'의 의미를 가졌다.

제3장 빈 회의, 그리고 그 이후

다. 이러한 운동이 거세지면서 나폴리 왕국의 페르디난도 1세(Ferdinan-do I, 1816~1825)는 입헌군주정 체제의 도입을 약속했다.[24] 그런데 이 당시 메테르니히와 캐슬레이는 빈 회의 이후 이탈리아가 오스트리아의 관심 지역이라는 데 의견을 같이했다. 따라서 나폴리 왕국 문제는 국제회의보다는 오스트리아가 독자적으로 해결할 사안이었다. 그러나 러시아 황제 알렉산드르 1세와 외무장관 카포디스트리아스(I. Capodistri-as)는 오스트리아의 독자적인 해결보다는 국제회의를 통해 나폴리 왕국 문제를 해결해야 한다는 입장을 분명히 밝혔는데 이것은 5국동맹 체제에서 러시아의 위상을 다시금 확인하려는 의도에서 비롯된 것이라 하겠다.

이렇게 러시아의 반발이 가시화됨에 따라 메테르니히는 5국회의 개최를 결정했고 그에 따라 같은 해 10월 19일부터 12월 25일까지 오스트리아령 슐레지엔(Schlesien)의 트로파우[25]에서 제2차 회의가 개최되었다. 여기에는 프란츠 1세, 알렉산드르 1세, 니콜라우스 대공, 프리드리히 빌헬름 3세와 왕세자, 메테르니히, 겐츠, 네셀로데, 카포디스트리아스, 그리고 하르덴베르크가 참석했다.[26] 회의가 개최된 이후 알렉산드르 1세는 즉각적인 군사 개입을 요구했지만 메테르니히는 동의하지 않았다. 당시 메테르니히는 어느 한 국가에서 소요가 발생하여 그로 인

---

24 페르디난도 1세는 에스파냐 카를로스 3세의 3남이었다.
25 트로파우는 오늘날의 오파바(Opava)이다.
26 영국은 전권 인물 대신 당시 오스트리아 주재 영국대사이고 캐슬레이 동생인 스튜어트(Stuart)를 관찰자 자격으로 참석시켜 영국 국익에 위배되는 논의 여부를 관찰하게 했다.

해 유럽의 질서 체제가 크게 위협받는다면 5국동맹이 이 문제에 개입해야 한다는 기본적 원칙을 고수했지만 처음부터 무력을 사용하기보다는 평화적인 방법, 즉 외교적 방법을 동원해야 한다는 입장을 표명했다.

1820년 11월 19일에 발표된 트로파우 강령에서는 소요로 군주 교체 및 영토 변경이 이루어질 경우 동맹 국가들은 즉각 개입하여 그러한 상황을 원점으로 돌린다는 것이 명시되었다. 또한 여기서는 외교 협상이 결렬될 경우에만 군사 개입이 가능하다는 것도 부수적으로 거론되었다.[27] 아울러 트로파우 강령은 군주의 제 권한을 보장했는데 그것에 따를 경우 일체의 주권은 군주의 수중에 있으며 그 어떤 법률이나 제도도 군주의 권한을 제한하지 못한다는 것이다.[28]

1821년 1월 26일에 시작된 제3차 라이바흐 회의에서는 제2차 회의에서 결정된 사안을 실제적 상황에 적용시키는 방법 등이 구체적으로 논의되었고 그것에 따라 회의 참석자들은 자유주의자들의 강요로 제정된 헌법을 무효화하기 위해 페르디난도 1세를 소환하기로 했다.[29] 동

---

27 회의가 진행되는 동안 메테르니히는 매일 알렉산드르 1세를 찾아갔고 거기서 그는 나폴리 혁명 세력이 프랑스의 조종을 받고 있다는 정보도 제공했다. 끈질긴 설득으로 메테르니히는 오스트리아가 독자적으로 나폴리 왕국 문제를 해결할 수 있다는 동의를 알렉산드르 1세로부터 받아냈다.

28 트로파우 강령은 메테르니히와 카포디스트리아스의 주도로 제정되었다. 협상 과정에서 메테르니히는 러시아 외무장관이 제시한 초안을 읽고 너무나 많은 문제점이 있음을 인지했다. 그럼에도 불구하고 메테르니히는 이 초안을 토대로 강령 작성에 나섰고 거기서 유럽 평화를 위해 자신이 15%를 양보했는데 이것은 그의 회고록에서 확인할 수 있다.

29 라이바흐 회의는 3월 21일까지 지속되었다.

시에 이들은 오스트리아 군대를 나폴리로 파견하여 자유주의 세력을 진압한다는 데도 동의했다.[30] 1821년 5월 15일 페르디난도 1세는 나폴리 왕국으로 귀환했으며 당시 메테르니히는 페르디난도 1세에게 개혁의 필요성을 강조했고 나폴리 왕국의 국왕 역시 그에 동의했다.

라이바흐 회의가 열리는 동안 사르데냐-피에몬테 왕국에서도 혁명적 소요가 발생했다. 그런데 이 왕국의 위정자는 나폴리 왕국과는 달리 오스트리아군의 즉각 개입을 요구했고 그에 따라 빈 정부는 6월 초 토리노(Torino)에 군대를 파견하여 소요를 진압했다.

라이바흐 회의에서는 그리스 독립전쟁을 저지하기 위해 오스만튀르크 제국을 지원하는 데 합의했는데 이것은 신성동맹(Heilige Allianz)의 대원칙에 위배되는 행동이었다. 신성동맹은 4국동맹이 체결되기 2개월 전인 1815년 9월 26일 러시아 황제 알렉산드르 1세의 제의로 결성되었다. 그는 오스트리아 황제 프란츠 1세와 프로이센 국왕 프리드리히 빌헬름 3세를 설득하여 신성동맹을 결성했는데 여기에는 영국, 로마 교황청, 그리고 오스만튀르크를 제외한 대다수의 유럽 국가들이 참여했다. 이 당시 영국은 동맹 정신에 찬성하지만 영국 헌법이 국왕의 개인적 동맹 참여를 허용하지 않는다는 것을 구실로 불참했고 로마 교황은 세속 군주들의 교리 해석을 수용할 수 없다는 것과 신교 군주들과 더불어 공동 행동을 하기 어렵다는 이유로 참가하지 않았다.[31] 신성

---

30 그런데 이러한 결정에 대해 영국과 프랑스는 반대 입장을 표명했고 이것은 5강 간의 결속이 약화되는 계기가 되기도 했다.
31 따라서 당시 영국 국왕이었던 조지 4세는 하노버 국왕의 자격으로 신성동맹에 가입했다.

동맹에 참여한 국가들은 기독교 정신에 입각하여 정의와 평화, 박애를 옹호하고 형제처럼 친하게 지내며 국민을 친자식처럼 사랑해야 한다고 선언했다. 또한 이 동맹에 참여한 각국 군주들은 신의 대리자라는 자부심을 가지고 국내 및 국제 정치를 처리하고 유럽의 평화를 유지해야 하며 일단 유사시에는 상호 원조도 한다는 데 농의했다. 오랜 전쟁으로 인한 혼란을 겪은 후 평화와 질서를 갈망하던 각국 군주들이 나폴레옹의 재기에 놀란 나머지 별 이의 없이 신성동맹에 가담한 것으로 보아야 할 것이다. 그러나 신성동맹은 반동적인 세 명의 군주가 주도한 보수주의적 동맹이었으므로 유럽의 자유주의자들은 이 동맹을 자유와 진보를 위협하는 반동적 동맹으로 인식했으며 실제로 전후 문제 처리에도 별다른 도움을 주지 못한 것으로 드러났다.

1822년 10월 20일에 개최된 제4차 베로나 회의에서는 프랑스에 헌법 도입을 요구하면서 소요를 일으킨 에스파냐의 자유주의자들을 진압하도록 했다. 그런데 이 과정에서 프랑스가 적극성을 보였는데 그것은 부르봉 왕조가 복권된 이후 프랑스의 위정자들이 에스파냐도 그들의 자연적 세력권에 포함된다고 여긴 데서 비롯된 것 같다.[32]

한편 그리스인들은 1821년부터 오스만튀르크의 지배에서 벗어나려

---

32 1820년 2월 14일 루이 18세의 조카이며 후계자인 베리(C.F. duc de Berry) 공이 암살됨에 따라 프랑스에서는 다시 극우 세력이 득세하게 되었다. 즉 리슐리외 공작 플레시(Plessy)의 주도로 비상법이 제정되었을 뿐만 아니라 선거법의 개정도 이루어졌다. 이에 따라 1820년 10월에 실시된 의회 선거에서 극우파가 과반수 이상의 의석을 차지하게 되었다. 이렇게 보수 세력이 득세함에 따라 메테르니히는 에스파냐에서 발생한 소요 진압을 프랑스에게 위임해도 괜찮다는 판단을 했고 그것을 베로나 회의에서 관철시켰다.

고 시도했고 그것은 결국 독립전쟁을 유발시켰다. 당시 유럽 열강들은 이러한 독립전쟁이 유럽의 평화질서 체제를 위협하고 발칸에서 그들의 국가적 이익마저 침해당할 수 있다는 판단도 했기 때문에 사태 추이를 예의주시하고 있었다. 그런데 그리스인들은 오스만튀르크 제국의 지배하에 놓여 있던 세르비아인들이 1804년부터 1817년까지 전개한 봉기에서 부분적인 자치권을 획득함에 따라 그들의 독립을 쟁취하기 위한 전쟁을 일으켰고 이 전쟁은 1827년까지 지속되었다.

전쟁 기간 중인 1823년 3월 영국의 외무장관 캐닝은 그리스 독립전의 당위성을 인정했다. 그러나 그는 이 전쟁에 러시아의 필연적이고 독자적인 개입이 가시화될 것이고 그로 인해 그리스가 러시아의 피보호국으로 변형되고 오스만튀르크 제국이 해체될 수 있다는 우려도 표명했다. 따라서 그는 유럽 열강들이 공동으로 그리스 문제에 개입해야한다고 주장했지만 메테르니히는 이에 대해 동의하지 않았는데 그것은 그리스 지배에 대한 오스만튀르크 제국의 정통성을 인정하는 관점에서 비롯된 것 같다. 러시아의 알렉산드르 1세는 메테르니히의 이러한 관점을 반박했지만 그것에 따른 행동을 하지는 않았다.

1825년 2월 파샤(I. Pascha)가 오스만튀르크-이집트 연합군을 이끌고 펠로폰네소스 반도에 상륙하여 그리스 독립군을 격파했고 이것은 러시아에서 반오스만튀르크 정서를 강하게 부각시키는 요인으로 작용했다. 그런데 알렉산드르 1세에 이어 1825년에 러시아 황제로 등극한 니콜라이 1세(Nicholas I, 1825~1855)는 이전 황제와는 달리 그리스정교도들을 이슬람교도들부터 보호해야 한다는 러시아 민심을 적극 수용하려고 했다. 따라서 그는 메테르니히의 반대에도 불구하고 1827년 7월

6일 영국과 프랑스와 더불어 동맹 체제를 구축했다. 이 동맹의 궁극적인 목표는 그리스의 독립을 실현시키는 것이었다. 같은 해 그리스는 독립을 쟁취했고 이것은 메테르니히에게 적지 않은 타격을 가져다주었다.

1829년 9월 14일에 체결된 아드리아노플(Adrianople) 조약으로 오스만 튀르크 제국은 러시아에게 도나우강 하구들에 대한 접근을 허용했을 뿐만 아니라 조지아(George)의 아할치헤(Akhaltsikhe)와 아할칼라키(Akhalkalaki) 요새를 넘겨주었다. 또한 이 조약으로 각국의 모든 상선이 다르다넬스(Dardanelles) 해협을 통과할 수 있게 되었다. 아울러 오스만튀르크 제국은 이전에 약속한 세르비아 공국의 자치권을 다시 한 번 보장했으며 러시아에 대한 전쟁 보상금을 완납할 때까지 몰다비아(Moldavia)와 왈라키아(Wallachia)에 러시아군이 주둔하는 것도 허용했다.

자신의 반대에도 불구하고 영국, 프랑스, 그리고 러시아 간의 3국 동맹 체제가 결성된 이후에도 메테르니히는 계속하여 정통성의 원칙을 강조했고 그것에 따라 그리스 독립전쟁에 방관적인 태도를 취했다.[33] 당시 메테르니히는 유럽의 열강들이 국제법상 그리스 문제에 개입할 수 있지만 같은 상황에 있는 아일랜드인들과 핀란드인들에 대한 배려도 동시에 해야 한다는 관점을 가지고 있었다. 그러나 메테르니히는 이해 당사국이었던 영국이나 러시아가 그들의 독립을 허용하지 않

---

33 메테르니히는 빈 회의에서 당시 유럽 권력 구도에서 차지하던 오스만튀르크 제국의 위상을 고려하여 이 국가를 5강 체제에 포함시켜 6강 체제로 변형시키려 했지만 영국을 제외한 나머지 열강들은 그러한 계획에 강력히 반발했다.

을 거라는 것을 잘 알고 있었기 때문에 그리스 문제에 대한 유럽 열강들의 개입이 불가하다는 것을 인지했다. 실제로 유럽 열강들은 그리스 문제에 개입하지 않기로 합의했다. 그러나 러시아의 니콜라이 1세는 그 합의를 어기고 러시아의 국가 이익을 앞세워 그리스 독립전쟁에 개입함으로써 러시아의 남진정책에 부정적이었던 영국과 프랑스도 이 전쟁에 참여하게 되었다.[34]

또한 베로나 회의에서는 남미의 구에스파냐 식민지에 대한 파병론도 제기되었는데 영국은 이에 대해 반대 의사를 분명히 밝혔다.[35] 그러나 그들의 주장이 무시됨에 따라 영국은 5국동맹에서 탈퇴했다.[36] 영국의 반발에도 불구하고 메테르니히의 주도로 남미파병론이 가시화됨에

---

34 당시 유럽 각국에는 고대 그리스 문명의 잔재를 존속시켜야 한다는 생각을 가진 사람들이 많았기 때문에 그리스 독립운동에 동정적인 분위기가 크게 확산되었다. 그리고 이러한 분위기를 주도한 대표적인 인물로는 영국 시인 바이런(G.G. Byron)을 들 수 있다. 바이런은 1823년에 그리스 독립전쟁에 참여했고 다음 해에 말라리아로 사망했다.

35 나폴레옹 체제가 붕괴된 이후 에스파냐는 남아메리카에서 그들의 이전 식민지들을 되찾으려고 시도했지만 시몬 볼리바르(Simon Bolivar, 베네수엘라 · 콜롬비아 · 에콰도르), 산 마르틴(San Martin, 아르헨티나), 베르나르도 오이긴스(Bernardo O'Higgins, 칠레) 등의 지휘하에 라틴아메리카인들은 성공적으로 저항했다. 이에 에스파냐는 메테르니히에게 도움을 요청하게 되었다. 이러한 에스파냐의 움직임에 대해 위협을 느낀 것은 영국과 미국이었다. 이 두 나라는 라틴아메리카와 수익성이 있는 교역을 했기 때문에 라틴아메리카가 다시 에스파냐의 지배하에 놓이게 되는 것을 원하지 않았다.

36 당시 남아메리카와의 교역량을 늘리던 영국은 이 지역에 대한 개인들의 투자도 활성화시켰는데 그 액수는 2,200만 파운드에 달했다. 캐닝은 남아메리카에 대한 에스파냐의 권리 회복을 인정해야 하지만 영국 국익을 위해 그것의 실현을 저지시켜야 한다는 이율배반적인 태도를 보였다.

따라 1823년 12월 미국의 먼로(Monroe) 대통령이 합중국 의회에서 먼로 독트린(Monroe Doctrine)이라는 유명한 외교 선언을 천명했다. 즉 "아메리카 대륙은 그들이 획득·유지해온 자유 독립적 지위에 입각하여, 이후로는 유럽 강대국들의 식민 대상이 될 수 없으며 그것은 합중국의 권리와 이해에 관련되는 하나의 원칙이다."라고 천명한 것이다.

이로써 메테르니히 체제는 다시금 중대한 도전을 받게 되었다. 상황이 이렇게 전개됨에 따라 메테르니히는 아메리카 대륙에 개입하여 미국 대통령의 의지를 시험하려고 하지 않았는데 그것은 원정을 통해 얻을 수 있는 것이 별로 없다는 현실적 판단에서 비롯된 것 같다. 먼로가 이처럼 메테르니히 정책에 정면으로 대응할 수 있었던 것은 미국의 국력보다는 영국의 강력한 해군력을 믿었기 때문이다. 따라서 유럽 열강은 영·미 양국의 공동 이해가 얽혀 있던 신생 라틴아메리카 제국에 무력 개입을 포기했다.

이후부터 메테르니히의 협조 체제는 유럽에서 제대로 작동하지 못했지만 메테르니히가 지향한 '유럽 열강 간의 균형 정책'의 근간은 그대로 유지되었다.

3

독일 연방의 결성

빈 회의에서 중요 의제 중의 하나로 부각된 독일 문제는 1806년에 해체된 신성로마제국을 원상복귀시키는 대신 오스트리아가 주도하는 독일 연방(Deutsche Bund)을 새로이 창설하는 쪽으로 결론이 났는데 이 과정에서 메테르니히가 주도적인 역할을 담당했다.[37] 국내외 안보 유지를 위해 해체 불가능한 국가연합을 목표로 각각의 국가들과 자유시들이 주권을 유지하면서 결합된 형태, 즉 연방정부가 없는 국가연합체인 독일 연방은, 1815년 6월 8일 빈 회의에서 결의된 '독일 연방 규약'을 통해 창설되었다.

독일 연방 규약은 빈 회의 규약의 일부로서 오스트리아, 프로이센, 러시아, 영국, 프랑스, 에스파냐, 스웨덴, 그리고 포르투갈에 의해 조인되었다. 빈 회의에 참여한 각국 대표들은 유럽 안정을 위해 독일 문제의 원만한 해결이 반드시 필요하다는 것을 인식했지만, 그것은 규

---

[37] 신성로마제국이 해체되기 전 이 제국에는 2천 개에 달하는 독일제후 국가들과 자유시가 있었다.

모, 영역, 방식에서 수많은 논쟁이 동반될 수밖에 없었다. 열강들 중에서 가장 약체였던 프로이센은 빈 회의를 통해 국가 위상을 높여야 한다는 관점을 가지고 있었지만 다른 열강들은 프로이센의 그러한 의도에 부정적이었다.

당시 중부 유럽의 위상 및 기능에서 핵심적 역할을 담당한 정치가는 캐슬레이와 메테르니히였다. 캐슬레이는 프랑스의 세력 확대와 러시아의 팽창 방지를 지향했다. 또한 그는 유럽에서 다시 어떠한 전쟁도 발생해서는 안 된다는 관점을 가지고 있었다. 따라서 그는 열강 간의 협조가 절대적이며 거기서 오스트리아가 중요한 역할을 담당해야 한다는 것도 인지하고 있었다. 즉 캐슬레이는 혁명적 프랑스의 재등장과 러시아의 팽창을 막기 위해서 오스트리아와 중부 유럽이 현재적 상황을 방어할 수 있는 완충지대 역할을 담당해야 한다는 구상을 했던 것이다.

빈 회의가 개최되는 동안 메테르니히는 오스트리아 제국의 국익을 우선적으로 고려했고 그것을 실천시키는 데 필요한 제 정책도 강력히 추진했다. 즉 그는 유럽의 제 열강, 오스트리아, 프로이센, 영국, 러시아, 그리고 프랑스 중에서 어느 국가도 독자적으로 다른 국가를 제압할 수 있는 능력을 가져서는 안 된다는 소위 '균형이론'을 제시했고 거기서 오스트리아의 역할을 강하게 부각시켰다. 그리고 이것을 토대로 메테르니히는 오스트리아 제국의 우위가 인정된 오스트리아와 프로이센의 양강 구도도 독일권에서 견지시키려고 했다. 따라서 그는 당시 제기되던 독일 통합에 동의하지 않았고 그러한 관점을 자신의 정책에 적극적으로 반영시키려 했다. 이러한 정책의 시행으로 메테르니히는 독일권에서 통합을 저해하는 인물로 각인되었고 나아가 제거해야 할 대상으로도 선정되었다.

이렇게 자신에 대한 부정적인 정서가 확산되었음에도 불구하고 메테르니히는 반통합정책을 지속적으로 실시했는데 이것은 독일 통합보다 오스트리아 제국의 국익이 우선시되어야 한다는 기본적 관점과 그것에 대한 국제적 협조가 있었기 때문에 가능했다. 여기에 오스트리아 제국이 가지는 특수성, 즉 다민족국가라는 점도 중요한 요인으로 작용했다. 이 당시 오스트리아 제국은 전체 인구에서 불과 21%를 차지하던 독일 민족이 주도권을 장악하고 있었는데 그것은 오스트리아가 독일권에서 절대적 우위권을 행사하고 있다는 후광에서 비롯된 것 같다. 만일 이러한 후광이 사라질 경우 오스트리아의 존속 역시 위태롭다는 것이 메테르니히의 분석이었다.[38]

독일 연방 구성에 관한 법적 근거는 "연방제 결속을 통해 신성로마제국 소속 국가들의 독립과 통일을 보장한다."라는 요지의 제1차 파리평화조약 제6조에서 명시되었고, 독일 문제를 협의한 빈 회의의 회의체는 오스트리아, 프로이센, 하노버, 바이에른, 그리고 뷔르템베르크 5개국으로 대표로 구성된 '독일위원회'였다. 빈 회의에서 강조된 정통성의 원칙은 프랑스 대혁명 이전의 체제를 부활시키는 것이었지만, 이 원칙 역시 한계에 직면하게 되었다. 그것은 1803년 독일제국의회 대표

---

38 독일 연방이 결성된 이후부터 메테르니히는 독일권에서 전개되는 일체의 민족운동과 거기서 제기된 독일 통합의 필요성을 부정했고 그러한 관점에 대해 독일 연방 국가들의 동참도 강요했다. 따라서 메테르니히가 독일권에서 실세로 활동하는 한 독일 통합은 거의 불가능한 사실로 간주되었다.

자회의 의결 이후 도입된 제국 직속 영토의 독립성 상실로 영지를 몰수당한 해당 제후들의 재산 회복 노력이 독일위원회의 논의 과정에서 배제된 것에서 확인할 수 있다.

성직제후 재산의 세속화 및 그로 인해 소멸된 성직제후국들의 원상회복 노력이 부산된 것 역시 정통성의 원칙이 적용되지 않은 또 다른 사례였다. 소멸된 성직제후국의 복원을 시도한 교황청 대표 에르콜레 콘살비(Ercole Consalvi) 추기경의 노력은 결국 수포로 끝났다. 알렉산드르 1세의 정치고문 자격으로 빈 회의에 참석한 슈타인 남작은 정통성의 원칙에 따라 신성로마제국을 재건시켜 독일 문제를 해결해야 한다는 입장을 밝혔다. 하르덴베르크 남작과 더불어 프로이센 개혁을 주도한 슈타인 남작은 1809년 제5차 대불동맹전쟁이 발발했을 때, 그나이제나우(A. Gneisenau) 및 샤른호르스트(G. v. Scharnhorst) 등과 더불어 프로이센의 오스트리아 지원을 헛되이 상소한 후, 오스트리아를 거쳐 러시아로 망명한 정치가였다. 비록 슈타인 남작의 신성로마제국 재건 주장은 반향을 불러일으키지 못했지만, 4개 자유시를 포함한 38개 독일 제후국의 미래를 위한 대체 기구 마련은 빈 회의의 중심 의제 중의 하나였다.

오스트리아와 프로이센 대표는 신성로마제국보다 더 강력한 중앙집권 조직 및 집행기구를 가진 연방 국가편제를 대안으로 제시하면서 독일위원회를 출범시켰다. 규모가 큰 왕국들, 즉 오스트리아, 프로이센, 바이에른, 작센, 뷔르템베르크의 대표들로 구성되는 공동 집행기구를 설치하되, 최종 의결 시 오스트리아와 프로이센이 연방 내에서 다른 국가들을 표결에서 압도할 수 있는 제도적 장치를 강구하고, 전체 연방 지역을 7개 권역으로 연방결의의 이행, 군사 부분 및 최종 심급의 법원을 관할토록 한다는 것이 원래의 구상이었다. 그렇게 할 경우 법률상 존재하는 군소 국가들은 사실상 독립권을 상실하고, 규모가 큰 국가들에게 그들의 관할권이 이전되는 결과가 초래될 위험성이 있었다. 그러나 이 계획은 소규모 국가들의 격렬한 저항뿐만 아니라 폴란드–작센 문제로 인해 야기된 갈등 때문에 실현되지 못했다. 폴란드–작센 문제에서 노출된 프로이센의 영토 확대 시도를 저지한 메테르니히의 주도로 5개 중대형 국가로 구성되는 집행기구 설치안은 백지화되었고, 이는 군소국 대표들의 지지를 이끌어내는 결과도 가져왔다.

빈 회의 조약 서명 하루 전인 1815년 6월 8일 독일 연방 규약이 독일 연방헌법으로 가결되었다. 빈 회의 초기 바이에른 왕국과 뷔르템베르크 왕국의 강력한 분립주의 주장으로 독일 문제 해결은 난관에 부딪혔다. 이렇게 어려운 상황에 놓인 회의에 탈출구를 제공한 사건은 나폴레옹의 파리 귀환이었다.

오스트리아와 프로이센 양국은 1815년 5월 23일 메테르니히가 독일 제후국 전체 회의에 제출한 국가연합안에 대해 합의했다. 그리고 독일 연방 규약은 1815년 6월 2일 다수결로 통과되었는데, 그 과정에서 뷔르템베르크 왕국과 바덴 대공국은 표결에 참가하지 않았고, 바이에른 왕국과 작센 왕국은 기권했다. 그러나 작센은 6월 6일, 바이에른은 6월 8일 연방규약에 가입함으로써, 독일 연방 규약은 1815년 6월 8일 빈 회의에서 조인될 수 있었다. 바덴 대공국은 빈 회의가 종료된 후, 그해 7월 26일, 뷔르템베르크 왕국은 9월 1일에 각각 독일 연방 규약을 추인했다. 1815년 6월 8일에 통과된 독일 연방 규약은 빈 회의 활동 이래 처음이자 마지막으로 열린 전원 회의에서 인준된 빈 회의 규약의 일부를 이루었다. 오스트리아와 프로이센, 러시아, 영국, 프랑스, 스웨덴, 포르투갈, 에스파냐가 빈 회의 규약에 서명했는데 이들 국가들은 동시에 독일 연방의 보증국도 되었다. 즉 독일 연방 규약의 첫 11개 조항이 전체 빈 회의 규약에 포함됨으로써 이것은 빈 회의 규약 서명국들의 보호 내지는 보증도 받게 되었다. 그리고 강력한 중앙 집행기구와 최고연방법원의 설치는 오스트리아와 프로이센을 제외한 기타 독일 국가들의 반대로 실현되지 않았다.

"모든 독일 연방 소속 국가는 신분대표제 헌법을 제정해야 한다."라는 규정은 원래 논의된 대로 연방 규약에 포함되었다. 대부분의 독일 연방 소속국은 이 규정을 신속히 이행했지만 프로이센과 오스트리아는 1848년까지 성문헌법을 제정하지 않았다. 또한 "독일 연방은 신성로마제국의 권리 계승자가 아니다."라는 것이 독일 연방 규약 전문에 명시적으로 게재되었다. 20개 조항으로 구성된 독일 연방 규약은 독일 연방의 기본법이었다. 독일 연방 규약 전문에 따라 모든 '독일의 주권 군주들과 자유시들'은 독일 연방의 회원국 지위를 부여받았고 그것에 따라 4개 자유시(도시국가)를 포함한 38개국이 독일 연방 국가로 등장했다. 그리고 독일 연방은 순수 방어적인 기능을 가지며 독일의 내적, 외적 안보에만 기여한다는 점도 강조되었다. 이로써 독일 연방은 공동의-연방 차원의-적극적인 외교정책 수립이 불가능하더라도, 유럽의 균형 체제 내의 필요조건은 될 수 있었다.

특이한 것은 오스트리아 제국과 프로이센 전체가 아닌 신성로마제국 소속에 포함된 국가들만이 독일 연방에 가입할 수 있었다는 점이다. 즉 오스트리아의 경우 폴란드(갈리치아-로드메리아[Galizien-Lodomerien] 공국), 헝가리, 이탈리아에 소재한 국가들이, 프로이센의 경우에는 서프로이센과 포젠(Posen)이 독일 연방에 포함될 수 없었다. 따라서 폴란드, 헝가리, 이탈리아, 그리고 서프로이센, 동프로이센과 포젠 등에는 연방 결의가 적용되지 않으며, 제3국의 침략을 받을 경우에도 독일 연방은 이 지역들에 대한 군사 원조 의무를 이행하지 않아도 되었다.

외국 군주로서는 영국 국왕이 하노버 왕국의 국왕 자격으로, 네덜란드 국왕이 룩셈부르크의 대공 자격으로, 덴마크 국왕이 홀슈타인-라루엔부르크(Lauenburg)의 공작 자격으로 독일 연방의회에서 의석과 투표권을 가지게 되었다.

독일 연방 창립에 관한 논의가 시작되었을 때, 프로이센과 오스트리아 대표들이 지향한 강력한 중앙집행기구의 설치 및 최고연방법원 설치에 관한 규정은 독일 연방 규약에 포함되지 않았다. 회의 장소를 프랑크푸르트 암 마인(Frankfurt am Main)에 두는 연방의회가 독일 연방의 유일한 중앙연방기구로 결정되었다. 독일 연방의회의 양대 회의체는 '전체회의'와 '특별위원회'였다. 그러나 실제로는 '특별위원회'가 '전체회의'를 대신하여 연방 업무를 관장할 때가 많았다. 38개 독일 연방 회원국은 '전체회의'와 '특별위원회'에 참여했다. 그런데 '전체회의' 총 투표수는 69표이고, '특별위원회'의 그것은 17표였다. 표결 시 '특별위원회'가 행사하는 총 투표수 17표는 11표의 단독 투표권을 행사하는 11개 중대형 국가와 공동 투표권을 행사하는 6개 소형 국가 집단으로 구성되었다. '특별위원회'의 의결은 단순 과반수 찬성으로 이루어지고, 찬반표가 동수일 경우 독일 연방의회의 의장국인 오스트리아 대표가 결정권을 행사하도록 했다.

단독 투표권을 행사한 11개국은 오스트리아(황제국), 프로이센, 바이에른, 하노버, 작센, 뷔르템베르크(왕국), 바덴 대공국, 헤센-선제후국(헤센-카셀), 헤센 대공국(헤센-다름슈타트), 홀슈타인 공국 및 룩셈부르크 대공국이었다. 홀슈타인 공국과 룩셈부르크 대공국의 투표권은 덴마크 국왕과 네덜란드 국왕이 행사했다. 6표의 공동 투표권은 대체로 지역 및 가문 속성에 따라 분류된 6개 제후국 집단이 각각 1표씩을 공동으로 행사했다. 빈 회의에서 대공국으로 격상된 작센-바이마르-아이젠나흐(Sachsen-Weimar-Eisenach), 작센-고타(Sachsen-Gotha) 공국, 작센-코부르크(Sachsen-Coburg) 공국, 작센-마이닝겐(Sachsen-Meiningen) 공국, 그리고 작센-힐트부르크하우젠(Sachsen-Hildburghausen) 공국이, 다시 말해서 작센 가문의 1개 대공국과 4개 공국이 합쳐서 공동 투표권 한 표를 행사했다. 브라운슈바이크 공국(이전에는 브라운슈바이크-볼펜뷔텔[Braunschweig-Wolfenbüttel]) 공국과 나사우 공국이 공동의 1표를 행사했고, 마찬가지로 공국에서 대공국으로 각각 격상된 메클렌부르크-슈베린(Mecklenburg-Schwerin) 및 메클렌베르크-슈트렐리츠(Mecklenburg-Strelitz)가 합쳐 1표의 공동 투표권을 가졌다. 독일 연방 가입국 수로 보면 6개국이 공동 투표권 한 표를 행사한 집단도 있었는데, 1815년 빈 회의에서 공국에서 대공국으로 격상된 올덴부르크(Oldenburg) 대공국과 안할트 가문의 3개 공국(안할트-데사우[Anhalt-Dessau], 안할트-쾨텐[Anhalt-Köthen], 안할트-베른부르크[Anhalt-Bernburg]), 그리고 슈바르츠부르크 가문의 2개 후작국(슈바르츠부르크-루돌슈타트[Schwarz-Rudolstadt], 슈바르부르크-존더즈하우젠[Schwarz-Sondershausen])이 그들이었다. 호엔촐레른가문의 2개 후작국(호엔촐레른-헤힝엔[Hohenzollern-Hechingen], 호엔촐레른-지그마링엔[Hohenzolern-Sigmaringen])과 리히텐슈타인, 로이스 구파(Reuß älterer Linie), 로이스 신파(Reuß jüngerer Linie), 샤움부르크-리페(Schaumburg-Lippe), 리페(Lippe) 및 발데크(Waldeck)(이상 6개 후작국) 등 8개 후작국이 공동 투표권 한 표를, 그리고 4개 자유시인 브레멘, 프랑크푸르트, 함부르크, 뤼베크가 공동 투표권 1표를 행사했다.

특정한 연방 업무는 '전체회의' 소관이었는데 여기서는 38개 독일 연방 회원국이 각각 최소 1표, 중대형 국가들은 4표까지 투표권을 행사했다. 그런데 '전체회의'의 총 투표수는 69표였고 여기서 4표를 행사한 독일 연방 국가는 황제국 오스트리아와 5개 왕국인 프로이센, 바이에른, 뷔르템베르크, 작센, 하노버였다. 바덴 대공국, 헤센 선제후국, 헤센 대공국, 홀슈타인 공국 및 룩셈부르크 대공국이 각각 3표의 투표권을 행사했다. 2표를 행사한 독일 연방 국가는 메클렌부르크-슈베린 대공국, 브라운슈바이크 공국 및 나사우 공국 등 3개 후작국이었고, 4개의 자유시를 포함한 나머지 24개 독일 연방 소속 제후국은 각 1표를 행사할 수 있었다.

형식논리상으로, 독일 연방의 구조는 패권적 주도권을 인정하지 않는 민주주의적 구조였다고 볼 수 있다. 독일 연방을 사실상 주도한 오스트리아와 프로이센도 특별위원회 내에서 단독 투표권을 행사한 나머지 9개국과 동등한 권한을 행사했다. '전체회의'에서도 오스트리아와 프로이센은 바이에른 왕국, 뷔르템베르크 왕국, 작센 왕국, 하노버 왕국과 동등한 권한을 행사했다. 그러나 구조상 공사회의로 구성된 독일 연방회의는 결의하는 데 긴 시간이 필요한 데다가, 오스트리아와 프로이센이 거부권을 행사하지 않을 때만 실제로 의결이 가능한 구조였다.

독일 연방 규약 제11조에 따르면, 독일 연방 회원국은 독일 전체는 물론이고, 연방 소속의 개별 회원국을 적의 공격으로부터 지키고, 독일 연방에 속한 모든 영역을 수호할 의무를 지니며, 일난 연방 선생이 선포되면 어떤 회원국도 적국과 일방적으로 휴전회담 또는 평화조약을 체결할 수 없었다. 이 조항의 시행 및 보완을 위해 1820년 8월 3일 연방 집행법이 통과되었다. 연방 집행법의 법적 근거는 1819년 11월 25일 빈에서 개최된 독일 연방 각료회의에서 결의된 후 다음 해 6월 8일 독일 연방의회에서 통과·발효된 '빈 최종 규약' 31조, 즉 "동맹의 충실성을 해하는 회원국 정부에 대해서는 가장 강력한 연방헌법 보호 수단인 연방 집행권을 통한 조처를 취한다."라는 조항이었다.

연방 규약을 위반한 회원국 지배자의 통수권 정지나 내각 퇴출 혹은 통수권 회수 등의 조처를 통해 해당 국가 혹은 그 정부는 독일 연방 규약이 규정한 의무 사항들을 준수하도록 했다. 독일 연방의 기본법으로서 1815년 빈 회의에서 제정된 20개 조항의 '독일 연방 규약'은 1819년 11월 빈 각료 회의에서 의결되어, 1820년 6월 프랑크푸르트 연방의회에 의해 비준된 총 65개 조항의 '빈 최종 규약'에 의해 보완되었다.

보다 정확한 이해를 위해 설명한다면, 121개 조항으로 구성된 빈 회의 규약, 즉 빈 회의 조약은 유럽위원회에서 의결된 독일을 포함한 유럽 문제에 관한 내용이었다. 65개 조항의 '빈 최종 규약'은 독일위원회가 의결한 '독일 연방 규약'을 보완한 법률이었다. 빈 최종 규약에서 결의된 연방 개입 조항은 제25조, 제26조, 그리고 제31조에서 명시되었는데 이에 따르면 개별 연방 회원국의 국내 정세 불안을 방지하기 위해－연방 개입의 요청 유무와 관계없이－해당 국가에 제공되는 독일 연방 차원에서 지원을 한다. 그리고 제57조에서는 국가의 모든 권력을 군주에게 집중시켜 신분제 의회의 권한을 제한한다는 것이 언급되었는데 이것은 왕정 체제의 근간을 유지시킨다는 것으로 볼 수 있다.

그리고 '빈 최종 규약' 12조와 13조는 소규모 회원국들의 대법원 설립과 헌법 제정에 관한 내용을 포함했다. 주민 수가 30만 명을 초과하지 않는 소규모 연방 회원국들은 대규모 회원국 또는 그들과 혈연관계가 있는 가문들과 합쳐 30만 명 이상의 주민 수를 채울 경우, 대법원 설립에 합의할 수 있게끔 허용하고, 4개 자유 도시 국가에게 공동으로 대법원을 설립할 수 있는 권한을 부여함으로써 연방은 3심 법원의 제도를 조정했다. 독일 연방은 그 설립 목적이 애초부터 단일민족 연방 국가가 아닌, 해체할 수 없는 느슨한 국가 연합체였기 때문에 독일 통합을 갈망한 사람들에게는 실망을 가져다주었다.

독일 연방은 1821년 4월 9일 군사법을 제정했고, 세부 조항까지 다룬 법은 1822년 7월에 완성했다. 연방 군대는 영방국가들의 부담금으로 운영되며 10개의 군단을 두도록 했다. 연합 내에서 세력이 가장 강력한 오스트리아와 프로이센은 각각 3개 군단의 병력을 소유하고 바이에른은 1개 군단, 나머지 중소 국가들은 모두 합해 3개의 군단을 유지하도록 했다. 독일 연방군의 최고 지휘관은 전쟁이 발발한 경우 연방 회의에서 선출하도록 했다.

그런데 독일 연방군이 편성된 이후부터 3월혁명(1848)이 발발한 시기까지 외부의 적으로부터 독일 연방을 방어할 사건은 발생하지 않았다. 그러나 독일 연방 규약을 위반한 회원국 정부를 제제하기 위해 독일 연방군이 연방 집행권을 위임받은 적은 수차례 있었다. 독일 연방의 양대 축인 오스트리아와 프로이센의 강력한 뒷받침이 없었다면 연방 집행 또는 연방 개입을 통한 독일 연방군의 검증 기회 역시 없었을 것이다. 왜냐하면 총 10개 군단으로 구성된 독일 연방군의 6개 군단병력을 양국이 분담했고 나머지 중소 회원국들은 그들의 군대로 자국 내에서 발생한 위협에 효율적으로 대처할 수 없었기 때문이다.

연방 집행(Bundesexekution)과 연방 개입(Bundesintervention)는 연방의회의 결의를 거쳐 연방군이 투입된다는 점에서 공통되지만, 제재 대상이 회원국 정부일 경우에는 연방 집행, 회원국 정부의 요청으로 연방군이 투입되는 경우에는 연방 개입이라는 용어를 사용했다. 연방 개입의 경우, 연방군의 제재 대상은 주로 회원국 군대가 독자적으로 진압이 불가능한 반정부 세력의 소요 및 반란이었다. 연방 집행의 결과는 연방군에 의한 해당 회원국 점령, 통치권의 회수 및 통치권자의 교체, 독일 연방 규약을 위반한 연방 회원국의 헌법 폐기 등으로 나타났다.

4
카를스바트 협약

19세기 초반부터 독일에서 극작가로 명성을 날리던 코체부(A. v. Kot-zebue)는 1818년부터 정치적 문제에 대해서도 공식적으로 거론하기 시작했다. 이 인물은 1818년 『문학 주보(*Literarisches Wochenblatt*)』를 독자적으로 발간했는데, 거기서 루덴(H. Luden)의 민족운동이 신랄한 비판 대상으로 등장하는 경우가 허다했다. 그리고 그의 견해에 따를 경우 독일 민족은 민족운동을 활발히 전개한다 하더라도 통합국가를 형성할 수 없다는 것이었다. 뿐만 아니라 그는 새로운 청소년 운동과 부르셴샤프트(Burschenschaft)의 활동에 대해서도 조롱하는 태도를 보였다.

이에 부르셴샤프트는 강한 불만을 표시했다. 특히 예나와 기센 대학의 부르셴샤프트는 다른 대학의 부르셴샤프트보다 훨씬 강한 불만을 토로했는데 예나대학의 부르셴샤프트 회원이었던 잔트(K. Sand) 역시 이러한 범주에서 벗어나지 못했다. 더욱이 코체부가 독일의 제 상황을 러시아 황제 알렉산드르 1세에게 전달하는 첩보원이라는 사실이 밝혀지면서 그에 대한 부르셴샤프트의 반감은 더욱 증대되었고 나아가 제거해야 할 인물(Eiterbeule)로도 부각되었다. 점차 예나 및 기센 대학의 부르셴샤프트 회원들은 코체부 암살을 그들의 소명으로 인식하게 되었고 그것을 스스로 실천하려고 했다. 잔트 역시 이러한 분위기를 거부감 없이 수용했던 것이다.

1819년 3월 23일 잔트는 코체부의 아파트를 방문했지만 처음에는 그를 만나지 못하고 오후 5시에 다시 오겠다고 했다. 코체부를 만난 잔트는 약간의 거친 대화를 나눈 후 그의 가슴에 칼을 꽂았다. "당신은 조국의 적이다!" 얼마 후 코체부는 숨을 거두었고 이 장면을 그의 네 살짜리 아들이 목격했다. 돌발 상황에 잔트는 이성을 잃었고 자신의 가슴에 두 번이나 칼을 꽂는 극단적인 행동을 하면서 "하느님, 이러한 승리에 감사드립니다."라고 외쳤다.

과다출혈로 의식을 잃은 잔트는 바로 병원으로 이송되었고 거기서 빠르게 회복되었다. 이후 잔트에 대한 본격적인 심문이 시작되었지만 그에 대한 대우는 매우 파격적이었다. 일반 죄수들과는 달리 잔트는 쇠사슬로 묶이지 않았을 뿐만 아니라 창문이 달린 넓은 감방도 제공받았다. 나아가 죄수들이 감옥 통로를 이동할 때 잔트에게 방해가 되지 않도록 그들의 쇠사슬을 들게 했다. 이 당시 잔트는 자신의 행위를 반성하지 않았고 독재자에 대한 정당한 암살이라는 관점도 고수했다. 이에 따라 만하임 왕실재판소는 1820년 5월 5일 잔트에게 참수형을 선고했다.

처형 날짜인 5월 20일이 다가올수록 잔트는 독일 통합의 상징으로 각인되었다. 실제로 처형일 오전 4시부터 잔트의 마지막 길을 목격하기 위해 꽃과 수양버들을 든 많은 사람들이 처형 장소로 모여들기 시작했다. 잔트가 처형된 후 사람들은 손수건에 그의 피를 적시거나 또는 그의 머리카락을 잘라 쌌다. 단두대의 나무 조각을 잘라 집으로 가져가기도 했는데 이것들은 이미 이들에게 성유물로 인식되었기 때문이다.

당시 부르셴샤프트의 반정부 활동을 예의주시하던 메테르니히는 잔트의 정치적 암살과 연달아 시도된 뢰닝(Lohning)의 암살 사건 후 자신의 체제를 위협하던 세력에게 일격을 가할 수 있는 기회가 주어졌다는 판단을 하게 되었다. 이에 따라 그는 프로이센과 긴밀한 협력을 모색했는데 그러한 시도는 연방의회의 법규를 정면으로 무시한 조치였다.[39] 왜냐하면 빈 정부와 베를린 정부가 연방 공동의 문제를 독단적으로 처리한 후 그것에 대한 동의를 나머지 국가들에게 일방적으로 강요했기 때문이다.

이 당시 대학의 자율성을 지지하던 하르덴베르크도 잔트의 암살 사건 이후 자신의 정책을 포기하고 기존의 질서 체제를 위협할 수 있는 저해 요소들을 제거하는 데 동의했다. 이에 따라 하르덴베르크는 1819년 1월 11일에 개최된 내각회의에서 선동적 음모에 대한 신속한 대응

---

39 거의 같은 시점에 메테르니히는 겐츠에게 서신을 보냈는데 거기서 그는 잔트 및 뢰닝의 암살 사건을 자신의 체제 유지에 적극적으로 활용하겠다는 입장을 밝혔다. 편지에서 그는 살인자들이 단독으로 범행을 모의하고 저지른 것이 아니라 비밀조직의 명령(부르셴샤프트를 지칭)에 따라 행동한 것으로 판단했다. 따라서 그는 이러한 사건들을 하나의 전화위복의 계기로 삼아야 한다고 했다. 여기서 메테르니히는 어떻게 하면 최선의 효과를 거둘 수 있는지에 대해서도 관심을 가지고 있음을 표명하면서 자신이 이러한 사건들을 미온적으로 처리하지 않겠다는 입장도 밝혔다. 실제로 메테르니히는 사건의 처리 강도가 향후 독일 정국에 지대한 영향을 줄 것이라는 것을 믿고 있었고 겐츠 역시 이에 동의하는 자세를 보였다.

조치, 대학과 체조협회에 대한 정부의 감시 강화, 그리고 언론에 대한 철저한 검열 필요성을 역설했다.

잔트의 정치적 암살 사건 직후 프로이센 경찰청장 비트겐슈타인(Fürst v. Sayon Wittgenstein)은 베를린대학을 비롯한 프로이센 내 각 대학에서 결성된 부르셴샤프트의 활농을 보다 철저히 감시하기 시작했고 그 과정에서 이 단체들의 핵심적 인물들도 체포했다. 비트겐슈타인은 1812년부터 프로이센 경찰을 총괄하는 업무를 수행했고 1814년부터 1819년까지 경찰청장으로 재임하는 중이었다. 그는 체포된 학생들을 심문하는 과정에서 이들 일부가 기존 질서 체제를 붕괴시키려는 의도를 가졌을 뿐만 아니라 그것을 구체화하려는 계획을 수립했다는 것도 파악했다. 상황의 심각성을 인지한 그는 이러한 내용을 담은 심문 보고서를 즉시 베를린 정부에 제출했다. 보고서에서는 부르셴샤프트가 위해적 단체이기 때문에 그러한 단체를 가능한 한 빨리 해체해야 한다는 주장이 제기되기도 했다.

베를린 정부의 시종장(Oberkammerherr)직도 겸직한 비트겐슈타인은 자신이 수집한 자료들을 비밀리에 메테르니히에게도 보냈는데 그것은 해방전쟁 이후 지속된 그와 메테르니히사이의 긴밀한 관계에서 비롯된 것 같다. 특히 비트겐슈타인은 메테르니히에게 부르셴샤프트와 관련된 모든 문서를 보냈는데 거기에는 회의록, 프로그램 설명서, 구호, 정관 등도 들어 있었다. 이러한 문서들을 통해 메테르니히는 부르셴샤프트의 성격과 지향 목표 등을 정확히 인지할 수 있었다.

여기서 메테르니히는 부르셴샤프트의 활동을 방치할 경우 대학생들이 공화정 체제를 지향하면서 비이성적인 방법, 즉 폭력을 활용하여 그러한 제도를 도입하려는 의지를 보일 것이고 거기서 흑백논리를 강하게 부각시키리라는 점을 감지했다. 부르센샤프트의 관점에 따르면 현 질서 체제와 연계되는 계층은 죄악시되고 제거되어야 할 집단이라는 것이 메테르니히의 분석이었다.

7월 중순부터 베를린과 본에서는 대대적인 체포와 수색이 이루어졌는데 거기서 메테르니히와 비트겐슈타인 사이의 긴밀한 협력 체제가 큰 역할을 담당했다.[40] 이 과정에서 반정부적 지식인들과 민중운동의 지도자들은 경찰기관의 추적을 받았는데 그동안 프로이센에서 체조협회를 주관한 얀이 자신의 반정부 활동으로 체포된 것[41]과 스위스 주재 프로이센 대사 그루너(J. v. Gruner)와 카를스루에(Karlshe) 주재 변리공사 엔제(K.A.V. v. Ense)가 그들의 반메테르니히적 태도로 경찰 심문을 받게 된 것을 그 대표적인 일례라 하겠다.[42]

7월 21일 테플리츠(Teplitz)에 도착한 메테르니히는 8월 1일 하르덴베르크와 회동을 가졌다. 여기서 메테르니히는 "마치 내가 세계의 정복자였던 나폴레옹을 물리친 것처럼 신의 은총으로 독일에서의 반정부

---

40 이 당시 비트겐슈타인은 반정부적 인사들에 대한 대응 과정에서 메테르니히의 지원이 절대적으로 필요하다는 것도 인지했다.
41 본대학의 역사학 교수였던 얀의 집은 경찰에 의해 1819년 7월 13일 강제 수색되었는데 이것에 대한 학생들의 불만 강도는 매우 높았다. 같은 날 얀은 긴급 체포되어 재판에 회부되었고 거기서 징역 5년 형을 받았다. 이후 그는 슈판다우(Spandau), 퀴스트린(Küstrin), 그리고 콜베르크(Kolberg) 형무소에서 형을 살아야 했다.
42 메테르니히는 프로이센의 이러한 조치를 '매우 과감하다(allzu schneidig)'고 평가했다.

적 소요도 빠른 시일 내에 진압할 수 있기를 바란다."라는 입장을 밝혀 부르셴샤프트에 대한 그의 조치가 매우 신속·단호하리라는 것을 예측하게 했다. 하르덴베르크 역시 부르셴샤프트 문제를 해결해야 한다는 인식을 가졌기 때문에 메테르니히의 관점을 지지했다.[43] 다음 날 이들은 독일 내 반정부 활동을 규제하기로 의견 일치를 보았는데, 거기서의 중요한 것들을 거론한다면 반정부 신문들의 간행 금지와 독일 대학 내 반정부적 요소들을 제거한다는 것이었다. 이 합의는 그동안 신문들과 대학이 반메테르니히 정책을 확산시키는 데 주도적 역할을 했다는 인식에서 비롯된 것 같다. 이 자리에서 하르덴베르크는 메테르니히에게 자신의 정부 역시 국민에게 약속했던 국민대의제 도입을 철회하고 지역적 대의제만을 허용하겠다는 입장을 밝혔다.

메테르니히는 하르덴베르크와의 합의를 구체화시키기 위해 1819년 8월 6일 보헤미아 지방의 휴양 도시인 카를스바트(Karlsbad)에서 연방비밀의회(Geheinmkonferenz)를 개최했다.[44] 여기에는 오스트리아, 프로이센, 바이에른, 작센, 하노버, 뷔르템베르크, 바덴, 메클렌부르크-슈베린, 메클렌부르크-스트레리츠, 그리고 나사우 대표가 참여했는데 이들 모두는 메테르니히 정책을 지지하던 국가들이었다.[45] 이에 반해 메테르니히 정책에 부정적 시각을 가졌던 국가들은 초청 대상에서 제외

---

43 이 당시 프리드리히 빌헬름 3세 역시 하르덴베르크 관점에 대해 동의했다.
44 오늘날의 카를로 비바리(Karlovy Vary)에서 개최된 이 회의는 8월 31일까지 지속되었다.
45 메테르니히는 오스트리아와 프로이센을 제외한 나머지 8개국은 프로이센의 조언을 들어 선별한 후 각국에 통보했다.

되었는데 작센-바이마르-아이젠나흐가 그 대표적인 예라 하겠다.

겐츠

메테르니히 주도로 진행된 회담에서는 진보적 시민계층의 성장에 제동을 거는 방법들도 심도 있게 논의되었고 그 과정에서 메테르니히의 총애를 받던 겐츠가 핵심적 역할을 담당했다.[46]

카를스바트 회의 참석자들은 독일 연방의 약관 13조를 군주제와 연계시켜 해석하려고 했다.[47] 이러한 시도는 대의제가 명시된 일부 국가들의 헌법을 무력화시키는 동시에 그 도입을 제도적으로 막기 위한 조치로도 볼 수 있을 것이다. 아울러 여기서는 일련의 규제 조항들이 논의되고, 통과되었는데 그것들을 살펴보면 다음과 같다.[48]

---

46 이 당시 겐츠는 독일권의 통합에 대해 부정적인 시각을 가지고 있었다. 그의 관점에 따를 경우 통합은 천년 이상 지속될 경험에 위배될 뿐만 아니라 더 이상 요구되지도 않는 사안에 불과했다. 따라서 겐츠는 "독일 통합은 위험한 환영(Chimäre)에 불과하다."라고 했다. 그리고 프로이센 대표로 참석한 베른스토르푸(Bernstorff)도 겐츠의 견해를 지지했다.

47 독일 연방의 약관 13조는 군주의 권한을 언급했다. 그것에 따를 경우 일체의 주권은 군주의 수중에 놓이며, 그 어떤 법률이나 제도도 군주의 권한을 제한할 수 없다는 것이다.

48 1819년 9월 20일 프랑크푸르트에서 개최된 독일 연방의회에서 카를스바트 협약은 만장일치로 가결되었다.

① 향후 5년간 신문 및 정기간행물에 대해 엄격한 사전 검열을 실시한다. 전지 20매, 즉 8절판 320쪽 미만의 출판물에 대해서도 이러한 검열 방식을 적용한다.[49] 그리고 8절판 320쪽을 초과하는 출판물들은 사후 검열도 실시한다. 아울러 독일 연방에 대한 권위와 연방 회원국들의 평화와 질서를 저해하는 서적늘이 발견될 경우 즉시 그것들을 회수하여 폐기한다. 그리고 이러한 서적들을 출간한 출판사들의 책임자들은 5년간 동일 업종에 종사할 수 없다.

② 대학과 고등학교 들은 각국 정부가 지명한 특별전권위원(landesherrlicher Bevollmächtigter)의 엄격한 감독을 받는다. 그렇지만 특별전권위원은 이들 교육기관의 학문적 문제나 교육과정에는 간섭할 권한을 가지지 않는다. 그리고 기존 질서 체제를 위협하는 강의를 하거나 학생들을 선동하는 교수들은 대학의 교단에서 추방한다. 이렇게 추방된 교수들은 독일의 다른 대학에서 강의도 할 수 없다.

③ 부르셴샤프트는 즉시 해산시키고 향후 이 학생단체와 계속하여 관계를 가지는 학생들은 국가관료로 임명하지 않는다. 그리고 특별전권위원이나 대학 평의회의 결정에 따라 제적된 학생들은 독일의 다른 대학에 재입학할 수도 없다.[50]

---

49 불규칙적으로 간행되던 잡지, 전단 등도 사전 검열의 대상이었다.
50 카를스바트 협약에 따라 강제로 해산된 부르셴샤프트는 1827년 겨울 다시 전국적 조직을 갖추게 되었고, 입헌군주정 체제를 지향했다. 그러나 이 학생 단체는 정치적 성향에 따라 아르미니엔(Arminien)과 게르마넨(Germanen)으로 나눠지게 되었다. 아르미니엔은 입헌군주정 체제를 지향한 반면, 게르마넨은 혁명적 방법으로 독일을 통합시켜야 한다는 입장을 고수했다.

④ 11명의 법률가로 구성된 중앙조사위원회(Centraluntersuchungscommission)를 마인츠에 설치하여 각 지역에서의 혁명적 소요를 조사하고 그것을 연방의회에 보고하는 임무를 맡긴다. 독일의 모든 국가에서 체포권 및 구인권을 가지게 될 이 위원회는 한시적으로 운영한다.

이러한 조치로 그동안 대학들이 가졌던 자치권 및 학문적 자유는 대폭 축소되었을 뿐만 아니라 부르셴샤프트의 활동 역시 금지되었다. 아울러 언론의 자유가 크게 위축되었고 각 국가에 대한 메테르니히의 내정 간섭 역시 본격화되기 시작했다.[51]

프로이센의 프리드리히 빌헬름 3세는 9월 20일 테플리츠에서 메테르니히와 회동을 가졌고 거기서 그는 메테르니히의 강력한 대응 조치를 지지했다. 같은 날 연방의회를 통과한 카를스바트 협약은 주요 독일 국가의 위정자들에 의해 즉시 인준되었다. 독일권에서 복고주의를 강화시킨 협약의 제 내용은 독일 각 지역에서 바로 시행되었다. 하노버 왕국에서는 카를스바트 협약의 내용들보다 강도 높은 탄압이 자행되었으며 나사우 공국은 이 협약의 문구들을 보다 강화시켜 국법으로 수용하기도 했다. 바덴 공국, 뷔르템베르크 왕국 그리고 헤센 선제후국에서도 신문, 대학, 그리고 의회에 대한 탄압이 본격적으로 시행되었다.

프로이센에서도 반사회적 요소를 제거하는 정책이 실시되었다. 베를린 정부는 1819년 10월 18일 새로운 검열 규정을 제시하여 반군주

---

51 카를스바트 협약의 효력은 1824년 8월 16일 무기한으로 연장되었다. 그러다가 1848년 4월 2일 그 효력을 상실하게 되었다.

적 이론이나 언론을 탄압했으며 지금까지 허용했던 학문적 자유마저 유보했다. 메테르니히 역시 오스트리아 제국에서 그러한 탄압을 실행했다. 실제로 오스트리아의 언론 탄압은 프로이센의 그것보다 훨씬 강도가 심했다. 그리고 대학 교수들과 고등학교 교사들도 정부의 엄격한 감시를 받았는데 그 일례로 그들의 사용할 일제의 교재는 성부로부터 사전 검열을 받아야만 했다. 또한 교수들과 교사들이 강의 중에 혁명적인 발언을 했을 경우 즉시 체포되었을 뿐만 아니라 연금마저 박탈당했다. 카를스바트 협약에 반발한 작센-바이마르-아이젠나흐의 카를 아우구스트 대공 역시 프로이센과 오스트리아의 강압적 자세 때문에 협약의 내용을 준수할 수밖에 없었다.[52]

---

52 예나대학의 부르셴샤프트는 1819년 11월 26일 자발적으로 해산했는데 그러한 행위는 정치적으로 어려운 상황에 놓여 있던 카를 아우구스트 대공의 부담을 덜어주겠다는 취지에서 비롯된 것 같다. 부르셴샤프트의 해산을 공식적으로 선언한 직후 학생들은 〈해체의 노래〉를 불렀는데 거기서 이들은 부르셴샤프트 해산이 한시적이라는 것을 은유적으로 부각시키려고도 했다. 이렇게 부르셴샤프트가 공식적으로 해산되었음에도 불구하고 독일의 일부 대학생들, 특히 할레대학의 학생이었던 루게(A. Ruge)를 비롯한 일부 학생들은 불법화된 학생단체 재건에 깊은 관심을 표명하고 행동에 나섰다. 여기서 루게는 얼마 전부터 비밀 활동을 벌이던 '긴밀한 조합(Engerer Verein)'에 대해서도 관심을 보이기 시작했다. 그런데 루게가 관심을 보인 이 조합은 1821년 6월 28일 비밀리에 결성되었고 거기에는 반정부적 성향의 학생들이 참여했는데 그 수는 20여 명에 불과했다. 점차적으로 '긴밀한 조합'은 기존 질서 체제와의 협력을 통해 정치적 개혁을 모색해야 한다는 루게에 의해 주도되었다. 이렇게 '긴밀한 조합'의 핵심적 인물로 부상한 루게는 조합의 향후 과제들을 정리했는데 그것들은 독일의 정치적 상황 개선을 위해 혁명적 상황도 유발시켜야 한다는 것으로 요약될 수 있을 것이다.

5

독일 관세동맹

카를스바트 협약 이후 메테르니히의 주도로 자행된 광범위한 탄압으로 독일은 외형상 평온을 유지하게 되었다. 그럼에도 불구하고 독일 통합의 필요성이 다시금 제기되었는데 이번 경우는 정치적 측면이 아닌 경제적 측면에서의 통합이었다. 당시 상황을 고려한 이러한 시도는 경제적 통합을 통해 향후 진행될 정치적 통합의 토대를 마련하려는 의도도 가졌다 하겠다.

1819년 4월, 프랑크푸르트의 상품박람회에서 '독일 상공업동맹 (Deutscher Handels−Gewerbverein)'이 결성되었다. 이 단체를 대표해 경제학자 리스트(F. List)가 청원서를 독일 연방의회에 제출했는데 거기서는 관세동맹의 필요성이 강하게 제기되었다. 리스트에 따를 경우 독일의 복잡한 관세가 경제적 소통을 마비시키고 있다는 것이다. 그것은 한 사람의 손과 발을 각각 따로 묶어서 손과 발 사이에 피를 통하지 못하게 하는 것과 마찬가지라는 것이 리스트의 관점이었다. 따라서 그는 국내 관세를 철폐해야만 완전한 연방통일세제를 구축할 수 있다고 주장했고 그렇게 해야만 국가 무역과 민족 산업을 활성화시킬 수 있다고 했다. 이후부터 리스트는 같은 맥락의 주장을 언론을 통해 거론하는 등의 적극성도 보였다. 그는 독일 각 영방 신민 간의 자유로운 왕래를 보장하지 않는다면 통합 독일은 실현될 수 없다고 주장했다. 아울러 공통의 중상주의 제도를 시행하지 않을 경우 통합 독일 역시 있을 수 없다고 했다. 이후 리스트와 상공업동맹의 회원들은 각 영방국을 돌아다니며 관세동맹의 체결 필요성을 호소했다.

하지만 상공업동맹이 제출한 청원서에 대한 답은 무시와 질책으로 되돌아왔을 뿐이다. 이 당시 연방의회는 자신들이 '독일'이라는 단어를 쓰는 것조차 탐탁해하지 않았다. 따라서 독일의 상인보다는 바이에른, 작센, 그리고 기타 지방의 상인들만이 있었을 뿐이었다.

당시 메테르니히는 관세동맹을 주장하던 리스트에 대해 강한 우려감을 표시했다. 따라서 그는 리스트를 '가장 위험한 선동자'로 규정하고, 특수 전담 조직을 구성해 그를 감시하게 했으며 사사건건 그를 공격했다. 그러나 메테르니히를 비롯한 빈의 위정자들은 독일 전체에 대한 통치권 장악과 통일이라는 역사적 대업의 기회를 너무나도 쉽게 프로이센에게 넘겨주고 있다는 사실을 간과했다.

메테르니히의 부정적인 시각에도 불구하고 리스트의 노력은 헛되지 않았는데 그것은 몇몇 연방국 통치자들이 그의 제안에 관심을 표명했기 때문이다. 그중 가장 중요한 연방국은 프로이센이었다. 이 당시 적지 않은 프로이센의 정치가들은 독일 전체가 관세동맹에 참여해 통합 독일의 기초를 마련해야 한다는 의견에 동의했다.[53]

---

53 프로이센은 1818년 5월 26일 교역 및 관세법을 제정했는데 이것은 경제적으로

이에 따라 1828년 프로이센의 재무장관 모츠(v. Motz)는 관세동맹 결성에 필요한 절차를 밟기 시작했다. 그는 이러한 동맹이 독일 통합의 도구로도 활용할 수 있다고 예견했다. 1828년 모츠의 주도로 프로이센과 헤센-다름슈타트 사이, 바이에른과 뷔르템베르크 사이에 관세협약이 체결되었다. 이후 4국 사이에 관세동맹 체제가 구축되었다. 이에 하노버, 작센, 쿠어헤센, 나사우, 올덴부르크, 프랑크푸르트 자유시, 튀링겐의 공국들과 제후국들이 중부유럽 교역단체(Mitteldeutscher Handelsverein)를 결성하여 프로이센과 바이에른에 대항했다.

다음 해인 1829년에 프로이센과 남부 독일 국가들 사이에 통상조약이 체결되었다. 1830년에는 하노버, 쿠어헤센, 올덴부르크, 브라운슈바이크가 북독일 관세동맹에 가입했다. 모츠에 이어 재무장관으로 기용된 마아센(K.G. Maassen)은 1834년 1월 1일 독일 관세동맹(Deutscher Zollverein)을 정식으로 출범시키는 데 결정적인 역할을 담당했다. 이 동맹에는 2,300만 명의 인구를 가진 18개국이 참여했고, 그 면적은 42만 5,023km^{2}나 되었다. 당시 독일의 수입관세는 대부분의 서유럽 국가들보다 낮았기 때문에 관세동맹의 체결로 교역량은 크게 증대되었다.[54]

단일 내수시장이 구축되었음을 의미한다. 이에 반해 당시 오스트리아는 보덴호수(Bodensee)의 브레겐츠(Bregenz)와 부코비나(Bukowina)의 체르노비치(Czernowitz)와 같이 지역마다 경제적 수준이나 상황이 크게 달랐기 때문에 많은 지역에서 산업 및 농업 분야에서의 보호가 절대적으로 필요했고 그것에 따라 관세장벽(Zollschranken)도 유지되고 있었다. 비록 1816년 빈 정부에 궁중교역위원회(Kommerz-Hofkommission)가 발족되었지만 당시의 상황은 제국 내에서 단일 국내시장 구축마저 허용하지 않았다.

54 메테르니히는 향후 오스트리아가 관세동맹에 가입한다면 그것은 국가의 복지

회원국들의 재정적 상황이 크게 호전됨에 따라 다른 국가들도 관세동맹에 가입하기 시작했다. 바덴과 나사우는 1835년에, 프랑크푸르트는 1836년에, 룩셈부르크는 1842년에, 브라운슈바이크는 1844년에, 하노버는 1851년에, 그리고 올덴부르크는 1852년에 각각 관세동맹에 가입했다. 관세농맹의 죄고 의결기관으로 관세동맹협의회(Zollverein-konferenz von Bevollmächtigen der einzelnen Mitgliedstaaten)가 구성되었고 그 운영 과정에서 만장일치제가 채택되었다. 그리고 어떠한 결정이 관세동맹협의회에서 통과되었다 하더라도 그 시행에 앞서 각국의 비준이 요구되었는데 그 이유는 관세동맹에 참여한 국가들의 경제적 이익을 위배하지 않기 위해서였다. 관세동맹의 체결로 독일권은 경제적 단일화(Schaffung eines einheitlichen deutschen Wirtschaftsgebiets)를 구축할 수 있게 되었다.

또한 당시 관세동맹에 참여한 국가들은 공동 이익을 위해 그들의 주권마저 자발적으로 제한했는데, 이것은 연방 역사상 전례 없는 행동이었다. 이 시기에 시인으로 활동하던 팔러슬레벤(H.H. v. Fallersleben) 역시 관세동맹의 역할을 긍정적으로 평가했다. 그에 따르면 관세동맹은 독일권을 하나로 묶었고 독일인들의 마음을 하나로 만드는 데도 큰 역할

및 행정체계의 근간을 와해시키는 요인으로 작용하게 되리라는 관점을 가지고 있었다. 따라서 그는 독일 관세동맹이 정식으로 발족하기 전에 자신의 경제 고문이었던 뮐러(A. Muller)로 하여금 리스트와 만나게 했다. 여기서 뮐러는 오스트리아가 독일 연방의 중소 국가들이 지향한 통상 정책의 희망과 요구들을 수용하고 거기서 생활 필수품의 자유로운 왕래도 허용하겠다는 입장을 밝혔다. 그러나 리스트는 뮐러의 관점이 시행되더라도 독일권의 경제적 단일화는 이루어질 수 없다는 판단하에 자신이 추구하던 관세동맹 계획을 포기하지 않았다.

을 했다는 것이다. 아울러 팔러슬레벤은 독일 통합은 관세동맹에 가입한 국가들을 토대로 이루어져야 한다는 입장을 밝혔는데 이것은 향후 독일 통합 과정에서 언급된 소독일주의와 맥을 같이한다 하겠다.[55]

독일 관세동맹이 정식으로 출범함에 따라 메테르니히는 프란츠 1세와 더불어 독일 관세동맹에 대해 심도 있는 대화를 나누었다. 여기서 그는 프로이센과 갈등이 심한 바이에른 왕국과 뷔르템베르크 왕국이 자발적으로 관세동맹에 참여한 후 일부 주권마저 포기한 것에 놀라워했고 프란츠 1세 역시 같은 반응을 보였다. 메테르니히는 국왕에게 프로이센이 주도한 독일 관세동맹의 궁극적인 목적을 언급했다. 현재의 관세동맹은 오스트리아를 배제한 소독일주의적 관세동맹으로 등장할 것이며 이 동맹 체제가 오스트리아에게 불이익을 가져다줄 수 있다는

---

55 리스트는 자유무역정책이 가지는 문제점도 직시하고 있었다. 실제로 영국의 경제학자 스미스(A. Smith)가 자유무역정책을 지향했던 것은 산업혁명의 선발 국가로 얻을 수 있는 이점을 고려했기 때문이다. 이에 반해 독일은 후발 주자의 위치에 있었기 때문에 자유무역보다는 보호무역을 택해야만 했다. 만일 독일이 열강의 강요에 따라 자유무역을 지향할 경우 결국 영국의 희생양이 될 수밖에 없다는 것은 자명한 사실이었다. 따라서 리스트는 1841년에 출간한 『정치경제학의 국민적 체계(Das nationales System der politischen Ökonomie)』에서 기간산업 보호론을 발표했다. 그에 따를 경우 산업화를 향한 첫 단계에서 산업의 후발 주자들은 자유무역 정책을 채택함으로써 선발 주자의 생산력을 흡수해야 한다는 것이다. 에스파냐와 포르투갈이 선진국을 상대로 자유무역을 채택함으로써 선진국의 노하우를 흡수하고 미개방의 상태에서 벗어날 수 있었던 것이 리스트의 견해였다. 후발 주자들이 선발 주자들의 뒤를 좇는 산업화의 두 번째 단계에서는 미국과 프랑스처럼 보호주의 정책을 실시해 본국의 산업을 보호해야 한다는 것이다. 마지막으로 영국처럼 경제가 일정 수준에 도달한 선발 국가들은 다시 점차적으로 자유무역의 원칙을 수용하면서 국내외 시장에서 무한경쟁을 벌여야 한다는 것이 리스트의 관점이었다.

것이다. 즉 그는 관세동맹의 결성으로 오스트리아의 산업 활동이 향후 적지 않은 타격을 받을 것이고 나아가 정치적으로도 부정적 상황이 초래될 수 있음을 밝혔던 것이다. 메테르니히는 프로이센이 이러한 동맹 체제를 활용하여 오스트리아를 능가하는 강대국으로 등장하게 될 것이고 이것은 독일 연방의 존재마저 위협하게 되리라는 섬을 황제에게 인지시키려 했다.

이 당시 메테르니히는 오스트리아를 위협하는 국가가 독일권에서 등장하는 것을 용납하지 않으려고 했다. 그러나 독일 관세동맹에 참여한 17개국에 대한 프로이센은 영향력은 독일권에서 오스트리아의 입지를 크게 위축시켰다. 이러한 위기 상황은 결국 오스트리아와 프로이센의 국교 단절을 가져다준다는 것이 메테르니히의 분석이었다. 여기서 메테르니히는 프로이센이 주도하던 관세동맹을 대체할 방법을 제시했는데 그것은 독일 연방에 가입한 국가들이 자유로운 교역을 추진하여 경제적으로 균일한 혜택을 본다면 이것으로 관세동맹의 기능도 약화시킬 수 있다는 것이다. 그러나 프란츠 1세는 국가 간의 자유로운 교역을 허용할 경우 오스트리아의 귀족 계층이 운영하던 기업이 큰 타격을 볼 수 있다고 했는데 그 일례로 보헤미아 지방에서 설탕을 생산하던 제당공장을 제시했다. 이 공장을 운영하던 인물은 프란츠 1세의 측근 콜로브라트-리프슈타인스키(Kolowrat-Liebsteinsky)였다. 이를 통해 프란츠 1세는 교역의 자유화를 통해 귀족들의 경제적 위상이 실추되어서는 안 된다는 관점을 가지고 있었다는 것을 확인할 수 있다.

6
함바흐 축제와 메테르니히의 대응

카를스바트 협약으로 휴면기에 접어들었던 독일의 통합 및 개혁운
동은 프랑스에서 발생한 7월혁명과 그것의 영향을 받아 전개된 폴란드
인들의 독립운동을 계기로 다시 점화되었다.[56] 그것에 따라 1832년 5월

---

56 1824년 9월 샤를 10세(Charles X, 1824~1830)는 67세의 나이로 왕위를 계승했다.
그의 정치적 성향은 반동적·복고적이라 하겠다. 즉위 즉시 '망명 귀족의 10억
프랑법'을 제정하여 몰수 토지에 대한 배상을 실시하려고 했는데, 대혁명 시기
국외로 망명한 귀족들에게 연간 3천 만 프랑의 배상금을 영구적 연부금의 형태
로 지불하려고 한 것이다. 여기서 그는 국채이자를 5%에서 3%로 인하하여 배
상재원을 마련하려고 했는데 이것은 자본가 및 중산 계층에게 경제적인 타격을
주는 계기가 되었다. 아울러 교회의 영향력을 확대시키려 했고 그 과정에서 성
직자들을 공립학교의 교장 및 행정 책임자로 임명하기도 했다.
당시 티에르(A. Thiers)와 기조(F. Guizot)는 프랑스 혁명을 긍정적으로 평가했을
뿐만 아니라 의회를 통한 헌법 제정의 필요성도 강력히 요구했다. 1827년의 선
거에서 자유주의자들은 이전의 의회와는 달리 180석의 의석을 차지했다. 이에
따라 샤를 10세는 1828년 1월 5일 중도파 정치가였던 마르티냐크(Martignac)를
내각 책임자로 임명하여 의회와의 타협 및 협력을 모색했으나 가시적인 성과를
거두지는 못했다. 이후 샤를 10세는 의회와의 협조를 포기했고 그에 따라 1829
년 8월 8일 정치에 대해 문외한이고 보수적 성향의 폴리냐크(Polignac)를 내각 책
임자로 임명했다. 상황이 이렇게 전개됨에 따라 의회는 1830년 3월 18일 "정부

27일 라인 지방의 노이슈타트(Neustadt an der Haardt)에서 독일의 전 지역에서 온 2만여 명이 참여한 대규모 집회가 열렸다.[57] 참여자들의 대다수는 노이슈타드의 숙박 시설을 고려할 때 이 도시와 인접한 지역, 즉 당일 왕복이 가능한 지역인 카를스루에, 하이델베르크, 트리어, 프라이부르크, 슈트라스부르크에서 왔으리라 추측된다.[58] 축제를 주관한 지벤파이퍼(P.J. Siebenpfeiffer)는 독일 역사상 처음으로 여성들의 참여도 허용했다.[59] 축제 참석자들의 사회적 신분은 바르트

가 국민의 희망을 고려하지 않았다."는 선언문을 작성하여 불편한 심기를 표출했다. 의회의 반발에 샤를 10세는 의회 해산으로 대응했고 국민의 관심을 돌리기 위해 1830년 5월 16일 알제리 원정을 단행했다. 알제리 원정이 성공을 거둔 후 1830년 7월 5일 다시 의회 선거를 실시했지만 그 결과는 국왕이 기대한 것이 아니었다. 새로 실시된 의회 선거에서 자유주의자들의 의석은 이전보다 53석 더, 즉 221석에서 274석으로 늘어났다.

이렇게 자유주의자들이 득세함에 따라 샤를 10세는 7월 25일 의회를 해산하고 칙령도 발표했는데 거기서 거론된 중요한 것들은 다음과 같다. ① 출판의 자유를 엄격히 제한한다. 그리고 정부는 향후 신문 발간의 승인권을 가진다. ② 투표권을 제한한다. ③ 향후 국왕만이 신헌법을 제정할 수 있다. ④ 의회 구성을 위한 선거를 새로이 실시한다. 샤를 10세의 이러한 조치는 파리 시민들, 특히 소시민계층과 학생들을 격분하게 했고 그에 따라 7월 27일부터 국왕의 퇴위를 요구하는 시가전이 벌어졌다. 샤를 10세는 그 조치들을 철회하여 사태를 수습하려고 했으나 아무런 성과도 거두지 못했고, 영국으로 망명을 갈 수밖에 없었다. 곧 의회는 당시 57세였던 루이 필리프(Louis-Philippe, 1830~1848. 오를레앙공. 부르봉 왕조의 방계)를 시민왕으로 추대했고 8월 7일에는 1814년의 헌장을 충실히 준수한다는 조건으로 루이 필리프의 왕위 계승도 승인했다.

57 집회가 개최된 날이 일요일이었으므로 예상보다 많은 사람들이 참여했다.
58 이 당시 노이슈타트에는 총 566채의 건물이 있었다.
59 지벤파이퍼는 1832년 4월 20일자의 초청장에서 다음을 언급했다. "정치적·사회적으로 경시되는 독일의 여성들과 처녀들(Frauen und Jungfrauen)이여, 당신들의 참여로 집회를 장식하고 당신들의 지위 역시 증대시켜야 할 것입니다." 이

부르크(Wartburg) 축제와는 달리 다양했는데 살펴보면 다음과 같다.[60]

우선 농민과 노동자 계층의 참여율이 다른 계층보다 훨씬 높았는데 그 비율은 전체의 50% 이상을 상회했다. 수공업자를 비롯한 소시민계층이 그 뒤를 이었는데 그 비율은 20%에 달했다. 그리고 300명에 달하는 부르셴샤프트 회원들이 참여했다.[61] 물론 전체 참석자에서 차지하는 비율은 미미했지만 이들이 축제 기간 중에 맡았던 역할은 간과할 대상이 아니었다. 아울러 폴란드, 영국, 그리고 프랑스의 민족주의자들도 참여했다.[62]

노이슈타트에 모인 사람들은 옛 성터인 함바흐로 행진하면서 축제

당시 지벤파이퍼는 여성들에게 평등권을 분배하는 것 자체를 자연권의 일부로 간주했다. 아울러 그는 결혼한 여성이 인간의 욕구를 덮어둔 채 가사 및 아이 양육에만 전념하는 것을 억압 요인으로 보았다.

60 예나에서 부르셴샤프트가 결성된 지 2년 후인 1817년 10월 18일 부르셴샤프트 총회가 작센-바이마르-아이젠나흐 공국의 바르트부르크에서 개최되었는데 그 외형적 목적은 루터(M. Luther)의 종교개혁 300주년과 라이프치히 전승 4주년을 기념하기 위한 것이었다. 그러나 실제 목적은 부르셴샤프트 사이의 단결 및 현재의 독일적 상황에 그들이 어떻게 대처해야 할 것인가를 정리하는 데 있었다. 부르셴샤프트 총회에서는 메테르니히 체제를 인정하지 않겠다는 것과 자신들이 이러한 체제 타파에 선봉적 역할을 담당하겠다는 것이 거론되었다. 또한 참석자들의 일부, 특히 베를린과 기센 대학의 부르셴샤프트 회원들은 자유주의의 제 이론을 보장할 수 있는 공화정 체제를 독일에 도입해야 한다고 주장했지만 대대수의 학생들은 혁명보다는 위정자들의 자발적 개혁에 더 관심을 보였다. 아울러 이들은 위정자들이 정치적 사회적 변혁의 필요성을 인식할 수 있게끔 해야 한다는 데 동의했는데, 이것은 이들의 출신 성분을 고려할 때 자연스러운 행위로 볼 수 있을 것이다.

61 이들의 과반수 이상이 하이델베르크대학에서 왔다.

62 슈바이겐(Schweigen) 국경세관청은 프랑스로부터 참여하려는 사람들의 여권을 철저히 조사하여 상당수를 프랑스로 돌려보냈다.

함바흐 축제

행사를 시작했다.[63] 참가자들의 흑·적·황의 3색기에는 '독일의 재생 (Deutschlands Wiedergeburt)'이라는 문구가 새겨져 있었는데 이 색깔과 문구는 바르트부르크 축제 이후부터 민족 통일을 위한 투쟁적 의미도 내포했다. 사람들은 모자에도 흑·적·황의 모표를 달았다.

함바흐 상황은 즉시 연방의회에 보고되었는데 거기서 언급된 것들을 요약하면 다음과 같다 : 축제에 참석한 사람들의 대다수가 즉 흑·적·황색의 휘장(Kokarden)을 걸쳤다. 이들은 부르셴샤프트가 사용한 이 3색으로 현 질서 체제를 붕괴시키고 독일 통합을 모색하려는 의지

---

63 이 성에 밤나무(Kastanien)가 많았기 때문에 카스타니엔베르크(Kastanienberg)라는 명칭이 사용되기도 했다.

도 강하게 부각시켰다.

함바흐 축제에서는 독일의 개혁 및 통일, 폴란드의 독립 지원 문제, 그리고 프랑스의 자유주의자들과의 연계 문제가 중요한 안건으로 부각되었다. 따라서 고성의 성벽 위에는 백·적색의 폴란드기가 3색기와 더불어 게양되었고 폴란드 망명 정치가들은 폴란드 민족의 대표로 참여했다. 그런데 축제가 진행되면서 참가자들 사이에 의견적 대립이 부각되었는데 그것은 독일 연방과 신성동맹에 대한 투쟁 방식에서 비롯되었다. 그리고 사회에 불만을 품고 있던 노동자 계층의 대거 참여는 회의 흐름을 과격화하는 요인으로 작용했다. 물론 대회 집행부는 이들 계층의 참여를 막기 위해 계획에도 없던 참가비와 음식비를 참가자들에게 부담시켰지만 별다른 효과를 거두지 못했다. 집회에 참석한 기독교 단체가 이들 계층에게 무료로 음식을 제공했기 때문이다.[64] 실제로 축제 집행부는 노동자 계층의 돌발적 행동으로 함바흐 축제가 중도에서 중단될 수도 있다고 우려했는데 그것은 바이에른 정부군 8천 명이 5월 26일부터 노이슈타트 근처의 란다우(Landau)에 주둔하고 있었다는 데서 비롯된 것 같다.

축제 집행부를 대표하여 개회사를 한 노이슈타트의 개업 의사 헤프 (P. Hepp)는 귀족뿐만 아니라 투쟁과 위험을 두려워하고 모든 행동을 이기적 잣대에 따라 저울질하는 거짓 자유주의자들까지도 성토했다.[65]

---

64 이 축제에서 한 끼 음식 값은 1굴덴 45크로이처(Kreuzer)였는데 그것은 부유한 시민계층만이 감당할 수 있는 금액이었다.

65 '독일언론과 조국연맹'의 노이슈타트 지부장이었던 헤프가 와병 중이었던 쇼프만(J.K. Schoppmann)을 대신하여 함바흐 축제에서 개회 선언을 했다. 축제가 개

개회사에 이어 개인적으로 의사를 밝히려 했던 인물은 무려 24명에 달했다.[66]

이들 중에서 가장 먼저 등장한 지벤파이퍼는 민족을 자연과 동일시했는데 그것은 자연 섭리와 마찬가지로 민족 역시 번영하고 결실을 맺을 수 있다는 것을 강조하기 위해서였다.[67] 이어 그는 독일 통합에 무관

최되기 이전 헤프는 라인 지방의 행정 책임자였던 안드리안-베어붕(v. Andrian-Werbung)의 우려, 즉 함바흐 축제가 정치적 토론장으로 변모되지 않을까 하는 우려를 불식시키는 데 주력했는데 그것은 그 우려가 해소되지 않을 경우 축제 개최가 무산될 수도 있다는 판단에서 비롯된 것 같다. 실제로 안드리안-베어붕은 축제에서 기존의 질서 체제를 붕괴시키는 방안들이 집중적으로 논의될 것이고 그것을 구체화시키는 방법도 모색되리라는 예상을 했다.

66 이 당시 적지 않은 인물들이 그들의 정치적 관점을 밝히려고 했다.

67 지벤파이퍼는 1789년 11월 12일 라르(Lahr ; Schwarzwald)에서 태어났다. 인문계 고등학교를 졸업한 그는 경제적 어려움으로 인해 서기로 활동하다가 1810년, 당시로는 만학의 나이라 할 수 있는 21세에 프라이부르크대학의 법학부에 입학했다. 비르트와 마찬가지로 부르셴샤프트 활동에 관심을 표명한 것은 그의 이름이 부르셴샤프트 토이토니아(Teutonia)의 회원 명부에서 확인된 것으로 알 수 있다. 1813년 졸업한 지벤파이퍼는 대학에 남기를 원했지만 생활고가 그것을 허락하지 않았다. 이후 그는 여러 지역에서, 즉 크로이츠나흐(Kreuznach), 트리어(Trier), 라우터(Lauter), 그리고 크바이흐(Queich)에서 관료 생활을 하다가 1818년 홈부르크(Homburg) 지방전권대사(Landkommissariats)로 임명되었다. 이 도시에서 그는 엄격하게 통치했지만 신민들에 대한 배려를 등한시하지는 않았다. 지벤파이퍼는 1829년 루트비히 1세가 라인 지방을 방문했을 때 그에게 충성을 서약하는 즉흥시를 썼는데 그것은 그의 정치적 성향을 가늠하게 하는 일례가 되었다. 그러나 그의 이러한 친정부적 입장은 1830년대에 접어들면서부터 바뀌었는데 그것은 그가 1830년 항소심법원 고문관(Appellationsgerichtsrat)인 호프만(H. Hoffmann)과 더불어 츠바이브뤼켄(Zweibrücken)에서 『라인바이에른(Rheinbayern)』이란 잡지를 간행한 데서 확인할 수 있다. 여기서 지벤파이퍼는 라인 지방의 정치적 상황을 집중적으로 거론했는데 그것은 뮌헨 정부의 우려를 불러일으키는 요인도 되었다. 이에 따라 뮌헨 정부는 1830년 11월 29일 그를 상도나우

심한 군주들에게 동물 이름을 붙여 비하했다. 독일 연방의 활동에 대해서도 신랄히 비판했는데 그것은 독일에서 확산되던 자유주의 사상을 탄압하고 통합 시도를 분쇄하는 것이 독일 연방의 과제라는 그의 판단에서 비롯된 것 같다. 즉 독일 민족을 위해 결성되었다는 독일 연방이 독일 민족을 불행으로 이끌고 있다는 것이 그의 견해였다. 아울러 그는 부유한 계층을 비판했고 군주와 자유주의자들 사이의 타협에도 동의하지 않았다. 그의 비판은 기득권 계층에 국한된 것이 아니었는데 그것은 그가 애국심이 결여된 독일인 모두를 비난한 것에서 확인할 수 있다. 그는 비난을 통해 독일인들이 애국적 감정을 가지기를 기대했다. 또한 그는 독일인들이 역사 속에서 민족적 영광을 찾아야 하고 또 그것을 근거로 현재적 상황도 타파해야 한다는 입장도 밝혔다.

이어 지벤파이퍼는 자유주의적 통합국가 건설이 독일 민족의 최대 과제라고 주장했다. 그것을 위해 첫째, 민족의 대의기구를 즉시 구성할 것. 둘째, 주권재민설을 인정할 것. 셋째, 남녀평등권을 인정할 것.[68] 넷째, 자유로운 상업 및 교역 활동을 통해 독일의 경제적 위상을 증대시킬 것. 다섯째, 일상생활, 교육, 학문, 예술 등에서 애국심을 고양시킬 것 등을 제시했다. 아울러 그는 독일 민족이 프랑스, 폴란드 민족과 더불어 협력 체제를 구축해야 한다는 입장을 밝혔다. 지벤파이퍼는 자신의 제안이 단시일 내에 실현될 수 없다는 것을 인지했기 때문에 지

의 한 형무소 소장으로 좌천시켰지만 지벤파이퍼는 정부의 이러한 조치에 응하지 않았다.
68 여기서 지벤파이퍼는 여성의 과제를 언급했는데 그것은 자녀들에게 정치적 책임의식(politisches Verantwortungsbewußtsein)을 가지게 하는 것이었다.

속적이고 장기적 노력이 필요하다고도 역설했다. 끝으로 그는 "자유 독일 만세! 폴란드 만세! 프랑스 만세! 속박을 무너뜨리고 독일인과 자유 동맹을 결성하는 모든 민족 만세!"를 외쳤다. 참석자들의 반응은 매우 긍정적이었다.[69]

개회식의 정점은 자유, 계몽, 민족을 강조한 비르트(J. Wirth)의 연설에서 찾을 수 있을 것이다.[70] 그는 절대왕정 체제를 제거하지 않는다면

---

69 지벤파이퍼는 독일 민족을 정의하면서 문화적 측면을 강조했다. 즉 그는 공동의 언어와 역사를 가진 집단을 동일 민족으로 간주했는데 그것은 통합 독일의 영역을 확장시키는 계기도 되었다. 이러한 관점은 이미 상당수의 학자들로부터도 제기되었는데 그 대표적인 인물로는 아른트를 들 수 있을 것이다.

70 비르트는 1798년 11월 20일 호프(Hof ; Franken)에서 태어났다. 1816년 인문계 고등학교(Gymnasium)를 졸업하고 같은 해 에어랑겐대학의 법학부에 입학했다. 이후 그는 알레마니아라는 부르셴샤프트에 가입했고 그것은 그로 하여금 정치적 사안, 특히 기존 질서 체제의 문제점에 관심을 가지게 하는 요인이 되었다. 1820년 학업을 수료한 비르트는 브레슬라우대학에서 강사로 일했지만 그 기간은 그리 길지 않았다. 이후 그는 슈바르첸바흐(Schwarzenbach ; Saale)에 위치한 쇤부르크(Schönburg) 공작의 기사재판소(Patrimonialgericht)와 바이로이트(Bayreuth)의 카임(Keim) 변호사 사무실에서 근무했다. 여기서 그는 바이에른 왕국의 재판 절차에 많은 문제점이 있다는 것도 알게 되었다. 실제로 바이에른 왕국에서는 고의로 재판을 지연(Verschleppung)시키거나 또는 시민들이 공정한 판결을 받기 위해 사건을 재판에 회부하는 자체를 법률적 위반(Rechtsbruch) 행위로 간주하는 경우도 허다했다. 뿐만 아니라 시민들은 고액의 재판료 때문에 법정 해결을 기피하기도 했다. 비르트는 이러한 문제점을 해결하기 위해 1823년 '민사소송법 개혁안'을 뮌헨 정부에 제출했지만 아무런 답변도 받지 못했다. 1830년 프랑스에서 7월혁명이 발생한 이후부터, 비르트는 정치적 문제에도 깊은 관심을 보이며 신문 간행의 필요성을 인지하게 되었다. 1831년 1월 1일부터 그는 바이로이트에서 『코스모폴리트(Kosmopolit)』라는 신문을 주 2회씩 간행했는데 준비 부족 및 정부의 간섭으로 1월 28일 간행을 중단해야만 했다. 이후 비르트는 뮌헨으로 활동 장소를 옮겨 정부 정책에 반론하고 반정부 의원 슐러(F. Schüler)의 견해를 홍보하는 데 주력했다. 그것은 뮌헨 정부가 그를 반정부 인물로 간주하는 결

독일의 구원 역시 불가능하다는 입장을 밝혔다. 아울러 그는 기존 질서 체제하에서 국민 주권이 보장될 수 없기 때문에 혁명을 통해 구현해야 한다는 견해도 제시했다.[71] 이어 그는 폴란드와 프랑스에서 야기되는 상황에 유럽인들이 관심을 가져야 한다고도 주장했다. 여기서 그는 독일인들뿐만 아니라 에스파냐인, 포르투갈인, 헝가리인, 그리고 이탈리아인들도 신성동맹에 대항하는 동반자로 간주하려고 했다. 비르트는 세계 무역의 자유화를 옹호하면서 영국의 배타적 우위를 비난했다. 이어 독일 개혁이 유럽 재구성의 기초이기 때문에 모든 민족의 공통 관심사로 부각시켜야 한다는 입장도 밝혔다. 즉 독일 민족의 장래가 주변 민족들이나 세계 평화를 좌우할 수 있다고 주장한 것이다. 또한 지벤파이퍼가 언급한 프랑스와의 협력에는 반대했는데 이것은 프랑스의 지원으로 독일이 통합될 경우 파리 정부가 반대급부를 요구할 수도 있다는 우려에서, 즉 라인 지방을 상실할 수 있다는 가능성에서 비롯되었다고 볼 수 있다.

이어 등장한 연사들 역시 독일 통합이 메테르니히 체제 때문에 실현되지 못하고 있음을 지적했다. 브뤼게만, 샤프(C. Scharff), 피스토르(D.F.L. Pistor), 호흐돌퍼(A. Hochdorffer), 그리고 베커(J.P. Becker)의 연설은 내용 면에서 비르트나 지벤파이퍼보다 훨씬 과격했다. 브뤼게만은

정적 요인이 되었다.

71 당시 비르트는 기존 질서 체제와의 협력을 통해 정치 체제를 개혁할 수 없다는 판단을 했는데 그것은 기존 질서 체제가 절대왕정 체제의 근간을 고수한 데서 비롯된 것 같다. 따라서 그는 혁명이라는 방법, 즉 기존의 질서 체제와의 협력 내지는 조율이 불가능할 때 동원되는 과격한 방법을 채택했던 것이다.

주권재민설을 현실화해야 한다고 주장했다. 그는 특권, 우선권, 그리고 신분제적 대혼란(Wirrwar)을 제거해야만 자유, 평등, 그리고 정의구현이 가능하다는 견해를 제시했다. 그리고 경우에 따라서는 폭력 행사도 불사해야 한다는 강경한 입장도 표방했다.[72] 샤프는 신의 은총을 받았다는 군주들이 실제로는 인간 사회의 반역자에 불과하다고 주장했다. 피스토르는 독일의 경제적 상황을 언급했다. 특히 그는 대중적 빈곤이 무엇에서 비롯되었는가를 구체적으로 거론하면서 군주들의 경제 정책을 맹렬히 비난했다.[73] 여기서 그는 통치자들이 궁전을 호화롭게 꾸미는 것, 호화 소비품을 생산하는 것, 그리고 호화 소비품 교류에 대해서만 관심을 가졌기 때문에 신민 다수의 희생을 강요하고 있다는 사실도 지적했다. 즉 그는 통치자들이 신민들의 세금을 국가 경제 활성화에 사용하지 않기 때문에 신민들의 경제적 상황은 날이 갈수록 더욱 악화되고 있다고 한 것이다. 솔 만드는 장인(Bürstenmacher) 베커는 현재

---

72 하이델베르크대학 재학 중 부르셴샤프트에 가입한 후 능동적으로 활동한 브뤼게만은 "권력자들이 법률을 존중할 경우, 합법적인 방법으로 독일 통합이 가능하지만 그렇지 못할 경우, 즉 언론이 부정되고, 법률이 무시당하고, 그리고 인간성을 교육하기 위한 수단들이 부정될 경우 모든 수단을 정당화시키는 투쟁 이외의 다른 선택은 없다고 봅니다."라는 연설을 했다.

73 대중적 빈곤은 산업혁명의 초기에 나타나는 일반적 현상이라고 하겠다. 산업혁명의 초기 과정에서 수요 및 공급의 균형(노동시장)이 일시적으로 무너지게 되었고 거기서 임금의 급격한 하락 현상이 나타나게 되었다. 여기서 일부 계층이 사회적 부의 대다수를 차지하게 됨에 따라 사회 성원의 대다수를 차지하고 있던 노동자 계층(=생산 수단을 가지지 못한 계층)의 생활 수준은 이전보다 훨씬 열악해졌고 그것으로 인해, 사회적 빈곤 현상, 즉 대중적 빈곤 현상이 나타나게 되었던 것이다.

적 상황을 극복하기 위해서는 시민무장(Bürgebewaffnung)이 필요하다고 역설했고 그것의 전제 조건이 바로 왕군 폐지라 했다.[74] 이에 반해 다이데스하이머(F. Deidesheimer)[75], 슐러, 비드만(G. Widmann), 그리고 빌리히(Willich)를 비롯한 상당수의 인물들은 기존 질서 체제와의 협력을 통해 통합을 모색해야 한다는 입장을 밝혔다.

메테르니히의 요구로 개최된 독일 연방의회는 함바흐 축제가 개최된 것에 강한 불만을 표시했다. 나아가 바이에른 왕국의 조치도 강력히 비난했는데 그것은 뮌헨 정부가 축제 금지를 포기한 것과 축제 기간 중 제시된 혁명적 언급들에 대해 시의적절한 조치를 취하지 않았기 때문인 것 같다. 연방의회는 1832년 6월 28일 새로운 반동적 조치를 취했다. 이 조치는 1820년 5월 15일 빈 협약에서 체결된 군주제 원칙에 따라 각국 의회의 권한을 제한한다는 내용을 담고 있었는데 각국 의회가 가졌던 청원권 및 조세 승인권 제한이 그 일례라 하겠다. 이어 독일 연방의회는 7월 5일 일련의 추가 조치들도 공포했는데 그것들을 살펴보면,

---

74 1886년 10월 8일 엥겔스는 베벨(A. Bebel)에게 편지를 보내 베커를 다음과 같이 평했다. "베커는 민중 속에서 성장한 유일한 지도자라 할 수 있다. 그는 함바흐 축제에서 현재적 상황을 극복할 수 있는 최선의 방안을 제시했지만 당시의 참석자들은 그것을 무시하고, 등한시하는 실수를 저질렀다."

75 다이데스하이머는 연설에서 다음을 강조했다. "우리는 혁명을 원하지 않는다. 단지 우리의 권리만을 요구할 뿐이다. 우리는 법적으로 보장되고, 위정자들이 자의적으로 맹세한 우리의 제 자유를 보존하고 확대시켜야 할 것이다. 만일 위정자들이 이러한 것들의 극히 일부라도 해치려 한다면 그들은 거짓 맹세를 한 것이고 사회의 적으로도 부각될 것이다."

① 향후 정치단체의 결성 또는 민중 집회를 개최할 경우 반드시 해당 정부의 승인을 받아야 한다.

② 흑·적·황색의 옷이나 그것과 유관된 띠를 착용해서는 안 된다.

③ 독일 각 정부는 혁명운동을 효율적으로 차단하기 위해 상호 군사 협력 체제를 더욱 확고히 유지한다.

④ 대학에 대한 독일 연방의회의 감시를 부활시킨다.

⑤ 바덴 지방의 신문법을 폐지한다.

아울러 독일 연방의회는 함바흐 축제를 주도한 비르트, 지벤파이퍼, 푼크(F. Funck)를 경찰 감시하에 놓이게 했다.

거의 같은 시기 뮌헨 주재 프로이센 외교관은 뮌헨 정부에게 공개질의서를 보냈는데 거기서 거론된 것은 함바흐 축제에 참여한 인물들에 대한 정부의 의법 조치가 무엇인가를 확인하기 위한 것이었다. 사태의 심각성을 파악한 뮌헨 정부는 프로이센 외교관에게 적절한 조치를 즉시 취할 것이라는 답변을 했다. 얼마 후 루트비히 1세는 팔츠 지방에 위수령을 선포했고 저항운동의 중심지에 베르데(K.P. Fürst v. Werde) 장군이 이끄는 군대를 파견했다. 노이슈타트에 도착한 베르데 장군은 함바흐 축제에 적극 참여했던 인물들을 체포하여 재판에 회부했다.[76]

이후 중앙사문회의가 프랑크푸르트에 설치되었고 '선동자(Demagogue)' 색출 역시 시작되어 수백 명의 반체제 인사들이 체포, 구금되었

---

76 이에 앞서 헤프를 비롯한 일련의 인물들은 1832년 6월 10일 반박문(Protestation)을 발표했다. 여기서 이들은 뮌헨 정부가 자의적으로 라인-팔츠 지방을 통치하려는 것에 비판을 가했다. 아울러 이들은 뮌헨 정부의 그러한 의도를 저지하기 위해 모든 수단과 방법을 동원하겠다는 의지도 강하게 밝혔다.

다. 이에 따라 많은 지식인, 학생, 수공업자들은 국경을 넘어 프랑스,
스위스, 영국, 미국으로 망명했다.[77] 급진적 공화주의자들은 파리에서
'망명자동맹'을 결성했고 그 일부는 다시 '의인동맹(Bund des Gerechten)'
을 조직했다. 망명자동맹의 요청으로 마르크스(K. Marx)가 「공산당 선
언(Kommunistisches Manifest)」을 쓴 것도 바로 이때였다.[78] 의인동맹으로
독일 노동자들은 독자적 조직을 구축하게 되었는데 이러한 동맹 창설
에 주도적 역할을 담당한 계층은 수공업 분야에 종사하던 노동자들이
었다.

---

77 이 시기, 특히 1836년 프로이센에서는 204명의 학생들이 체포되어 39명이 사
형선고를 받았으며 그 가운데 4명은 마차 바퀴에 깔리는 극형을 받았다.

78 마르크스와 엥겔스(F. Engels)가 공동으로 작성한 이 문서는 모두 4장으로 구성
되었다. 제1장인 '부르주아지(Bourgeoisie)와 프롤레타리아(Proletariat)에서는 모든
사회의 기본적 발전 법칙, 즉 계급 투쟁을 언급하고 각 역사적 사회 구성체의
이행을 간결하게 살펴본 후 자본주의 체제의 내적 모순에 따른 자본주의 체제
의 필연적 붕괴도 분석했다. 또한 노동자 계급의 궁극적 목적인 공산주의 체제
의 근간도 제시했다. 제2장인 '프롤레타리아와 공산주의'에서는 노동자 계급의
전위로서의 당의 역할을 언급하고 당의 강령도 서술했다. 여기서 공산주의 투
쟁의 기본적 목표로 생산 수단에 대한 사적 소유 폐기 및 사회적 소유화, 이를
토대로 한 인간의 자유로운 발전 및 문화와 과학 발전을 위한 가능성 창출을 제
시했다. 그리고 마르크스주의에서 가장 핵심적 사상인 프롤레타리아의 독재 사
상도 구체화시켰다. 제3장은 부르주아적이거나 프티(petit) 부르주아적인 비프
롤레타리아 사회주의에 대해 비판했다. 그리고 제4장은 당의 전략 및 전술의 제
원칙을 서술했다. 즉 공산주의는 언제 어디서나 현 사회 및 정치 제도를 거부하
는 일체의 혁명운동을 지지하고 봉건 체제에 대해서는 부르주아지와 공동 투쟁
에 참여한다는 등의 원칙이 거론되었다. 또한 공산주의자들은 그들의 기본적
의무, 즉 프롤레타리아와 부르주아지 사이의 화해할 수 없는 적대적 모순에 기
초한 계급 의식을 노동자들에게 전달하는 임무를 잠시라도 게을리해서는 안 된
다는 것과 노동자 계급의 목적이 폭력적인 방법으로 현 자본주의 체제를 타도
해야만 달성될 수 있다는 것을 명시했다.

중앙사문회의가 '선동자' 색출을 본격화함에 따라 지식인 계층이 주도한 독일 통합은 일시적으로 동력을 잃었다. 그러나 침체되었던 독일 통합론은 새로운 동력원을 확보하게 되는데 그것은 1837년 하노버 국왕으로 등극한 컴벌랜드(Comberland) 공작 아우구스트(E. August, 1837~1851)의 반동 정책에서 비롯되었다. 1837년 영국 국왕 윌리엄 4세(William IV, 1830~1837)가 서거하고 빅토리아(Victoria, 1837~1901) 여왕이 즉위했다.[79] 같은 해 하노버 공국에서도 군주 교체가 있었는데 새 국왕이 바로 윌리엄 4세의 동생인 아우구스트였다.[80] 아우구스트는 즉위 직후인 1837년 11월 1일, 1833년에 제정된 헌법 기능을 정지시켰을 뿐만 아니라 1815년부터 1820년에 걸쳐 제정된 헌법에 따라 신분제 의회 소집을 위한 선거도 실시하겠다는 칙령을 발표했다.[81] 동시에 그는 기존 헌법을 일방적으로 폐기한 일과 관련해 독일 연방을 끌어들이고 옛 제국의 추밀원회가 가졌던 사법적 기능마저 회복시키려 했다.

이에 법학자 달만(F. Dahlmann)과 알브레히트(W.D. Albrecht), 역사학자 게르비누스(G.G. Gervinus)와 그림 형제(J. Grimm, W. Grimm), 물리학자 베버(W. Weber), 그리고 동양학자 에스발트(H. Eswald) 교수가 11월 18일 괴팅겐대학에 모여 입장을 정리했다. 여기서 이들은 우선 자신들이

---

79 빅토리아 여왕이 등극함으로써 1714년부터 123년 동안 유지되었던 영국과 하노버와의 동군(Personalunion)연합은 종료되었는데 그것은 하노버 공국의 왕위 계승에서 부계 혈통만이 인정되었기 때문이다.

80 당시 아우구스트의 나이는 66세였는데 국왕으로 취임하기 전 영국 토리당에서 극우 세력을 주도했고 왕조적 독재정권(Königliche Autokratie)을 옹호했다.

81 아우구스트가 1833년 헌법을 폐기한 것은 1833년에 국유화된 자신의 영지를 되찾으려는 시도에서 비롯되었다.

1833년 헌법 앞에서 취임 선서를 했던 사실을 환기시키면서, 국왕이 그러한 헌법을 일방적으로 무효화하는 것을 인정할 수 없다는 입장을 밝혔다. 또한 국왕의 조치가 시대를 역행하는 반동적 발상에서 비롯되었다는 항의 편지(Protestbrief)를 달만의 이름으로 전담 행정부서에 발송했다. 항의 편지를 접한 아우구스트는 항의서에 서명한 7인의 교수를 혁명적이고 국가전복적인 인물들로 폄하했는데 그것은 이들이 저항적 태도를 주변에 전파하고 또 그것을 공개했다는 데서 비롯된 것 같다. 특히 아우구스트는 달만, 야코브 그림, 그리고 게르비누스에게 3일 내에 하노버 왕국을 떠날 것을 명령했다. 이 소식을 접한 괴팅겐대학의 학생들은 7인 교수를 지지한다는 입장을 표명했고 교수들을 향해 만세(Vivat)를 외쳤다. 이러한 행동은 법률에 위배되는 행위였고 경우에 따라서는 체포될 수도 있었다. 학생들은 7인 교수에게 부정적이었던 교수들의 강의에서 '쉬이 쉬이' 하는 소리나 긁는 소리를 내어 그들의 불쾌감을 표시하기도 했다.

달만, 야코브 그림, 그리고 게르비누스가 흉갑을 착용한 기병들에 둘러싸여 괴팅겐을 떠날 때 200여 명의 학생들도 도보로 뒤를 따라갔다. 나머지 교수들도 괴팅겐대학에서 추방되었는데 이것은 향후 이들의 생계에 큰 타격을 가져다주었다. 예나로 간 달만 교수는 언론을 통해 아우구스트를 비판했고 그림 형제는 고향 쿠어헤센으로 돌아갔다.

아우구스트는 달만과 그림 형제가 독일의 다른 지역에서 교수 자리를 확보하지 못하게 방해 전략을 폈고 소규모 국가들에게는 공개적인 압박도 가했다. 이러한 상황에서 달만을 비롯한 7인 교수들은 국내가 아닌 국외, 즉 스위스에서 변명서를 출판했다. 베를린에서도 7인 교수를 위한 집회가 비공개로 개최되었는데 이것은 교수들의 정치 관여를 국가 질서를 파괴하는 기도로 간주한 로쇼프(W. Rochow) 장관의 압박에서 비롯되었다. 그럼에도 불구하고 교수들은 독일 전역을 다니면서 하노버 정부 및 연방의회의 반동적 정책을 비난했다. 특히 달만은 독일에서 정착되기 시작한 평화로운 헌법 개혁에 대한 믿음이 연방의회의 결정으로 사라졌다는 입장을 밝히기도 했다.

소위 '괴팅겐 7인 교수(Die Göttinger Sieben) 사건'으로 지칭되었던 이 사건의 파장은 독일 전역으로 확산되었으며 그들에 대한 후원 운동이 전개되면서 독일 전체를 하나로 인식하는 여론도 형성되기 시작했다. 괴팅겐 7인 교수 사건은 메테르니히 주도로 개최된 연방의회에서도 밀도 있게 논의되었다. 그런데 메테르니히의 기대와는 달리 바이에른, 작센, 뷔르템베르크, 그리고 바덴 공국이 하노버의 1833년 헌법을 지지하는 반기를 들었고 이것은 메테르니히에게 적지 않은 타격을 가져다주었다.

3월혁명, 그리고 실각과 복귀

Klemens

Wenzel

Lothar

Fürst von

Metternich

1
메테르니히와 페르디난트 1세

1792년에 즉위하여 33년간 ─ 신성로마제국의 황제로는 14년간 ─ 오스트리아 제국을 통치한 프란츠 1세가 1835년에 서거했다. 1815년 이후부터 오스트리아 및 독일 연방에서 복고적 왕정 원칙을 위배하는 일체의 시도를 추적하고 박해한 메테르니히 체제의 감시망은 프란츠 1세 이후 통치 능력이 결여된 인물이 황제로 등극하면서부터 더욱 강도가 심해졌다.

프란츠 1세에게는 4명의 아들이 있었다. 장남 페르디난트 1세(Ferdinand I, 1835~1848)는 너무도 잦은 근친결혼의 영향으로 태어날 때부터 기형아였고, 간질, 구루병, 뇌수종까지 앓고 있었다. 자주 발작을 일으켰고, 심한 경우 하루에 서너 번씩 발작했다. 성장하면서 얼굴은 일그러지고 입은 비뚤어졌으며, 말을 더듬어 조리 있는 의사 표시도 힘들어했다. 따라서 그에게는 빈 황실의 전통적 관습에서 벗어난 양육 방식이 적용되었다. 보통은 6세 이후에는 남성 양육인 감독하에 교육을 받아야 하는데 페르디난트는 9세까지 여성 양육인에 의해 교육을 받은 것이다.

페르디난트는 1802년 4월부터 남성 후견인인 프란츠 폰 스테파네오-카르네아(Franz von Steffaneo-Carnea)로부터 교육을 받았지만 기대한 것 이상의 효과를 거두지는 못했다. 이에 따라 페르디난트의 모친 마리아 테레지아(Maria Theresia) 황비는 스테파네오-카르네아를 해임하고 새로운 후견인을 찾으려고 했다.[1] 1807년 4월 13일 마리아 테레지아가 사망함에 따라 페르디난트의 교육은 계모 마리아 루도비카(Maria Ludovika von Este)가 담당하게 되었다.[2]

1804년 황태자로 임명된 페르디난트는 비정상적인 태도 때문에 공개석상에서 배제되었고 점차 자신의 의지에 반하는 상황이 초래되면 광란적 행위(Tobsuchtanfall)까지 저지르기도 했다. 그럼에도 불구하고 그는 1831년 38세의 나이에 육촌 여동생 마리아 안나(Maria Anna)와 결혼했다. 마리아 안나는 마리아 테레지아 공녀와 사르데냐-피에몬테 국왕 빅토르 에마누엘레 1세(Victor Emmanuel I) 사이에서 태어났다. 페르디난트와 마리아 안나의 결혼 역시 메테르니히의 주도로 진행되었다.

1831년 페르디난트는 빈의 노이슈타트(Neustadt)와 노이키르히(Neu-

---

1 1790년 프란츠 1세와 결혼한 마리아 테레지아는 모두 12명(4남 8녀)의 자녀를 두었다.

2 1787년 이탈리아 몬자(Monza)에서 태어난 마리아 루도비카는 1808년 1월 6일 프란츠 1세와 결혼했다. 프란츠 1세의 사촌 자매였던 마리아 루도비카는 상냥하고, 우아하고, 영리하고, 다감하고, 예술에 대해 해박한 지식을 갖춘 여인이었다. 그러나 그녀는 결혼 직후 폐결핵에 걸렸고 이로 인해 건강이 급속히 나빠졌기 때문에 프란츠 1세가 기대한 출산은 불가능했다. 건강상의 문제점을 가졌음에도 불구하고 마리아 루도비카는 사망(1816)할 때까지 페르디난트의 교육 및 일련의 개인적 신상에 깊은 관심을 보였다.

kirch)의 중간 지점에서 신부와 처음 상면했다. 마리아 안나는 그때까지 빈 황실에서 토리노로 보낸 인위적으로 잘 다듬어진 페르디난트의 초상화를 보았을 뿐이다. 그런데 어색한 걸음걸이, 일그러진 얼굴, 비정상적으로 높은 두개골, 거기다가 어눌하고 때때로 알아들을 수 없는 말을 중얼거리는 한 왜소한 남자가 다가오니 마리아 안나는 놀란 나머지 얼굴이 창백해졌고, 흥분으로 떨었으며, 할 말도 잃어버렸다. 또한 그녀는 장래의 남편으로부터 거의 아무것을 기대할 수 없다는 것도 인지했다.[3]

3남 프란츠 카를(Franz Karl)은 1824년 형보다 7년 먼저 26세의 나이에 바이에른 왕국 막시밀리안 1세의 여덟 번째 딸인 19세의 조피 프리데리케(Sophie Friedericke)와 결혼했다. 후계자로서의 결격 사유를 가진 페르디난트를 제치고, 프란츠 카를이 차기 오스트리아 황제로 등극하리라 예상한 바이에른 국왕이 그를 사위로 맞아들인 것이다.[4]

1816년 11월 프란츠 1세의 네 번째 황비가 된 카롤리네 아우구스테(Karoline Auguste)는 막시밀리안 1세의 넷째 딸이었는데, 사위의 전처 소

---

3 결혼 후 황태자 부부는 오누이처럼 살았기 때문에 빈의 황실은 마리아 안나가 언젠가 아이를 가질 것이라는 희망도 포기했다. 신체적, 정신적으로 빈약한 페르디난트는 의외의 분야에서 재능을 보였다. 5개 국어, 특히 헝가리어에 능통하고 2개의 악기를 연주할 수 있었던 것이다. 또한 유화, 승마, 펜싱, 사격에 능했고 과학적인 탐구에도 열성을 보였다.

4 프란츠 카를 역시 혈기왕성한 왕자는 아니었다. 형인 페르디난트처럼 곱사등이도 아니고 두개골도 정상적인 형태였지만, 키가 작았다. 선량하고 친절했지만 특별한 업적을 기대할 정도의 수완을 가지지는 못했다. 단지 사냥에만 관심이 있는 평범한 황족에 불과했다.

생(프란츠 카를 대공의 모친은 나폴리-시칠리아 국왕 페르디난도 1세의 딸)을 다시 사위로 삼은 바이에른 국왕의 혼인 정책에서 권력 정상에 도달하기 위해 수단과 방법을 가리지 않던 왕정 시대 정략결혼의 총체적 난맥상이 표출되었다. 예상과는 달리 프란츠 1세 재위 시 이미 차기 황제로 지명된 페르디난트가 장자상속제(Majordomus)의 원직과 정봉성의 원칙을 고수한 메테르니히의 강력한 추천으로 1835년 황제로 즉위함에 따라 막시밀리안 1세의 계획은 좌절되었다.

1826년 프란츠 1세는 보헤미아 지방의 대토지 소유자 콜로브라트-리프슈타인스키를 내정 및 재정 분야를 담당할 국가 및 회의장관(Staats-und Konferenzminister)으로 임명했다. 새 장관은 황실의 건전한 회복과 국가 재정의 획기적 개선이 메테르니히가 주도하던 국내외에서의 반동적 소요 진압보다 더 중요하다고 판단하고 있었다.[5] 이후 메테르니히와 콜로브라트-리프슈타인스키의 정책적 대립은 피할 수 없게 되었고 그 강도 역시 날이 갈수록 심화되었다.[6] 이 시점에 콜로브라트-리프슈타인스키는 특히 메테르니히가 지향하던 '열강 간의 균형 유지' 원칙에서 비롯된 국제 간섭 정책을 정면으로 비판했는데, 그에 의하

---

5 실제로 메테르니히가 주도하던 반동적 소요 진압 정책에는 군사 작전이 동반되는 경우가 많았다. 따라서 메테르니히는 콜로브라트-리프슈타인스키가 추진하던 군사비 감축에서 비롯되는 후유증에 심각한 우려를 표명했다. 군사력이 약화된 오스트리아는 더 이상 유럽에서의 강대국 입지를 주장할 수 없다는 것이 그의 생각이었다.
6 콜로브라트-리프슈타인스키가 내정 및 재정 분야를 담당할 국가 및 회의장관직을 맡은 후부터 지금까지 국내 정치에서 전권을 행사하던 메테르니히의 위상은 크게 실추되었다.

면 이 정책은 은행가 로트실트 가문에게 이익만을 가져다준다는 것이었다. 당시 로트실트 가문은 빈 정부에게 전쟁 비용을 빌려주면서 높은 이자를 챙겼고 이것으로 이 가문의 부는 크게 증대되었다. 실제로 1821년 로트실트 가문의 지원이 없었다면 메테르니히가 주도하던 나폴리 왕국에 대한 오스트리아 개입은 불가능했다.[7]

제위 세습 과정에서 프란츠 1세와 메테르니히의 경직된 보수주의는 적나라하게 표출되었다. 이들이 장자상속제와 정통성의 원칙을 고집하지 않았다면, 페르디난트 1세는 애초부터 황제가 될 수 없는 인물이었다.[8] 그럼에도 불구하고 후계자 교체 문제는 한번도 황실 내부에서 거론되지 않았다.[9] 이것은 정통성의 원칙에 대한 생전의 프란츠 1세와

---

7   메테르니히의 정책을 비판한 콜로브라트-리프슈타인스키 백작은 1848년 3월 메테르니히가 실각한 후 오스트리아 제국의 초대 국무총리에 임명되기도 했다.
8   페르디난트 1세는 매우 상냥했고 신민들에게 애정 어린 동정심을 품었다. 그러나 이러한 성격 탓에 황제의 권위에 전혀 어울리지 않는 이야기의 주인공으로 등장하기도 했다. 어느 날 페르디난트 1세가 잠시 비를 피하기 위해 근처의 농가를 찾았는데, 농부와 그의 가족이 저녁식사로 고기완자를 먹고 있었다. 농부가 황제에게 고기완자를 권하자 황제 주치의는 황제가 이 음식을 제대로 소화시키지 못할 것이라 예측하고 먹지 말 것을 권유했다. 그러나 고기완자를 무척 먹고 싶었던 페르디난트 1세는 크게 화를 내면서 "나는 황제이다. 따라서 나는 고기완자도 먹을 수 있다(Ich bin der Kaiser und ich will Knödel)."라고 말했다. 이후 이 말은 빈에 널리 퍼져 우스갯소리가 되었다.
9   메테르니히 주도로 진행된 황제 이양에 프란츠 카를 대공의 부인 조피는 강한 불만을 가지고 있었다. 이것은 1851년 10월 6일 조피가 메테르니히의 부인 멜라니를 황궁으로 불러 이야기를 나누는 과정에서 확인되었다. 그녀의 말에 의하면, 메테르니히가 황제를 교체하는 과정에서 장자 상속 제도를 강조하면서 얼간이(Trottel) 같은 인물의 황제 계승을 고집했다는 것이다. 이어 그녀는 한 국가를 통치하는데 필요한 능력을 갖춘 인물이 황제로 등극해야 하는데 메테르니히는 이러한 보편적 논리마저 무시하고 페르디난트를 선택했다고 비판했다.

프란츠 1세

메테르니히, 그리고 콜로브라트-리프슈타인스키 백작의 견해가 완벽하게 일치된 결과라 하겠다.

그런데 콜로브라트-리프슈타인스키의 내각기용은 차기 정부에서 메테르니히의 독주를 견제하기 위한, 다시 말해 아들 페르디난트 1세의 정권을 보호하기 위한 프란츠 1세의 사전 포석이었다. 실제로 페르디난트 1세의 특별 신임을 받은 콜로브라트-리프슈타인스키는 황제에게 막강한 영향력을 발휘했다.

메테르니히는 1817년 10월 27일 프란츠 1세에게 제국의 재편성안을 제출했다. 여기서 그는 근대적 내각을 구성해야 한다는 입장을 밝혔는데 이는 그가 프랑스 대사로 활동하던 시기에 나폴레옹 정부의 능동성 내지는 효율성에 크게 감명받은 데서 비롯된 듯하다. 메테르니히는 개편안에서 기존 궁정 관료들이 주도하던 정부의 제 기능을 내각이 인수해야 한다고 했다. 아울러 이미 설치된 외교부와 재무부 외에 내무부(Ministerium des Inneren)와 법무부(Ministerium der Justiz)도 신설해야 한다고

했다. 또한 그는 다양한 민족
들에서 선출된 4명의 재상에
의해 내각이 운영되어야 한
다고 했다. 이러한 것은 이미
활동하고 있던 헝가리와 지
벤뷔르겐(Siebenbürgen) 궁정사
무국(Hofkanzlei)을 보완하는
역할도 담당하리라는 것이
메테르니히의 관점이었다.

콜로브라트-리프슈타인스키

관할 부분을 분명히 명시
한 내각 구성을 통해, 다시 말
해 책임장관 제도를 도입해
국가 개혁을 시도하려던 메테르니히의 소신은 프란츠 1세 및 콜로브라
트-리프슈타인스키의 강한 저항에 부딪혀 관철되지 못했다. 특히 프
란츠 1세는 현재의 통치 체제로 제국을 통치하는 데 별 문제가 없다고
생각했을 뿐만 아니라 새로운 정치적 관점이나 제도에 매우 부정적인
시각을 가지고 있었다. 그 후 메테르니히는 자신의 개혁안에 부정적이
었던 콜로브라트-리프슈타인스키와의 정치적 협력은 불가하다고 판
단했고 독자적으로 제국을 재편성할 수 있는 권한을 가져야 한다는 생
각도 하게 되었다. 그러다가 프란츠 1세가 1835년 3월 2일 사망함에
따라 권력 핵심을 장악할 수 있는 기회를 포착하게 되었다.[10]

---

10 1835년 2월 67세의 프란츠 1세는 폐렴을 앓게 되었다. 황궁의 의사들은 이틀

1836년 10월 31일 메테르니히는 페르디난트 1세가 즉위한 후 다시 한 번 책임장관 제도를 도입하여 국가 개혁을 시도하려고 했다. 여기서 메테르니히는 국가행정과 통치를 엄격히 구분하려 했고 그것을 위해 2개의 중앙위원회 신설도 구상했다. 그리고 장관들과 사법부 총장(Hofkanzleipräsident)이 제출한 안건들이나 또는 궁중의 여러 부서에서 해결되지 못한 사안들을 논의하고 결정할 의결기구인 국가위원회(Staatskonferenz)의 발족도 계획했는데 여기에는 장관들과 해당 부서의 책임자들만이 참석하게 했다. 메테르니히는 이 위원회의 결정이 이전의 황제, 즉 프란츠 1세가 안건들에 서명한 것과 같은 효력도 가진다는 것을

동안 6번의 사혈을 했지만 연로한 황제에게는 별 도움이 되지 못했다. 같은 달 2월 27일 저녁부터 다음 날 아침에 걸쳐 프란츠 1세는 자신의 의지를 측근에게 명령하거나 또는 자필로 명시했는데 그 과정에서 일부를 수정하기도 했다. 장남 페르디난트에게 보내는 편지에서 국가 조직의 근본 토대를 변경하지 말 것과 가족 간의 화평을 유지하고 이것을 최상의 목표로 설정해야 한다고 일렀다. 그리고 향후 통치 과정에서 루트비히 대공, 카를 프란츠 대공, 그리고 메테르니히와 협력하고 이들로부터 조언도 받아야 한다고 했다. 자신이 정부의 중요한 제 업무를 실행하면서 루트비히 대공으로부터 많은 조언을 받아왔듯이 페르디난트 역시 중요한 정책을 결정하기 전에 반드시 그로부터 충분한 조언을 받아야 한다고 말한 것이다. 그리고 프란츠 카를과의 형제애를 유지하고 필요하다면 그의 조언도 받아들이라고 당부했다. 그리고 메테르니히와의 관계에 대해서도 언급했다. "지금까지 나의 충성스러운 신하 겸 친구였던 메테르니히는 너에게도 정직할 것이고 충성도 맹세할 것이다. 따라서 향후 국가의 중요한 정책이나 인물 선정에서 독자적인 결정보다는 그와 더불어 심도 있게 논의하고 조언도 들어야 하는데 이러한 절차는 내가 경험한 바로는 국가 운영에 큰 도움이 되었다." 메테르니히 역시 페르디난트의 문제점을 인지했기 때문에 그가 황제로 등극한 이후 가능한 한 자주 독대했다. 여기서 그는 황제가 이해하는 데 도움이 될 수 있게끔 모든 사안들을 비교적 간략히 정리하여 보고했고 그 과정에 제기되는 질문들에 대해서도 상세히 설명했다.

밝혔다.

그런데 메테르니히는 국가위원회에 전문성이 결여된 황실 및 귀족 출신 인물들의 참여를 불허했는데 이것은 향후 국가 통치 과정에서 황실의 의도나 관심을 철저히 배제시켜야 한다는 그의 의지에서 비롯되었다.[11] 또한 제한된 자치권을 비독일계 민족에게 부여해야 한다는 관점도 국가계획에 포

페르디난트 1세

함시켰는데 이것은 그 자신이 점차 제국 내에서 부각되고 있는 민족문제의 심각성을 파악하고 그것을 반드시 해결해야 한다는 생각을 했기 때문이다. 실제로 메테르니히는 다민족국가에서 민족문제를 해결하지 않을 경우 제국의 해체라는 극단적 상황이 초래될 수 있다는 것도 인지했다. 따라서 그는 지방자치권을 명시한 낮은 수준의 연방 체제 도입을 적극적으로 추진하려고 했다.

페르디난트 1세는 메테르니히가 제시한 국가계획안을 승인했다. 프란츠 1세의 유서에서 자신에 대해 전혀 언급이 없었음을 파악한 콜로브라트-리프슈타인스키는 건강상의 이유로 메테르니히가 추진하던

---

11 메테르니히의 이러한 시도는 황실 및 그 추종 세력의 강한 반발을 유발했다.

개혁에 관여하지 않겠다는 입장을 표명하면서 빈을 떠나 프라하로 갔다. 메테르니히는 콜로브라트-리프슈타인스키의 퇴진을 간과하는 태도를 보였는데 그것은 그의 내심을 전혀 파악하지 않았기 때문이다.

프라하에서 콜로브라트-리프슈타인스키는 메테르니히의 제국개혁안을 보고 자신의 지위 및 권한이 사라질 수 있다는 판단도 했다. 이에 따라 그는 이 상황을 수용할 것인가 또는 자신의 이전 입지를 회복할 것에 대해 심사숙고했고 거기서 메테르니히의 제국개혁안이 실행되어서는 안 된다는 결정을 내렸다. 얼마 후 그는 빈으로 회귀했고 거기서 메테르니히의 개혁에 비우호적인 인물들과 집중적으로 접촉했는데 그 대표적인 인물로는 요한 대공을 들 수 있다.

요한은 얼마 전 귀향지인 슈타이어마르크(Steiermark)로부터 돌아왔는데, 메테르니히가 자신의 귀향을 주도했다는 사실에 크게 반감을 가지고 있었다. 당시 요한 대공은 메테르니히가 주도하던 내각정부(Ministerialregierung) 및 국가위원회의 활동에 동의하지 않았다. 따라서 요한 대공은 콜로브라트-리프슈타인스키의 접근 시도에 매우 우호적이었고 그 과정에서 두 사람은 반메테르니히 동맹을 구축하는 데도 합의했다. 이후 이들은 루트비히 대공, 카를 대공과 그의 부인인 조피와 더불어 메테르니히의 국가개혁에 대해 논의했고 그들의 권한 및 지위를 지키기 위해서는 그것의 파기가 절대적으로 필요하다는 것도 인지했다. 이후 이들 세력은 메테르니히의 비리를 파악하는 데 주력했고 거기서 콜로브라트-리프슈타인스키는 자신이 1826년에 언급한 메테르니히와 로트실트 가문과의 부정한 연계를 재차 거론했다. 즉 이들은 메테르니히가 오스트리아의 국익보다 단순히 유대 가문의 이익을 위해 정책을 실시했다는 것을 부각시키려 했고 이것에 대한 사회적인 공감대도 구축하려고 했다.

붉은 문패가 달린 집에서 살았다는 것에서 유래된 로트실트 가문은 신성로마제국의 자유도시 프랑크푸르트의 게토(ghetto : 유대인 거주 구역)에서 대대로 상업에 종사하던 가문이었다. 18세기까지 소규모 상인 가문이었지만 마이어 암셀 로트실트(M.A. Rotschild) 대에 이르러 헤센 선제후국의 재정 관리를 담당하면서 급성장했다. 그러다가 빈 체제가 성립된 이후 유럽 각국과 왕가들의 공채 발행과 재산 관리를 맡으면서 유럽 전역으로 사업을 확대해나갔다. 1818년 프랑스가 전승국에게 납부할 전쟁 배상금을 놓고 개최된 엑스라샤펠 회의를 계기로 로트실트가는 공채 발행에도 직접 참여할 수 있는 권한을 부여받았다. 이 은행 가문은 메테르니히와의 친밀한 관계를 배경으로 유럽 주요 국가들의 공채 공모와 채권 발행을 전담함으로써 막대한 부를 축적하게 되었다.

요한 대공과 콜로브라트-리프슈타인스키는 아울러 예수회의 활동을 허용한 메테르니히를 비난하면서 가톨릭과의 연대도 구축하려고 했다. 이렇게 반메테르니히 전선이 확립됨에 따라 1836년 12월 12일 페르디난트 1세는 콜로브라트-리프슈타인스키의 요구를 대폭 반영한 수정안인 '황제의 친필(Kaiserliches Handschreiben)'을 발표했는데 거기서는 이전의 초안에서 거론된 메테르니히의 국가위원회 의장직 부여를 무효화시켰다.[12] 또한 콜로브라트-리프슈타인스키가 내정, 재무, 그리

---

12 당시 메테르니히는 페르디난트 1세가 발표한 수정안은 콜로브라트-리프슈타인스키의 작품이라는 것을 인지하고 있었다.

고 경찰권을 전담한다는 것도 명시되었다. 그리고 원안에서 배제된 황족들과 콜로브라트-리프슈타인스키의 국가위원회 참석이 허용되었을 뿐만 아니라 콜로브라트-리프슈타인스키의 영향을 받던 루트비히 대공이 국가위원회 의장직을 맡는다는 것도 명시되었는데 이것은 향후 국가위원회의에서 다룰 안건들의 결정권을 콜로브라트-리프슈타인스키가 장악한 것으로 볼 수 있을 것이다.

유럽의 지배 계층은 메테르니히에게 모욕과 좌절을 가져다준 이러한 권력구도 변화에 대해 깊은 관심을 표명했다. 한 프랑스 일간지는 정부 고위 관료들의 입장을 정리했는데 그것에 의하면 유럽 세계에서 메테르니히의 능력과 활동이 향후 크게 위축될 것이고 그를 대신하여 콜로브라트-리프슈타인스키가 빈의 실세로 등장할 것이라는 것이다.

12월 12일부터 활동을 본격적으로 개시한 국가위원회는 신임 황제 페르디난트 1세를 위한 대리 통치 기구였는데 항상 비공개적으로 개최되었고 여기서 비밀국가위원회라는 명칭도 부여받았다. 프란츠 1세의 유언에 따라, 메테르니히가 아닌, 프란츠 1세의 막내 동생 루트비히 대공을 의장으로 운영된 국가위원회는 1848년 12월 페르디난트 1세가 하야할 때까지, 오스트리아 제국을 통치한 국가 최고 권력기관이었다.[13] 이렇게 막강한 권력을 행사한 국가위원회의 구성원은 페르디난트 1세의 숙부인 루트비히 대공, 페르디난트 1세의 동생 프란츠 카를 대

---

13 루트비히는 합스부르크 가문의 연공 서열 1인자(Ancienniäat)의 자격으로 비밀국가위원회에 참석했다. 이에 반해 프란츠 카를은 비공식인 자격으로 비밀국가위원회에 참여했다.

공, 메테르니히, 그리고 콜로브라트-리프슈타인스키 등 4인이었다.[14] 자신의 국가계획 구상이 좌절됨에 따라 메테르니히의 영향력 역시 외교정책 분야에 국한되기 시작했다.[15]

비록 권력의 핵심을 장악하지 못했음에도 불구하고 메테르니히는 황제와 군대를 통해, 그리고 무엇보다도 비밀경찰과 검열 수단을 활용하여 오스트리아 및 독일 연방에서 확고한 영향력을 계속 행사할 수 있었다. 그는 자신의 역할을 붕괴 직전의 건물을 떠받치고 있는 기둥과 같다고 표현한 적이 있었는데 이것은 자신이 권력 구조에서 배제될 경우 독일 연방과 오스트리아 제국의 붕괴 역시 필연적이라는 것을 우회적으로 언급한 것이라고 하겠다.

---

14 당시 페르디난트 1세에게는 3명의 동생이 있었으나 프란츠 카를을 제외한 나머지 동생인 요한 대공과 카를 대공은 국가위원회에 참석하지 않았다. 페르디난트가 황제로 등극한 이후 그의 고급부관(Generaladjutant)으로 임명된 클람-마르티니치(Karl Johann Graf von Klam-Martinitz) 백작은 메테르니히의 친구로 자처했는데 이것은 그가 메테르니히의 사고방식에 동의했기 때문이다. 메테르니히 역시 이를 묵인하는 태도를 보였다. 이후 두 사람의 관계는 긴밀해졌고 그 과정에서 클람-마르티니치는 메테르니히에게 황제의 세부적인 동향과 프란츠 1세 사후 메테르니히와 거리를 두거나 또는 적대시하려는 황실의 움직임을 자주 보고하는 적극성도 보였다.

15 메테르니히는 콜로브라트-리프슈타인스키가 이미 황제로부터 재가를 받은 법안을 무효화하기 위해 그의 추종 세력을 규합한 후 당시 황제를 압박하고 수정안을 발표하게 한 것 자체가 국가반정(Staatsstreich) 행위라 했고 이 점에 대해서 적지 않은 역사가들 역시 동의했다.

2
빈 혁명

프랑스에서 발생한 2월혁명의 영향은 예상과는 달리 오스트리아 제국에서 그리 빨리 확산되지 않았다.[16] 다만 메테르니히를 비롯한 빈 정부의 핵심 인물들이 그들의 정치적 행동반경을 다소 축소시킨 것이 확인되었는데 이것이 최초의 가시적 성과라 하겠다. 그리고 파리 혁명과 독일권에서 진행된 일련의 정치적 변화에 위기감을 느낀 빈의 시민들이 거래 은행에 가서 그들의 예금을 인출한 후 은화로 교환했는데 이것은 제국 내 많은 은행들이 유동성 부족 문제에 직면하게 하는 요인이 되었다. 나아가 오스트리아의 경제 상황이 다시 어려워지는 원인도 되었다.

오스트리아 제국에서 정치적 움직임이 최초로 감지된 곳은 헝가리 의회가 열리고 있던 프레스부르크였다. 메테르니히 체제에 대한 첫 공격은 3월 3일 헝가리 의회에서 행한 코슈트의 연설에서 나타났다. 코

---

16 1847년 저오스트리아 신분의회와 헝가리 신분의회가 빈과 프레스부르크에서 개최되었다. 양 의회에서 시민계층 출신의 의원들이 정치 제도의 개혁을 강력히 요구했다. 이러한 움직임을 예의주시하고 있던 메테르니히 역시 가까운 시일 내에 오스트리아 제국 내에서 혁명적 상황이 초래될 수 있다고 예견하기도 했다.

슈트는 오스트리아 제국의 헝가리 지배를 강력히 비판했고 그것의 종식도 요구했다. 동시에 그는 자유를 보장하는 제 개혁, 헌법 제정, 헝가리 내각 구성 등을 정치 목표로 제시했다. 이러한 내용을 담은 코슈트의 연설문은 빈 정부의 금지에도 불구하고 제국 내에서 크게 유포되었고[17] 이것은 결국 빈의 반정부 세력을 자극시키는 결과도 초래했다.

코슈트

3월 초부터 빈에서도 정치적 저항이 나타났다. 3월 3일 저오스트리아(Niederösterreich) 신분의회의 좌파 의원 33명이 절대왕정 체제를 종식시키고 전국 단위 신분제 의회의 소집 필요성을 언급한 청원서를 제출했는데 거기서는 자유주의를 추종하던 귀족 계층의 희망도 동시에 표출되었다. 3월 6일 오스트리아 시민계층을 대표하던 '법·정치 독서회(Juridisch-Politisches Leseverein)'도 구체적인 개혁안을 제시했다.[18] 오스트

---

17 실제로 코슈트의 연설 내용은 전단지 형태로 제작되어 수백 부나 배포되었다.
18 이 독서회의 고문 자격으로 참석한 프란츠 카를 대공과 콜로브라트-리프슈타인스키는 메테르니히 체제의 문제점들을 언급하면서 이 체제의 타파를 강력히 요구했다. 이들은 당시 메테르니히와 대립각을 구축하던 인물들이었다. 즉 이들은 혁명적 소요를 활용하여 자신들의 경쟁자를 완전히 제거하려는 의도도 가졌던 것이다.

리아 진보당(Fortschrittspartei Östrerreichs) 역시 3월 4일 신분제 의회 소집 이외에도 입헌군주제로의 이행, 취업의 자유, 검열제도의 폐지 등을 요구하는 성명서를 발표했다.

3월 7일 자유주의 세력을 주도하던 바흐(A. Bach)와 바우어른펠트(E. v. Bauernfeld)가 제시한 청원서도 반메테르니히 여론 조성에 크게 기여했다. 수천 명의 빈 시민들이 서명한 이 청원서는 입법권 및 조세 승인권을 갖는 전국적 단위의 의회 소집을 요구했다.[19] 그러나 이 성명서보다 더 큰 영향력을 끼친 것은 3월 3일에 초안이 마련되어 3월 12일 2천여 명에 달하는 대학생들이 서명한 청원서였다. 여기서는 신분대표제의 이념에서 벗어나 언론 및 출판의 자유, 교육 및 종교의 자유, 시민병 체제의 도입, 독일 연방의 개혁 및 국민 의회의 구성 등이 요구되었다.

그러나 빈 정부는 어떠한 양보도 하지 않으려고 했다. 물론 합스부르크 가문은 황위 계승자로 간주되던 프란츠 요제프(Franz Joseph)의 어머니 조피를 중심으로 시민계층의 요구를 부분적으로 수렴해야 한다는 인식을 가지기 시작했는데 이것은 이러한 양보만이 가문의 안전을 보장받을 수 있다는 판단에서 비롯된 것 같다. 그러나 이러한 시도는 기존 질서 체제의 근간을 유지하려던 메테르니히와 그의 추종 세력의 반대로 실현되지 못했다. 그럼에도 불구하고 메테르니히와 그의 추종 세력은 계엄령 선포와 같은 단호한 조치를 취할 수 없었는데 그것은 이들이 오스트리아에서 혁명적 상황이 발생되는 것을 우려했기 때문이다. 따라서 무력을 동반한 단호한 조치를 취할 수 없었던 빈 정부

---

19 아울러 여기서는 국가 예산 내역 공개와 재판 및 행정의 공공성도 거론되었다.

는 사태 추이만을 관망할 수밖에 없었다.

3월 13일부터 오스트리아 혁명은 본격적으로 시작되었다. 이날 저 오스트리아 신분의회가 개최됨에 따라 빈의 시민들은 이 의회 활동에 대해 커다란 기대와 희망을 가지게 되었다. 이른 아침부터 이들은 의사당 앞으로 몰려들었는데 여기에는 2천여 명의 학생들과 노동자들도 섞여 있었다. 이렇게 집회에 참석한 학생들과 노동자들은 이날의 군중 집회에 뚜렷한 정치적 성격을 부여했다. 빈 일반 병원 의사였던 피시호프(A. Fischhof)를 포함한 많은 연사들이 헌법 제정, 독일 연방의회의 소집, 반동정부의 해산, 시민병 체제 도입을 요구했다.[20] 이어 등장한 티롤 출신의 대학생 푸츠(A. Putz)가 코슈트의 연설을 독일어로 낭독하여 박수갈채를 받기도 했다.

집회 참여자들은 우선 대표를 의회에 파견하여 그들 입장을 거론하게 했다. 이어 이들은 의회로 몰려가 학생들이 포함된 대표단을 구성하고 정부와의 협상도 요구했다. 같은 날 정오 정부군이 투입됨에 따라 무력 충돌이 발생했다. 의사당 앞에서 정부군이 먼저 시위대를 향해 발포하자 시위자들은 돌 세례로 대응했다. 무기고와 다른 중요한 건물 앞에서도 충돌이 발생했다. 정부군은 중무장을 했음에도 불구하고 시위대를 진압할 수 없었다. 그만큼 학생들과 노동자들의 저항이 완강했기 때문이다.[21] 학생들과 노동자들은 소비세관청, 경찰서, 렌베

---

20 피시호프는 프랑스 대혁명 시기 활동한 미라보처럼 중도적 성향을 가졌다. 그는 기존의 질서 체제와의 협력을 지향했고 기존의 질서 체제 역시 당시 상황을 직시해야 한다고 주장했다. 즉 양보를 통해 당시 부각된 문제점들을 해결해야 한다는 것이었다.
21 이 과정에서 5명의 시위 참여자가 희생되었다.

그에 위치한 메테르니히 저택, 왕립 종축장 등을 습격했고 오후에는
다른 지역의 노동자들도 가세했다.[22] 특히 노동자들이 참여한 시위대
는 상가들을 불태웠고 공장에서 기계를 파괴했고 빵 가게, 푸줏간 등
도 공격했다.[23]

같은 시간 시민 대표자들이 황궁으로 진입했다. 이늘은 메테르니히
와 경찰청장 제들니츠키(J. v. Sedlnitzky)의 즉각적인 해임, 정부군의 철
수, 그리고 학생들의 무장 허용을 요구했다. 그리고 이러한 요구들이
관철된다면 질서 회복을 위해 협력하겠다는 최후통첩성 양보안도 제
시했다.[24]

---

22 소비세관청은 식료품에 부과된 과중한 소비세를 징수한 주관 부서였다. 그리고
이 시위에서는 45명이 목숨을 잃었다.
23 서민들이 이용했던 상점들이 습격받은 것은 이들 상점이 지나치게 높게 가격
책정을 했기 때문이다.
24 메테르니히 체제의 또 다른 축이었던 프로이센의 수도 베를린에서도 유사한 소
요가 발생했다. 국왕 프리드리히 빌헬름 4세(1840~1858)는 다가올 혁명적 위협에
두려움을 느꼈기 때문에 3월 18일 자발적으로 출판의 자유 및 헌법 제정을 허용
했을 뿐만 아니라 독일을 연방국가로 개편하는 과정에서 프로이센이 주도적 역
할을 담당하겠다는 것도 공언했다. 또, 정부군을 베를린으로부터 철수시키겠다
는 약속도 했다. 이에 베를린 시민들은 국왕에게 경의를 표하기 위해 왕궁 주변
에 모이기 시작했다. 그러나 여기서 우발적인 사건이 발생하여 시가전이 발발하
고, 시가전에서 303명의 희생자가 나왔다. 그들의 사회적 성분은 52명의 노동자,
115명의 견습생, 34명의 소규모 상인, 15명의 귀족, 그리고 7명의 무직업 여성으
로 분류되었다. 이를 통해 혁명적 소요에 어떤 특정 계층만이 참여한 것이 아니
라 사회 각 계층이 참여했음을 확인할 수 있다. 그러나 이들 모두가 명쾌한 정치
적 목표를 가지고 시가전에 참여한 것은 아니었다.
3월 19일 프리드리히 빌헬름 4세는 「나의 사랑하는 베를린 시민」이라는 선언서를
발표했는데 그것은 그 자신이 혁명적 상황에 굴복했다는 의미로 볼 수 있을 것이
다. 아울러 그의 내적 불확신도 선언서 발표에 요인으로 작용한 것 같다. 선언서

빈에서의 시가전

를 발표한 직후 프리드리히 빌헬름 4세는 베를린에 주둔 중인 군대를 포츠담으로 철수시키고 자신도 포츠담으로 떠났다. 그에 앞서 시가전에서 희생된 사람들에 대해 공개적으로 묵념을 했는데 그것은 혁명 세력에 대한 굴욕적 행위로 간주할 수 있을 것이다.

4월 초 자유주의자들이 대거 참여한 새로운 내각이 캄프하우젠(L. Camphausen)과 한제만(D. Hansemann)의 주도로 구성되었고 의회도 소집되었다. 이후부터 캄프하우젠과 한제만은 3월 정부에 구정권 추종자들을 다시 기용하려는 왕실의 모든 시도에 동의하지 않았을 뿐만 아니라 3월 29일 국왕에게 신내각의 구성도 즉시 인정하라고 강요했다. 이제 프로이센 최초로 귀족 출신이 아닌 캄프하우젠이 내각 수반이 되었고, 한제만은 재무장관직을 맡게 되었다. 그리고 시민계층과 자유주의적 성향의 귀족들도 대거 신정부에 참여했다. 이렇게 출범한 신정부는 어떤 방향으로 혁명을 추진해야 하는지에 대해서는 관심을 보이지 않았다. 오히려 혁명의 엄청난 성과들을 가능한 한 빨리 안정시키고 합법적인 길로 유도하는 데 힘을 쏟았다. 특히 프랑스 대혁명의 역사적 사례는 혁명 과정을 계속 진행시키는 과정에서 주도 세력의 위치에서 밀려나면 위험한 결과들이 야기될 것이라는 점을 알려주는 것처럼 보였다. 오히려 신정부는 가능한 한 빨리 혁명운동을 위해 확고한 정거장을 찾는 것이 필요하다는 인식을 했던 것이다. 따라서 이들의 주장은, 그 시대의 표현에 따를 경우, 가능한 한 빨리 '혁명을 종결시키는 것'이었다.

3
메테르니히의 실각

　빈에서의 혁명적 소요가 심화됨에 따라 합스부르크 가문은 위기감을 느꼈지만 메테르니히와 그의 지지 세력은 어떠한 정치적 타협도 불가하다는 입장을 견지했다. 그러나 시가 중심지와 교외에서 발생한 노동자들의 봉기로 황실은 사태의 심각성을 깨닫게 되었다.

　결국 같은 날 저녁 황궁에서 임시국가위원회가 개최되었는데 여기에 메테르니히는 참석하지 않았다. 회의에서 조피를 비롯한 일부 참석자들은 메테르니히를 혁명의 희생양으로 이용해야 한다는 입장을 밝혔고, 1836년부터 메테르니히와 지속적으로 대립하던 콜로브라트-리프슈타인스키도 동의했다. 반면 루트비히 대공은 메테르니히 견해에 동조하며, 군 병력을 증강하여 혁명적 소요를 가능한 한 빨리 진압해야 한다고 했다. 그러나 조피와 그녀의 남편 프란츠 카를 대공은 혁명 세력과의 타협을 강력히 요구했고 그것을 위해서는 메테르니히가 무조건 물러나야 한다고 했다. 결국 조피의 주장이 임시국가위원회에서 채택되었다. 조피가 혁명 세력과의 타협 필요성을 강조한 것은 그들, 특히 코슈트가 그녀의 아들 프란츠 요제프를 차기 황제로 추대해야 한

다고 피력한 것에 대해 크게 고무되었기 때문이다.[25]

임시국가위원회의 결정이 내려짐에 따라 황실을 대표한 루트비히가 메테르니히에게 수상직 사퇴를 권고했고 메테르니히 역시 그 결정에 따르기로 했다. 황궁을 떠나기 전 메테르니히는 페르디난트 1세를 알현했고 거기서 황제는 "주권자인 내가 당신의 파면을 결정했다. 그리고 나는 빈 시민들의 요구를 향후에도 수렴할 것이다."라고 말했는데 이는 메테르니히 파면을 그 자신이 주도했음을 우회적으로 표명한 것이라고 하겠다. 황제의 이러한 발언에도 불구하고 메테르니히는 임시국가위원회의 결정이 조피와 콜로브라트-리프슈타인스키의 주도로 이루어졌다는 것을 알았기 때문에 황제에게 아무런 반응도 보이지 않았다. 나아가 그는 "제 인생의 주된 과제는 황제국의 안녕과 질서를 지키는 것입니다. 사람들이 제가 수상직을 계속 수행할 경우 이것이 국가 안녕에 위해적 요소로 작용한다고 믿는다면 저는 자발적으로 물러날 것입니다."라고 답변했다.

페르디난트 1세와 간단한 독대를 끝낸 후 메테르니히는 황후 마리아 안나를 찾았다. 여기서 그는 황후에게 페르디난트 1세의 퇴위에 대해 이야기를 나누었다. 이 자리에서 메테르니히는 퇴위를 바로 시행하지 말고 국가 질서가 회복된 이후로 연기해야 한다고 했다. 그래야만 젊은 프란츠 요제프가 향후 국가를 통치할 때 혁명에서 비롯된 사안들

---

25 황실의 결정은 메테르니히에게 공식적으로 전달되기도 전에 황궁에 알려졌는데 그것은 메테르니히의 부인 멜라니 마리아 지히-펠라리스 추 치히가 에스터하지(F. Esterházy) 백작 부인에게서 남편의 실각 사실을 전달받은 것에서 확인할 수 있다.

에 대해 부담을 가지지 않게 될 것이라고 했다. 이러한 언급은 혁명이 실패로 끝나게 되리라는 그의 예견에서 비롯된 것 같다. 황제 교체에 대한 조언에 마리아 안나 역시 긍정적인 반응을 보였고 이것은 실제로 황제 교체 과정에 반영되었다.

메테르니히 축출에 선봉적 역할을 담당한 인물은 콜로브라트-리프슈타인스키였다. 그런데 그는 메테르니히를 제거해야만 그 자신이 빈 정부 수상으로 활동할 수 있다고 생각했고 3월혁명이 그러한 기회를 자신에게 제공했다는 믿음도 가지고 있었다. 그러나 메테르니히의 판단에 따를 경우 콜로브라트-리프슈타인스키에게는 건강상의 문제점이 있을 뿐만 아니라 혁명적 상황의 국가를 효율적으로 이끌어나갈 능력도 없었다.[26] 따라서 그는 콜로브라트-리프슈타인스키가 빈 정부를 장악한다 하더라도 그 기간은 길지 않으리라고도 예견했다.

3월 14일 수상 관저에서 머물던 메테르니히는 빈 정부가 그와 그의 가족에 대한 안위를 더 이상 보장할 수 없다고 명시한 루트비히의 편지를 읽었다. 따라서 그는 이날 저녁 타페(A. Taaffe) 백작 집으로 거처를 옮겼다.[27] 다음 날 메테르니히는 휘겔(C. v. Hügel)과 레흐베르크(J. Rechberg)의 도움으로 펠드스베르크(Feldsberg)에서 60킬로미터 정도 떨어진 리히텐슈타인 공작 저택에 도착했고 자신의 딸 레온티네(Leontine

---

26 자서전에서 메테르니히는 콜로브라트-리프슈타인스키에 대해 다음과 언급했다. "비록 사업적 능력이나 수완을 가졌지만 국가 통치에서 필요한 사안에 대한 총괄적 시각을 갖추지 못했다."
27 메테르니히의 실각 소식을 접한 살로몬 로트실트(S. Rothschild)는 그에게 천 두카텐을 여행 경비로 제공했다.

Adelheid Maria Pauline v. Metternich-Winneburg)도 3월 21일 합류했다.[28] 도착 즉시 레온티네는 메테르니히에게 영국 망명을 제안했고 메테르니히 역시 동의했다. 다음 날 메테르니히는 부인과 아들을 데리고, 레온티네는 나이 어린 동생들과 함께 펠드스베르크를 떠났다.[29]

펠드스베르크를 떠나면서 메테르니히는 그라츠(Graz) 출신의 대상인 프리드리히 마이에른(F. Mayern)의 여권을 사용했다. 훗날 그의 유품에서 이것 이외에도 타인 명의의 많은 여권들이 나왔는데 이로 보아 메테르니히가 비상시 오스트리아를 떠나야 한다는 생각을 하고 있었던 것 같다.[30]

올뮈츠에 도착한 메테르니히는 이 도시의 대주교로부터 영접을 거부당하는 수모를 당했다. 그리하여 기차를 이용하여 바로 프라하로 갔는데 3월 13일 열차 차량에서 빈 정부 총무국에서 연설을 한 폴란드 정치가 부리안(J.J. Burian)을 우연히 만났다.[31]

같은 날 메테르니히는 이 도시를 떠나 데플리치, 라이프치히, 마그데부르크, 하노버, 그리고 민덴(Minden)을 거쳐 3월 30일 네덜란드 국경 지역에 도착했다. 즉 펠드스베르크를 떠난 지 9일 만에 네덜란드의

---

28 지금까지 메테르니히는 리히텐슈타인 공작과 긴밀한 관계를 유지했다. 당시 37세였던 레온티네는 메테르니히와 마리-엘레오노레 폰 카우니츠-리트베르크 사이에서 태어난 공녀였다.

29 메테르니히와 그의 가족이 이렇게 빨리 펠드스베르크를 떠난 것은 이 읍의 자치위원회가 요구한 24시간 이내에 펠드스베르크를 떠나야 한다는 것을 받아들였기 때문이다.

30 이 당시 여권은 단수여권이었고 그 유효기간은 6개월에 불과했다.

31 당시 부리안은 메테르니히의 정치적 관점에 동의하는 자세를 보였다.

아른험(Arnhem)에 도착한 것이다.[32] 여행 중 메테르니히는 자신을 반기는 도시들보다 출입을 거부한 도시들이 더 많다는 것을 직접적으로 체험했는데 이것은 그에게 큰 충격 내지는 실망을 가져다주었다.

아른험의 한 레스토랑에서 웨이터가 메테르니히에게 다가와 그를 살해하겠다는 협박을 했음에도 불구하고 멜라니는 남편의 건강이 회복될 때까지 이 도시에 머무르기로 했다. 건강을 회복한 메테르니히는 가족들과 함께 암스테르담을 거쳐 덴 하그(Den Haag)에 도착했다. 이 도시에서 그는 4월 10일 영국에서 진행될 차티스트 운동(Chartist Movement)[33]의 시위 결과를 일단 지켜보려고 했다. 또한 네덜란드 국왕 빌럼 2세(Willem II, 1840~1849)와의 면담을 추진하여 빌럼 2세와 향후의 유럽 정치 흐름에 대해서 논의하려고도 했다.

---

32 아른험은 네덜란드 동부 겔덜란트(Gelderland)주의 주도로서 라인강 지류인 니더 라인강과 접한 도시이다.

33 영국의 노동자들은 1832년에 개정된 선거법의 시행에도 불구하고 정치 활동에 참여할 수 없었다. 그것은 상당한 재산 소유자에게만 참정권을 허용했기 때문이다. 이에 따라 노동자들은 참정권을 얻으려고 시도했고 이것을 지칭하여 차티스트 운동이라고 한다.

4

3월 정부의 출범과 과제

오스트리아 제국에서뿐만 아니라 전 유럽에서 증오를 받던 메테르니히가 실각한 이후 반동정권의 지지 계층 역시 와해되었다.[34] 빈의 황실은 혁명 대표자들이 제시한 요구들을 수용했고 그것에 따라 3월 14일 빈에서 정부군이 철수하기 시작했다. 동시에 학생들의 무장도 허용됨에 따라 '대학생 군단(Akademische Legion)'이 탄생했고 이들은 중요한 혁명 세력의 축으로 등장했다.

---

34 메테르니히의 망명 후 오스트리아에서는 1848년 3월부터 11월 사이에 모두 6명이 혁명 이후 도입된 국무총리(Ministerpräsident)로 기용되었다. 3월 20일부터 4월 19일까지 재임한 콜로브라트-리프슈타인스키 백작이 초대 국무총리였고, 4월 19일부터 5월 19일까지 한 달 동안 총리직을 유지한 카를 루트비히 폰 피크벨몬트(K.L. v. Ficquelmont) 백작과 5월 19일부터 7월 8일까지 총리직을 수행한 프란츠 폰 필러스도르프(F. v. Pillersdorff) 남작이 그 뒤를 이었다. 안톤 폰 도블호프(A. v. Doblhoff) 남작은 7월 8일부터 18일까지 단지 열흘 동안 재임했고, 요한 폰 베센베르크(J. v. Wessenberg) 남작은 7월 18일부터 11월 21일까지 재임했다. 11월 21일 제6대 총리로 임명된 펠릭스 추 슈바르첸베르크 후작은 1852년 4월 5일 사망할 때까지 재임한 최장수 국무총리였다. 이렇게 짧은 기간 내 정부 최고위직인 국무총리가 6명이나 교체된 것은 이들이 당시 상황을 효율적으로 대처할 능력을 갖추지 못한 데서 비롯된 것 같다.

그러나 아직 시민적 제 자유는 오스트리아 제국에서 보장되지 않았다. 그리고 오스트리아 제국이 입헌군주정 체제로 바뀐다는 약속은 이행되지 않았고 권력 구도의 변혁 역시 구체화되지 않았다. 이에 따라 3월 14일 궁정승마학교에서 대규모 시민궐기대회가 개최되었고 여기서는 혁명 이후 관철해야 할 목표들이 다시금 명확히 제시되었다. 그것은 국민군의 창설, 언론 자유의 보장, 그리고 헌법 제정이었다.

이러한 요구들에 대한 정부 승인을 받기 위해 다시금 혁명적 상황이 초래되었다. 그런데 지난번과는 달리 혁명의 징후는 교외에서 먼저 나타났다. 시민들은 다시 무기고를 습격하여 무장하려 했고 황궁도 포위했다. 결국 빈 정부는 타협에 동의했고 그에 따라 언론 자유 및 국민군 창설이 허용되었다. 그러나 헌법 제정에 부정적이었던 빈 정부는 7월 3일 신분제 의회를 소집하여 이 문제에 대해 논의하겠다는 입장만을 밝혔다. 그러나 시민들은 정부의 회피적 자세에 대해 동의하지 않았다.

같은 날 빈 정부는 다시 군대를 투입하여 혁명적 소요를 진압하겠다는 계획을 세웠다. 이에 따라 총사령관 빈디쉬그래츠(A. zu Windischgrätz)는 빈에 계엄령을 선포했다. 그러나 혁명이 제국의 다른 지역으로 확산되는 것을 두려워한 빈 정부는 결국 혁명 세력에 굴복했고 다음 날인 3월 15일 페르디난트 1세는 헌법 제정도 약속했다. 이틀 후인 3월 17일 페르디난트 1세는 브륀(Brünn) 출신 필러스도르프(F.X. v. Pillersdorf) 남작을 내무장관으로 기용했다. 얼마 후 빈에서 신정부가 구성되었고 여기에는 메테르니히 정부에서 활동한 귀족들도 대거 참여했다.[35]

---

35 다른 독일 국가들과는 달리 오스트리아 제국에서 시민계층은 3월 정부에 참

3월 20일부터 필러스도르프 주도로 헌법 제정이 본격화되었는데 이 인물은 4월 25일 독일 연방 소속 국가들의 헌법과 1830년의 벨기에 헌법을 토대로 오스트리아 제국의 최초 헌법인 '필러스도르프 헌법 (Verfassung von Pillersdorf)'을 공포했다. 이렇게 제정된 헌법은 외양상 양원제를 채택했다. 임명제 귀족원(상원)의 구성원은 만 24세 이상의 합스부르크-로트링겐 가문의 대공, 황제가 임명하는 국무위원, 그리고 선임된 대지주들이었고, 하원은 국민이 선출하는 383명의 의원들로 구성되었다. 하원은 독자적인 의회 개원권을 가지지 못했으며, 입법권은 황제와 공유했다. 하원의원 선거권은 만 24세 이상의 남자에게만 부여되었지만 하인, 생활 보조금 수혜자 및 일급제 또는 주급제 노동자들은 선거권을 가지지 못했다. 그리고 헌법상 국권 보유자는 황제였다. 황제의 명령과 지시는 반드시 책임장관 1인에 의해 부서된다는 조항이 황제의 권한을 견제하는 유일한 조항이었다. 그러나 황제는 하원 결의에 절대적 거부권을 행사할 수 있었다. 형사소송의 경우에는 배심원제의 도입도 허용되었다. 필러스도르프 헌법은 당시로서는 매우 진보적인 기본권 조항들을 포함했다. 기본권 조항은 인권, 즉 평등권, 자유권, 신앙권, 재산권을 보장했다. 그리고 시민권으로는 선거권, 집회결사권, 청원권, 언론권이 명시되었다.

필러스도르프 헌법이 공포된 이후 빈의 시민들은 긍정적인 반응을 보였지만 점차 이 헌법이 가지는 문제점도 직시하게 되었다. 정부 각

여하지 못했다. 다만 이들은 빈에서 시민위원회를 구성한 후 시 행정만을 장악했을 뿐이다.

료의 책임 소재가 불분명하다는 점과 크론란트(Kronland, 제국의 최대 행정 단위)와 중앙정부 사이의 관계 설정이 모호한 점 외에도, 광범위한 계층, 특히 노동자들의 선거법 불인정 등이 비판 대상으로 부각되었다. 이에 혁명 세력은 필러스도르프 헌법의 대체 헌법을 요구하기 위해 5월 15일 황궁을 습격해 일반 선거제도의 도입을 통한 의회 선거를 실시하고, 선출된 단원제 제국의회가 민주헌법을 다시 제정할 것도 요구했다. 이에 페르디난트 1세는 시위 군중 앞에서 필러스도르프 헌법이 임시 헌법에 불과하다는 것을 밝혔다. 다음 날 양원제를 단원제로 변경한 수정 헌법이 공포되었고 페르디난트 1세는 5월 17일 인스부르크로 피난했다.

이 당시 오스트리아는 정치 제도의 변경뿐만 아니라 제국 내 민족문제 역시 해결해야만 했다. 실제로 절대왕정 체제의 근간을 고수한 빈 정부는 제국 내 비독일계 민족들을 등한시하는 중차대한 실수를 범했다. 그러나 메테르니히는 1830년대 후반부터 슈바르처(E. v. Schwarzer)와 호크(K.F. Hock)를 비롯한 일련의 구오스트리아주의자들이 제기한 제한된 자치권을 비독일계 민족에게 부여해야 한다는 주장에 암묵적인 동의도 했는데 이것은 그 자신 역시 점차 제국 내에서 부각되고 있는 민족문제의 심각성을 파악하고 그것을 해결해야 한다는 관점을 가졌기 때문이다.

이 당시『오스트리아 일반신문(Allgemeine Österreichische Zeitung=AÖZ)』의 주간이었던 슈바르처는「오스트리아의 제 민족(die Nationalitäten in Österreich)」이란 사설에서 비독일계 민족들의 불평등한 법적·사회적 지위 등을 고려한 정치 체제 개편이 빈 정부의 최우선 과제라 했다. 즉 그는 빈 정부가 더 이상 기존의 통치 방식을 고집하지 말고 비독일계 민족들이 어느 정도 자치권을 행사할 수 있게끔 정책적인 배려를 해야 한다고 주장했고, 그러기 위해서는 오스트리아 제국을 민족연합체적인 형태로 변형시켜야 한다는 견해도 제시했다. 이제 구오스트리아주의자들은 기존의 질서 체제를 대신하여 어떠한 정치 체제를 오스트리아 제국에 도입시켜야 하는가를 밝혔다.

슈바르처는 1843년 4월 1일자 사설에서 오스트리아 제국을 ① 독일, ② 체코, ③ 폴란드, ④ 이탈리아, ⑤ 일리리아 등의 민족 단위체로 나누고 제국 내 잔여 지역들을 주어진 상황에 따라 이들 민족 단위체들과 연계시켜야 한다는 견해를 제시했다. 그러나 그는 제국의 통치 형태가 근본적으로 바뀐다 하더라도 오스트리아 제국이 제국 내 모든 민족의 모국이라는 점을 강조했는데, 그러한 관점은 중부 유럽 내 소수민족들의 보호 도구로써 오스트리아 제국이 생성했고, 또한 존재한다는 확신에서 비롯된 것 같다.

슈바르처와 마찬가지로 메테르니히 역시 다민족국가에서 민족문제를 해결하지 않을 경우 제국의 해체라는 극단적 상황이 초래될 수 있다는 것을 인지했다. 따라서 그는 지방자치권을 명시한 낮은 수준의 연방 체제 도입을 적극적으로 추진하려고 했고 이것을 지칭하여 '다양성 속의 단일화(Einheit in der Vielheit)'라 했다.

여기서 그는 오스트리아 제국을 민족성에 따라 4개 지방군으로 나누려고 했는데 북부 슬라브 제 민족을 통합한 보헤미아–모라비아–갈리치아 지방군, 엔스강 유역의 상·하류 지방(ob und unter der Enns), 슈타이어마르크, 인비어텔(Innviertel), 잘츠부르크, 그리고 티롤로 구성된 독일 지방군, 일리리아-달마티아 왕국으로 구성되는 일리리아 지방군, 롬바르디아-베네치아 왕국을 토대로 한 이탈리아 지방군이 바로 그의 구상이었다. 여기서 메테르니히는 각 지방군의 책임자가 수행해야 할 과제에 대해서도 언급했다. 그에 따를 경우 각 지방군의 책임자는 중앙정부에 대해 해당 지방군의 상황을 정확히 알려야 할 뿐만 아니라 제국의 단일화를 지향하는 정부의 입장 역시 지방군민들에게 정확히 전달해야 한다는 것이다. 그리고 지방군 사이의 관계는 동등해야 하며 각 지방군 정부는 통치에 필요한 담당 부서들과 그것들을 운영하는 데 필요한 인원들을 확보한다라는 것도 메테르니히의 계획안에서 명시되었다.

이러한 연방 체제를 도입할 경우 향후 제기될 민족 간의 분쟁도 사전에 차단할 수 있다는 것이 메테르니히의 관점이었다. 메테르니히는 자신의 이러한 관점을 프란츠 1세에게 제시했지만 황제의 반응은 부정적이었다. 그리하여 그는 페르디난트 1세가 등극한 후 구상을 다시 한 번 가시화시키려 했지만 이러한 시도는 그의 정적으로 등장한 콜로브라트-리프슈타인스키의 반대 및 3월혁명의 발발로 인해 결국 실행되지 못했다.

그럼에도 불구하고 빈 정부에 대한 비독일계 민족들의 반발은 미미한 상태에서 벗어나지 못했는데 그것은 이들의 민족운동이 저변으로 확산되지 못했기 때문이다. 그러나 이러한 상황은 3월혁명이 발발한 이후부터 급변했다. 그것은 제국 내 비독일계 민족들인 체코 민족, 폴란드 민족, 크로아티아 민족, 슬로바키아 민족, 슬로베니아 민족, 헝가리 민족, 세르비아 민족, 이탈리아 민족이 정치 체제의 변경과 그것에 따른 제 민족의 법적·사회적 평등을 강력히 요구했기 때문이다.[36] 이에 따라 오스트리아 제국은 독일의 다른 국가들보다 어려운 상황에 놓이게 되었다. 뿐만 아니라 당시 독일의 통합 방안으로 등장한 대독일주의가 향후 통합 과정에서 채택될 경우 필연적으로 야기될 오스트리아 제국의 해체 역시 오스트리아 제국의 입지를 크게 위축시키는 요인으로 작용했다.

이 당시 제시된 독일의 통합 방안으로는 소독일주의와 대독일주의가 있었다. 소독일주의는 프로이센 주도로 독일을 통합해야 한다는 입장을 밝혔다. 즉 소독일주의는 오스트리아 제국의 역할을 인정하지 않으려고 했을 뿐만 아니라 독일권에서 이 제국을 축출하려고도 했다. 이에 반해 대독일주의는 독일 연방에 소속된 오스트리아 제국의 영역을 신독일에 포함시켜야 한다고 주장했다. 물론 오스트리아가 독일권에서 행사했던 기득권 역시 보장되어야 한다는 것이 대독일주의의 입장이었다. 시간이 지남에 따라 대독일주의를 지지하던 오스트리아 정치가들은 점차적으로 대독일주의에 부정적인 시각을 가지게 되었는데 그것은 이들이 지속적으로 주장한 오스트리아 제국의 전 영역

---

36 이 당시 비독일계 민족들의 선각자들과 그들의 추종 세력은 그들 민족이 처한 상황을 정확히 직시하고 있었다. 따라서 이들은 독일 민족과 그들 민족 간의 관계를 재정립해야 한다고 주장했을 뿐만 아니라 그러한 관점에 대한 빈 정부의 무관심한 태도에 대해서도 신랄한 비판을 가했다. 아울러 이들은 언론 및 집회의 자유, 일반 대의기구의 설립, 배심원제의 도입, 강제 노역 및 농노제의 철폐, 종교의 자유, 조세제도의 개편 등이 절실히 필요하다는 주장도 했다.

이 신독일에 편입되어야 한다는 견해가 수용되지 않았기 때문이다. 그런데 빈 정부는 이러한 국내외적 문제들을 원만히 해결할 능력을 갖추지 못했을 뿐만 아니라 그 해결책 마련에도 소극적이었다.[37]

---

37 이 당시 제국 내에서 오스트리아 제국이 해체되어서는 안 된다는 주장이 슬라 브 정치가들, 특히 체코 정치가들로부터 제기되었다. 이 중에서 팔라츠키(F. Palacý)는 프랑크푸르트 예비 의회로부터의 초청을 거절하는 과정에서 제국 내 슬라브 민족들이 주어진 체제를 인정하고 거기서 그들의 민족성을 보존하면서 권익 향상을 점차적으로 도모하는 것이 최선의 방법이라는 것을 역설했다. 아 울러 그는 슬라브 민족들이 기존의 통치 방식 대신에 제국 내 제 민족의 법적 · 사회적 평등을 가져다줄 수 있는 연방 체제의 도입을 빈 정부에 강력히 촉구해 야 한다고도 주장했다. 현 체제와의 협상을 요구한 팔라츠키의 이러한 태도는 빈 정부가 제국 내에서 슬라브 민족들이 차지하는 비율을 직시해야 한다는 것 과 그동안 등한시했던 이들의 법적 · 사회적 지위 향상이 얼마나 중요하고, 필 요한가를 인식해야 한다는 묵시적인 강요도 내포되었다고 하겠다. 또한 팔라츠 키는 독일 통합은 오스트리아 제국을 배제시킨 소독일주의(Kleindeutschtum ; malé německtvi) 원칙에 따라 이루어져야 한다고 주장했고 오스트리아 제국은 그렇게 형성된 '신독일(Neues Deutschland)'과 공수동맹 체제를 구축하여 러시아의 팽창 정책에 대응해야 한다는 입장도 밝혔다. 아울러 그는 오스트리아 제국이 이 동 맹 체제를 기초로 한 유럽의 질서 체제 유지에 적극적으로 참여해야 한다고 역 설했다.

제4장 3월혁명, 그리고 실각과 복귀

5
메테르니히의 귀환

　　1848년 4월 20일 런던의 블랙월(Blackwall)에 도착한 메테르니히와 그의 가족은 하노버 광장 앞에 위치한 브룬스위크(Brunswick) 호텔에 14일 동안 머무르면서 장기간 체류할 집을 찾았다. 영국에 체류하면서 메테르니히는 불편한 생활을 하지 않았다. 당시 80대 후반이었던 워털루의 영웅 웰링턴 공작은 그를 환대했고 접대 시에는 에버딘(G.H-G. Aberdeen), 파머스톤(H.J.T. Palmerston)[38], 기조(F.P.G. Guizot), 디즈레일리(B. Disraeli), 프로이센의 빌헬름(Wilhelm) 왕세자도 참석하여 당시 유럽에서 진행되던 정치적 상황, 특히 혁명적 상황에 대해 이야기를 나누었다.[39] 여기서 메테르니히는 프랑스와 독일권에서의 혁명적 상황이 조만간 종료되리라는 예견을 했는데 그것의 요인으로 혁명 세력이 대중적 지

---

38 육군상을 지냈던 파머스톤은 1829년 의회 개혁을 지지하면서 토리당에서 휘그당으로 당적을 옮겼다. 이후 외상 및 수상을 역임했고 당시 유럽에서 진행되던 자유주의 운동에 대해 긍정적인 자세를 보였다. 메테르니히와 정치적으로 관점을 달리한 인물이라고 할 수 있다.

39 프랑스에서 발생한 2월혁명으로 기조는 영국에서 망명 생활을 하고 있었다.

지 기반을 충분히 갖추지 못한 것을 제시했다. 당시 메테르니히는 빅토리아 여왕이 자신의 런던 체류를 알지 못하고 있다는 사실에 대해 매우 서운해했다.

이후 메테르니히는 이튼 광장 44번지에 위치한 주택을 4개월간 임차했는데 이 시기에 그는 유럽, 특히 오스트리아에서 발생한 혁명의 제원인을 나름대로 분석하는 데 많은 시간을 할애했다. 거의 같은 시기에 적대적인 빈 정부가 메테르니히에 대한 비방과 인신공격을 본격화하기 시작했는데 그 과정에서 당시 정부의 비호를 받던 언론들이 동원되었다.

1848년 6월 23일 언론인 프란클(L.A. Frankl)이 『빈의 석간신문(Wiener Abendzeitung)』에서 메테르니히가 러시아 황제로부터 매년 5만~7만 5천 두카트의 금화를 받고 국익에 전혀 도움이 안 되는 친러시아 정책을 지속적으로 실시했다는 기사를 게재했다.[40] 또한 그는 메테르니히가 재임 시절 많은 공공자금을 횡령했다고 것도 언급했지만 구체적인 증거는 제시하지 않았다. 국가총무처(Staatskanzlei)의 문서보관실장(Archivleiter)이었던 호르마이르(J. v. Hormayr)는 「프란츠 황제와 메테르니히(Kaiser Franz und Metternich)」라는 비방문서(Schmähschrift)를 써서 메테르니히가 여러 곳에서 국가 재산을 임의로 착복했다고 했다. 또한 메테르니히가 1826년 보헤미아 지방에 위치한 플라스(Plaß) 수도원을 아무런

---

40 두카트라는 단어는 '공작령과 관계 있는', '공작령의 동전'이라는 중세 라틴어 두카투스(ducatus)에서 비롯되었다. 두카트는 베네치아(Venezia) 공화국에서 주조된 1284년부터 제1차 세계대전 이전까지 유럽 각국에서 통용된 금화 또는 은화 단위이다.

제4장 3월혁명, 그리고 실각과 복귀

대가 지불 없이 차지했다는 것도 거론했다.[41] 이러한 비판 기사는 빈 정부의 묵인하에 여러 신문에 동시다발적으로 게재되었고 이로 인해 오스트리아인들은 메테르니히에 대해 부정적인 시각을 가지게 되었다.

언론을 통한 공격은 제국의회에서의 공격으로 이어졌다. 의회 내에서 적지 않은 영향력을 행사하던 뢰너(L.E. v. Löhner)는 대정부질문 과정에서 메테르니히에게 맹공을 가했다. 1848년 8월 14일 뢰너는 재무장관 크라우스(P. v. Krauss) 남작에게 이전 수상의 공적 여행 경비, 특히 1813년, 1814년, 그리고 1818년도 외무장관 재임 시 공적 여행 경비가 규정대로 사용되었는지 질의했다. 뢰너는 당시의 공적 여행 경비에 대한 세부적 극비사항까지 정확히 파악하고 있었는데 이것은 황실재산관리국(Hofkammer) 담당 직원만이 알고 있어야 할 비밀이었다. 따라서 뢰너가 활용한 공적 여행 경비의 세부적 사항은 외부의 제보 없이는 불가능한 것이었다. 그렇다면 뢰너는 누구를 통해 이러한 민감한 정보를 얻었을까? 당시의 권력 구도를 고려한다면 콜로브라트-리프슈타인스키가 정보 제공자였을 것이다.

실제로 콜로브라트-리프슈타인스키는 4월 25일 자신의 성인 에브라이히스도르프(Ebreichsdorf)에서 메테르니히와 관련된 문서들을 임의로 검색하고 그 이면에 자신의 관점을 기록한 후 이것을 다시 재무장관에게 전달하면서 자신이 이면에 언급한 것들을 관심 있게 읽고 처리할 것을 요구했다. 그런데 정부 문서의 이면에 자신의 견해나 관점을

---

41 메테르니히가 플라스 수도원을 매입한 것은 이곳을 가족 매장지 내지는 납골당으로 활용하기 위해서였다.

기록하는 것은 해당 부서의 관료만이 할 수 있는 권한이었기 때문에 콜로브라트-리프슈타인스키의 행위는 이러한 규정을 위배한 것으로 볼 수 있다. 더욱이 페르디난트 1세가 4월 18일 콜로브라트-리프슈타인스키를 국무총리직에서 해임시켰기 때문에 그 이후 그가 행한 일련의 행위는 법률적 위반 행위였다.

빈 정부의 조직적이고 지속적인 비판에 대해 메테르니히는 공적 여행 경비를 원안대로 사용하지 않고 다른 부분에 전용하는 것은 보편적인 관례라고 대응했다. 빈 정부에 보낸 한 서신에서 메테르니히는 국가 존망이 위협받는 위기 상황에서 그 자신이 군사령부에서 국경 근처의 전투 지역까지 이동하는 경우가 많았고 심지어 적국까지 가서 협상을 해야 하기 때문에 공적 여행 경비의 세부 항목까지 감독하고 시정을 요구할 시간도 가지지 못했음을 강조했다. 그러나 빈 정부는 메테르니히의 입장 표명에도 불구하고 그에 대한 연금 지불을 거부했을 뿐만 아니라 공적 여행 경비의 불법 사용으로 인해 야기된 재정적 손실을 만회하기 위해 렌베그에 위치한 메테르니히 저택을 20만 굴덴에 매각하려고도 했다.

그에 따라 메테르니히의 경제 상황은 크게 악화되었다. 실제로 살로몬 로트실트가 준 여행 경비가 바닥나서 메테르니히는 러시아 황제로부터 10만 루블을 빌려 망명 생활을 해야만 했다.[42] 이렇게 경제적으로 심한 압박을 받게 됨에 따라 메테르니히는 빈 정부가 거부한 연금을

---

42 메테르니히는 러시아 황제로부터 차입한 돈에 대해 적지 않은 이자도 지불해야만 했다.

받기 위한 노력을 지속적으로 기울였다.[43] 동시에 그는 가족들과 같이 리치먼드로 거처를 옮겼다. 웰링턴, 작곡가 요한 슈트라우스(J. Strauss), 메테르니히의 이전 연인인 자간의 여동생인 데 디노(D. de Dino), 그리고 이전에 깊은 관계를 가졌던 카타리나 바그라티온 등이 메테르니히를 자주 방문했다. 그러나 이 시기 메테르니히는 가족들이 우려할 정도로 심신이 쇠약해지곤 했다.[44]

런던에 체류하면서 메테르니히는 독일 및 유럽 각국에서 간행되는 신문들을 읽었고 거기서 유익한 정보들도 얻었다. 특히 그는 오스트리아 제국에서 진행되던 헝가리의 반혁명적 상황에 큰 우려를 표명했다. 헝가리에서의 반혁명적 상황은 3월혁명이 발생한 직후부터 코슈트를 비롯한 일련의 정치가들이 제기한 헝가리의 탈오스트리아화로부터 비롯되었다. 당시 빈 정부는 헝가리 정치가들의 탈오스트리아적 행위를 용인할 수 없다는 입장을 밝혔고 이것은 이들 정치가들에 대한 압박을 가시화시키는 요인도 되었다. 그러나 빈 정부는 혁명 초기, 즉 혁명 세력이 우위를 차지하던 상황에서 효율적인 대응 방안을 찾지 못했다. 그러다가 1848년 9월 빈 정부의 암묵적 지지를 받던 헝가리 내 비헝가리계 민족, 즉 세르비아인들과 크로아티아인들이 그들 민족의 자치권

---

43 마침내 메테르니히는 1850년 11월 14일 빈 정부로부터 매년 8천 굴덴의 연금을 받게 되었다. 아울러 빈 정부가 차압한 렌베그의 집도 넘겨받게 되었다.

44 그럼에도 불구하고 메테르니히는 1848년 7월 10일 페르디난트 1세의 대리인으로 등장한 요한 대공에게 서신을 보냈는데 거기서 그는 독일권의 평화를 보장받기 위해서는 독일 연방의 재건이 필요하다고 언급했다. 또한 그는 프랑크푸르트 국민의회의 활동에 부정적인 시각을 드러내기도 했다.

을 요구하면서 헝가리 남부 지역에서 헝가리인들과 무력적 충돌을 일으킨 이후부터 빈 정부는 이 사태를 효율적으로 활용하려고 했다. 즉 빈 정부는 이러한 돌발 상황을 통해 헝가리 정치가들의 의도나 목적을 좌절시키려 했던 것이다. 이에 따라 빈 정부는 람베르크(F.L. v. Lamberg) 백작을 헝가리 총괄위원(Kommissar)으로 임명한 후 헝가리에서의 무력 충돌 원인을 코슈트와 그의 측근들에게 전가시키는 방법도 구체적으로 강구하게 했다. 그러나 헝가리 민족주의자들은 빈 정부의 시도에 대해 반발했다. 나아가 이들은 빈 정부에 강력히 대응하겠다는 입장을 밝혔을 뿐만 아니라 코슈트가 주도하던 비상대책위원회로 하여금 부다페스트 정부를 강제적으로 인수하게 하는 특단의 조처도 취했다.

빈 정부와 헝가리 정치가들 사이의 대립이 심화됨에도 불구하고 헝가리 총괄위원으로 임명된 람베르크는 예정대로 9월 28일 부다페스트에 도착했다. 그러나 그는 같은 날 흥분한 대중에 의해 무참히 살해되었다. 이에 따라 페르디난트 1세는 10월 3일 헝가리 의회를 해산시킨다는 칙령을 발표했을 뿐만 아니라 크로아티아의 옐라취치(J. Jellačić)를 헝가리 전권 위임자로 임명하는 강경책도 썼다. 이것은 빈 정부가 헝가리의 자치권을 더 이상 용인하지 않겠다는 의지의 표현이라 하겠다.

10월 4일 9천 명으로 구성된 빈 수비대(Wiener Garnison)가 옐라취치 군대를 지원하기 위해 헝가리로 이동한다는 계획이 알려진 후 수비대 내에서도 반정부적 입장이 표출되기 시작했다. 즉 일부 병사들은 반정부적 발언을 했을 뿐만 아니라 헝가리인들의 대응에 공감한다는 입장도 밝혔던 것이다. 그리고 3월혁명 이후 결성된 민병대의 일부 역시 이러한 반정부적 분위기에 호응하려고 했다.

10월 6일, 전쟁장관 라투르(T.V. v. Latour) 백작은 빈 수비대를 헝가리 소요 진압에 투입하겠다는 성명을 공식적으로 발표했다. 그리고 그는 같은 날 황제충성 연대(Kaisertreues Regiment), 즉 나사우 연대로 하여금 빈 수비대를 노르드역(Nordbahnhof)으로 호송할 것도 명령했다. 그러나 이 역의 역사 및 철로는 이미 반정부주의자들에 의해 파괴된 상태였다. 따라서 라투르는 나사우 연대에게 도나우 다리를 건너 다음 역까지 행군할 것을 명령했지만 이동 과정에서 소요가 발생했다. 즉 점차 늘어나는 반정부적 시민들이 행군 대열을 저지함에 따라 나사우 연대의 책임자는 시위대를 향해 발포 명령을 내렸고 거기서 빈 수비대 병사들의 일부가 소요 대열에 합류하면서 정부 지지군과 총격전이 벌어졌던 것이다.

거의 같은 시간 슈테판스돔(Stephansdom) 주변에서도 황제를 추종하는 국민병과 반황제적 국민병 사이에 시가전이 벌어졌다. 이후 빈의 여러 곳에서 유혈 충돌이 동시다발로 전개되었다. 같은 날 68세의 라투르 백작이 반정부 세력에 의해 처형되고 그의 시신은 가로등에 매달리는 극단적인 상황이 벌어졌다. 이후 반정부 세력은 빈의 무기고를 습격하여 필요한 무기들도 확보했다. 이렇게 반정부 세력이 빈을 장악함에 따라 황제를 비롯한 빈 정부 주요 관료들은 다시금 빈을 떠났다. 페르디난트 1세 역시 10월 7일 제국 수도를 떠나 모라비아의 올로모우츠(Olomouc)로 갔지만 제국의회의 의원들 대다수는 빈에 머물렀다.

이 당시 제국의회의 좌파 의원들은 자신들이 제국의회의 주도 세력으로 등장해야 한다는 입장을 표명했다. 즉 이들은 프랑스 대혁명 시기 국민의회가 행한 역할을 수행하려고 했던 것이다. 그러나 빈을 장악한 반정부 세력은 점차 자신들의 군사력만으로 빈 정부군에 대응할 수 없다고 판단하게 되었다. 아울러 그들의 정치적 관점을 관철시키려면 군사력 증강이 절대적으로 필요하다고도 판단했다. 그것을 위해 제국 내 각 지방에 격문을 보내어 지원군을 확보하려고 했으나 충원된 병력은 단지 수백 명에 불과했다. 이 당시 빈 정부는 빈의 반정부 세력을 와해시키기 위한 방안을 강구하기 시작했고 거기서 빈을 포위하여 이들 세력을 고사시키는 방법을 채택했다.

10월 31일 빈디쉬그래츠와 옐라취치가 빈의 소요를 진압함에 따라 빈 정부는 오스트리아 제국을 3월혁명 이전의 질서 체제로 환원시킬 수 있다는 자신감도 가지게 되었다. 실제로 빈의 소요가 진압된 후 반혁명 세력은 오스트리아 제국 내에서 주도권을 다시 장악했고 그에 따라 제국의회 역시 슈바르첸베르크에 의해 11월 22일 모라비아의 소도시인 크렘지어(Kremsier; Kroměříž)로 옮겨졌다. 당시 제국의회의 기능과 효용성을 부정했던 슈바르첸베르크는 자유주의의 상징으로 간주되던 제국의회를 가능한 한 빨리 해산시키려고 했다. 그리고 그는 이러한 입장을 제국의회의 재개원 석상에서 명백히 밝혔다. 실제로 슈바르첸베르크는 오스트리아 제국이 독일권에서 주도권을 다시 장악해야 하고 그럴 수도 있다는 확신을 가지고 있었다. 따라서 그는 오스트리아 제국의 입지를 약화시킬 수 있는 대독일주의나 소독일주의 원칙에 따른 독일 통합과 슬라브 정치가들의 요구였던 연방 체제의 도입에 부정적 반응을 보였던 것이다.

10월 소요가 진압된 이후 제국 내에서 반혁명 세력이 크게 부각되던 상황에서 슈바르첸베르크의 의도가 알려짐에 따라 제국의회의 의원들은 나름대로 자구책을 강구했고 거기서 독일계 의원들과 비독일계 의원들의 의견적 차이가 드러났다.

우선 비독일계 의원들, 특히 슬라브계 의원들은 자신들의 정치적 목표, 즉 연방 체제의 도입을 통해 제 민족의 정치적·사회적 평등 구현을 향후 어떻게 실천시켜야 하는가를 심사숙고했고, 거기서 현실정치의 필요성도 인지하게 되었다. 따라서 이들은 기존의 질서 체제가 인정할 수 있는 헌법 제정에 주력하게 되었다.

이에 반해 마이어(A. Mayer)를 비롯한 독일계 의원들은 슈바르첸베르크의 의도에 이율배반적인 입장을 보였다. 즉 이들은 권력분립을 지향한 시민계층이었기 때문에 3월혁명 이전의 체제로 무조건 복귀하려는 정부 의도에 반대했지만 빈 정부가 그동안 독일 민족이 누렸던 법적·사회적 지위 등을 위협할 연방 체제의 도입에 대해 제동을 건 것에는 전폭적인 지지를 보였던 것이다. 따라서 이들은 독일 민족이 오스트리아 제국 내에서 우위권을 계속 견지해야 할 뿐만 아니라 비독일계 민족들 역시 독일의 문화적 및 정치적 지도권을 인정해야 한다는 입장을 표방했다. 아울러 이들은 프랑크푸르트 국민의회의 독일 통합 방안을 처음부터 반대했기 때문에 오스트리아 제국이 독일권에서 주도권을 다시 차지해야 한다는 슈바르첸베르크의 주장을 전폭적으로 지지했다. 이후 독일계 의원들은 크렘지어에서 권력분립을 법적으로 인정한 중앙 체제의 근간만을 지향하게 되었고 그들의 정치 활동 역시 그것에 국한되는 양상을 보이기 시작했다.[45]

---

45 그러나 신황제로 등극한 프란츠 요제프 1세는 1849년 3월 4일 크렘지어 제국의

같은 해 12월 2일 페르디난트 1세에 이어 프란츠 요제프 1세가 오스트리아의 신황제로 등극했다. 그러나 당시 부다페스트 정부는 그의 헝가리 국왕 즉위에 동의하지 않았다. 이에 따라 12월 16일 빈 정부는 10만 명에 달하는 군사를 동원하여 헝가리에 대한 공세를 다시 시작했다. 외덴부르크(Ödenburg)와 프레스부르크를 점령한 오스트리아군은 1849년 1월 5일 부다페스트를 함락하는 성과를 거두었으나, 헝가리 혁명군 역시 10월 소요에 참여한 폴란드 출신 벤 장군의 지휘로 전열을 정비해 역공을 감행했다.

다음 해 3월 헝가리군은 헝가리 대평원 지역을 회복했다. 같은 달 4일에 공포된 신헌법이 크렘지어 헌법의 제 내용을 무효화시킴에 따라 헝가리 혁명 세력에서 급진파가 득세했고 이것은 오스트리아와의 타협 가능성을 완전히 배제시키는 요인도 되었다. 그런데 혁명 세력에서 급진파의 득세를 유발시킨 신헌법은 지금까지 헝가리 왕국에 소속되었던 크로아티아 왕국을 헝가리로부터 분리시켜 독립적인 크론란트로 격상시킨다는 내용을 포함했기 때문에, 헝가리 혁명 세력은 이 신헌법이 1년 전, 즉 1848년 4월 19일 헝가리-크로아티아 동맹의 무효화를 선언한 옐라취치의 슬라브 민족주의 노선과도 일치한다는 인식을 가지게 되었다.

회를 강제로 해산시킨 후 제국 전체를 빈의 엄격한 통제하에 두는 신헌법인 흠정헌법을 공포했다. 여기서는 특히 헝가리 왕국에 소속되었던 크로아티아-슬로베니아 지방과 달마티아 지방을 각각 독립적인 크론란트로 승격시켰다. 이렇게 크로아티아-슬로베니아가 크론란트로 승격됨에 따라 크로아티아-슬로베니아 지방은 헝가리 왕국과 대등한 지위를 부여받았다.

헝가리 혁명군을 진압하기 위해 빈디쉬그래츠는 7만 명의 오스트리아군을 동원했지만, 혁명군의 저항으로 1849년 4월 10일 철수해야 했다. 코슈트는 같은 달 14일 헝가리 공화국을 선포하고, 오스트리아의 접근이 상대적으로 어려운 헝가리 동쪽 끝, 루마니아 국경 지역에 위치한 데브레첸(Debrecen)을 혁명정부의 임시 수도로 결정했다. 데브레첸의 대개혁교회에서 개최된 헝가리 혁명의회는 헝가리 국왕 프란츠 요제프 1세의 폐위를 선언하고, 민족주의자 코슈트를 국가원수로 선출했다.[46]

---

46 혁명이 종료되지 않은 1848년 12월 2일 오스트리아 제국에서는 황제가 교체되었다. 국무총리 슈바르첸베르크의 정권 이양 건의를 수용한 페르디난트 1세는 조카 프란츠 요제프에게 제위를 양도했다. 백부로부터 황제권을 물려받은 프란츠 요제프 1세는 겨우 18세의 청년이었지만, 공명심이 남다르고, 정치에 큰 관심을 보인 어머니 조피에 의해 이미 양위를 대비한 지도자 수업을 마친 인물이었다. 특히 군사 부분의 교육을 철저히 받아, 14세 때 이미 대령의 신분으로 연대를 지휘한 경험을 가졌으며, 황제가 되어서도 노년에 이르기까지 공식석상에서 즐겨 군복을 착용한 것으로 유명했다. 어머니 조피가 주도한 신앙심과 책임감에 대한 교육은 프란츠 요제프 1세의 통치 철학을 특징지은 가치였으며, 58년의 재위 기간 동안 제국의 모든 정책에 영향을 끼쳤다. 프란츠 요제프 1세는 황실의 전통과 달리, 요제프 2세의 황제명을 첨가하여 프란츠 요제프 1세라 칭하게 했다. 합스부르크 가문의 전통에 따라 하나의 이름을 택했더라면, 프란츠 2세로 불려야 했을 것이다. 프란츠 요제프 1세는 합스부르크 가문의 역대 황제 중 두 개의 이름을 황제명으로 사용한 유일한 통치자였다. 그가 두 개의 이름을 사용한 것은 종증조부 요제프 2세의 개혁정치(요제프주의)를 연상시킴으로써 신민들의 지지를 얻어, 혁명을 극복하고, 동시에 무능한 백부와 차별화하려는 과정에서 비롯되었다.
프란츠 요제프 1세의 즉위식은 제국의 수도 빈이 아닌 피난지 올뮈츠 대주교궁에서 거행되었다. 막시밀리안 요제프 고트프리트 폰 좀메라우-베크(M.J.G. v. Sommerrau Beeckh) 올뮈츠 대주교는 자신의 주거궁을 제공한 대가로, 1849년 민간인이 받는 최고 훈장인 성 슈테판 훈장을 수여받고, 1년 후인 1850년에는 비

국가원수 자격으로 코슈트는 합스부르크 가문의 헝가리 국왕 계승권을 무효화했고, 오스트리아 제국의 황제가 겸임하던 헝가리 왕권도 회수했다. 그러나 점차 3월혁명의 영향으로부터 벗어나기 시작한 유럽은 헝가리 혁명을 그대로 좌시하지 않았다. 5월 21일 프란츠 요제프 1세와 러시아의 니콜라이 1세가 바르샤바에서 회동했고 거기서 니콜라이 1세는 군사적 지원도 약속했다.

이에 따라 러시아는 2만 명의 대군을 헝가리에 파병했다. 러시아군이 개입하자, 코슈트는 1849년 8월 11일 헝가리 혁명정부의 전권을 아르투어 괴르게이(A. Görgei) 장군에게 이양하는 선언문을 채택한 후, 헝가리 국가원수직에서 물러났다. 이틀 후인 8월 13일 헝가리 혁명군 사령부 어러드(Arad) 요새가 러시아군에게 점령되었고, 괴르게이 장군이 헝가리 혁명군 사령관직을 인수한 지 이틀 만에 아라드 근처인 빌라고스(Vilagos)에서 헝가리 혁명군이 러시아군에 항복함에 따라, 혁명군의 지휘권을 러시아군에 넘겨야만 했다. 항복한 괴르게이 장군과 그의 측근들은 러시아가 혁명군을 오스트리아군으로부터 보호한 후 이들을 러시아군에 편입시킬 것이라는 희망을 가졌지만 그 바람은 실현되지 않았다. 혁명군이 항복한 후 니콜라이 1세는 괴르게이만 사면했고 나머지 장군들은 오스트리아군에게 넘겼다.

당시 메테르니히는 헝가리 문제뿐만 아니라 프로이센 주도로 진행되던 독일 통합 시도 및 그것에 대한 슈바르첸베르크 정부의 대응책에 대해서도 예의 주시했다. 여기서 그는 슈바르첸베르크가 '올뮈츠

오 9세(Pius IX, 1846~1878)로부터 추기경으로 서임되기도 했다.

Olmütz)의 굴욕'을 통해 프로이센으로부터 오스트리아의 우위를 인정받았지만 이것으로 인해 그동안 유지된 양국 간의 평화적 공존 역시 사라지게 된 것도 파악했다. 나아가 그는 프로이센의 반격이 조만간 있을 것이라는 것도 예상했다.

1848년 후반부터 프로이센 주도로 독일 통합 논의가 본격화되었음에도 불구하고 헝가리 문제 때문에 이 중대한 사안에 본격적으로 개입할 수 없었던 빈 정부는 1849년 8월 헝가리 문제가 해결 단계에 접어들게 됨에 따라 독일권에 관심을 집중시킬 수 있었다. 당시 국무총리 슈바르첸베르크의 최우선 목표는 라도비츠(J. v. Radowitz) 주도로 진행되던 소독일주의적인 연방국가안, 즉 오스트리아를 배제하고 프로이센 주도로 독일 연방 국가를 창설한다는 것을 즉각 폐기하는 것이었다.

그 일환으로 같은 해 9월 그는 오스트리아와 프로이센 사이의 분쟁을 평화적으로 해결하려던 오스트리아와 러시아 황제의 의견에 따라 프로이센과 잠정 협정을 체결했다. 이른바 가협정에서 오스트리아와 프로이센은 독일을 1850년 5월까지 공동으로 통제하기로 했다. 그러나 슈바르첸베르크는 가협정을 단순한 지연 전술로 간주했는데 그것은 그가 강력한 노선을 취하는 데 필요한 제반 여건을 조성한 후 가협정을 즉시 파기시킨다는 언급에서 확인할 수 있다.

이에 반해 라도비치는 가협정 조인으로 프로이센의 지위가 독일권에서 크게 약화된다는 사실을 파악하지 못한 채 오스트리아 제국의 성실한 협력만을 기대했다. 1850년 5월에 가협정 시효가 끝나게 됨에 따라 슈바르첸베르크는 오스트리아 주도로 옛 연방의회를 부활시키는 한편 옛 연방의 개편과 독일 중앙정부 설립 등을 구체적으로 논의하기 위해 연방 회원국들에게 그들 대표들을 프랑크푸르트로 파견할 것을 요청했다. 9월 1일부터 활동을 시작한 옛 연방의회에는 오스트리아를 비롯한 10개국이 참여했지만 프로이센 등 일부 국가들은 불참했다. 그리고 타협을 위한 일체의 시도가 실패로 끝나게 됨에 따라 프로이센과 오스트리아 간의 전쟁 가능성도 고조되기 시작했다.

슐레스비히-홀슈타인 문제는 양국 간의 긴장을 한층 더 고조시키는 계기가 되었다. 1849년 4월 3일 홀슈타인 문제로 덴마크와 프로이센 간의 전쟁이 재차 발발했고 여기에 영국과 러시아가 개입하게 되었다. 영국의 중재와 러시아의 강한 압박으로 프로이센은 1849년 7월 10일 덴마크와 휴전협정을 체결했고 거기서 프로이센은 슐레스비히와 홀슈타인 지방의 단일화를 포기해야만 했다. 이제 슐레스비히는 프로이센-덴마크 통합 지방정부의 통치를 받게 되었고, 홀슈타인은 연방의회에서 파견된 독일 총독이 다스리게 되었다. 그리고 1850년 7월 2일 프로이센과 덴마크 사이에 평화조약이 체결되었다. 그 조약에 따를 경우 덴마크 국왕이 독일 반란 세력의 도피처였던 홀슈타인의 질서 회복을 위해, 연방에 지원 요청도 할 수 있는 권한을 가진다는 것이 명시되었다. 그리고 바로 이것이 프로이센의 치명적 약점이라는 것을 간파한 슈바르첸베르크는 덴마크 국왕에게, 새로이 활동을 재개한 연방의회의 소위원회에 그가 연방 집행을 요구할 경우 그를 지지하겠다는 약속도 했다.

이로써 전쟁의 위험성은 더욱 증대되었다. 왜냐하면 프로이센이 결정적 이해관계를 갖는 지역에서 오스트리아군의 주도로 연방 집행이 이루어진다면, 교전은 더 이상 피할 수 없었기 때문이다. 여기서 헤센 문제가 그 최종적인 위기를 조장했다. 이 당시 헤센 선제후 프리드리히 빌헬름(Friedrich Wilhelm)은 자신의 신민들과의 관계 개선을 제대로 하지 못한 상태였다.

이러한 상황에서 프리드리히 빌헬름은 1850년 9월 계엄령을 선포했고 의회 역시 강제로 해산되었다. 이후 관리들은 세금 징수를 거부하고 대부분의 장교들도 신민들에 대한 무력 사용을 거부했다. 이렇게 상황이 악화되자 선제후는 프랑크푸르트로 피신하여 연방의회의 도움을 요청했고 그것에 따라 슈바르첸베르크는 헤센에 대해 연방 집행을 행사할 수 있게끔 연방의회를 설득했다. 곧 오스트리아 · 바이에른 · 뷔르템베르크 사이에 군사동맹 체제가 결성되었고, 바이에른과 뷔르템베르크의 병력 지원을 받은 오스트리아군이 북으로 진격했다.

이것은 프로이센에 대한 직접적인 도발이었다. 왜냐하면 라인란트와 브란덴부르크를 연결하는 전략적으로 중요한 도로가, 이 조그만 선제후의 영토를 지나고 있었기 때문에, 프로이센은 결코 오스트리아군의 헤센 점령을 허용할 수 없었다. 바로 이처럼 중대한 시기에 프로이센의 정책이 다시금 동요했다. 1850년 9월 26일부터 외무장관으로 활동하던 라도비츠는 각료회의에서 군대 동원을 요구했지만 실패했다. 이 당시 각료의 대다수는 오스트리아 제국과의 전쟁을 반대했는데 그 이유는 이들이 러시아의 영향력을 감지했기 때문이다.

1850년 10월 25일 러시아의 니콜라이 1세는 프로이센이 헤센에서 연방 집행을 반대할 경우 오스트리아 제국에 대해 도덕적 지원을 하겠다는 약속을 했다. 동시에 그는 홀슈타인에서 연방 집행이 방해를 받을 경우, 러시아는 그것을 개전 이유로 간주하겠다는 입장을 프로이센에게 통보했다. 그러나 마지막 순간 프리드리히 빌헬름 4세는 도전적 태도가 신민이 바라는 것이라 생각했고 그것에 따라 1850년 11월 5일 군사 동원령을 내렸다. 연합군의 선발대가 11월 8일 헤센의 전략로를 방어하던 프로이센군과 충돌하면서 풀다-브론젤(Fulda-Bronzell)에서 약간의 전투가 벌어졌다. 여기에서 몇 명의 오스트리아군과 한 필의 프로이센 군마가 부상당했다. 그러나 프리드리히 빌헬름 4세는 그 순간 후퇴를 명했다. 현시점에서 오스트리아와 전쟁을 해서는 안 된다는 생각을 했기 때문이다. 결국 프로이센의 국왕은 연합군에 의한 헤센의 점령을 48시간 이내에 승인하라는 오스트리아의 최후통첩에 굴복하고 말았던 것이다.

프로이센의 신임 외무장관인 만토이펠(Manteuffel)은 11월 29일 모라비아의 올뮈츠에서 슈바르첸베르크과 협정을 체결했다. 소위 올뮈츠 협정에서 프로이센은 독일 연방 부활에 동의했다. 또한 양국은 프로이센이 먼저 그리고 전적으로, 오스트리아가 후에 그리고 부분적으로 동원을 해제하기로 약정했다. 그리고 헤센-카셀 및 홀슈타인 문제의 최종적인 해결은 독일 연방에 위임시켰는데, 사실상 그것은 프로이센이 양 지역에서의 연방 집행을 인정한 것이었다.

이렇게 독일권에서의 상황이 급박히 전개되고 있음에도 불구하고 메테르니히는 자신과 프란츠 요제프 1세 및 빈 정부와의 접촉이 차단된 것에 대해 심한 우려를 하고 있었다. 메테르니히 기분을 감지한 딸 레오니티네는 빈 정부에 서신을 보내 부친과의 접촉을 요구했다. 1849년 8월 메테르니히는 프란츠 요제프 1세로부터 서신을 받았는데 거기서 프란츠 요제프 1세는 메테르니히의 제 업적을 긍정적으로 평가했다. 같은 달 중순 부인 멜라니 마리아는 브뤼셀로 거처를 옮기려 했는데 이것은 런던에서의 생활비가 너무 비쌌기 때문이다.

1849년 10월 메테르니히 가족은 브뤼셀에 도착했다. 메테르니히는 7월혁명(1830) 이후 작센-코부르크-고타(Sachsen-Coburg-Gotha) 공국의 레오폴트를 벨기에 왕국의 레오폴트 1세(Leopold I, 1831~1865)로 등극시키는 데도 결정적인 역할을 담당했다.[47] 따라서 그가 브뤼셀에 도착했을 때 레오폴트 1세로부터 정중한 대우를 받았다. 브뤼셀에서 생활하면서 메테르니히는 빈으로 돌아가기를 기대했지만 그가 빈의 정치 세계에 관여하기까지는 무려 18개월이나 걸렸다.

1851년 3월 멜라니 마리아는 메테르니히에게 빈 정부의 실세인 슈바르첸베르크과 접촉할 것을 권유했다. 이에 따라 메테르니히는 슈바르첸베르크에게 서신을 보냈는데 거기서 그는 자신이 빈으로 회귀하

---

47 벨기에는 1815년부터 네덜란드의 지배를 받기 시작했다. 그러나 통치 과정에서 문제점들이 제기되었는데 그것은 언어, 종교, 그리고 산업 활동의 차이에서 비롯되었다. 이러한 차이점을 배제하기 위해 덴 하그(Den Haag) 정부는 벨기에인들에게 네덜란드화를 강요했고 그것은 벨기에인들의 반발을 유발하는 요인이 되었다. 프랑스 7월혁명의 영향으로 벨기에에서도 1830년 8월 25일 혁명적 소요가 발생했다. 여기서 벨기에인들은 네덜란드의 빌렘 1세(William I)가 자신들의 국왕이 아니라고 천명했다. 이에 따라 네덜란드의 국왕은 5국동맹에 도움을 요청했지만 각국이 안고 있던 문제점들로 인해 지원을 받을 수 없었다. 실제로 이 당시 러시아는 폴란드 문제를 해결해야만 했고, 프랑스는 정통성이 결여된 루이 필리프 때문에 개입할 수가 없었다. 1830년 11월 벨기에인들은 국민의회를 소집하여 독립을 선언했다. 다음 해 국민의회는 레오폴트(Leopold : Sachsen-Coburg-Gotha) 공을 국왕으로 선출했는데 이 과정에서 메테르니히가 깊숙이 개입했다. 당시 메테르니히는 빌렘 1세의 벨기에 지배가 정통성을 가진다는 것을 강조했지만 혁명적 상황에서 차선책을 고려하게 되었고 그 과정에서 자신과 친밀한 레오폴트 공을 국왕으로 추천했던 것이다.

더라도 전혀 정치 문제에 관여하지 않겠다는 약속도 했다. 다음 달 메테르니히는 프란츠 요제프 1세의 허가를 받은 슈바르첸베르크의 긍정적인 답변을 받았다.

당시 프란츠 요제프 1세는 황제권을 어느 누구와도 나누지 않겠다는 관점을 가졌기 때문에 지난 혁명 기간의 잔재들을 가능한 한 빨리 제거하려고 했고 그 과정에서 큰 역할을 수행한 인물이 바로 슈바르첸베르크였다. 슈바르첸베르크의 입장은 '헌법은 국가 외관을 치장하는 수단'에 불과하고, 오스트리아 제국은 사실상 황제 주도(de jure)로 통치되어야 한다는 것이었다. 당시 내무장관이었던 바흐 역시 이 관점에 적극적으로 동의했다. 그러나 국가 통치에서 권력의 독점화 내지는 남용을 저지할 수 있는 헌법에 가치를 부여한 상무장관 브루크(K.L. v. Bruck), 법무장관 슈멜링(A. v. Schmerling), 그리고 재무장관 크라우스(P.J. Krauß)는 프란츠 요제프 1세와 슈바르첸베르크의 관점에 동의하지 않았고 결국 그 때문에 그들은 사퇴하게 되었다.

1851년 8월 20일 헌법 기능을 무력화시키는 황제칙령(Kaiserpatent)이 발표되었는데 거기서는 의회에 대한 장관책임제가 폐지되었다. 이것은 행정부가 더 이상 의회를 의식하지 않고 황제의 명령만을 이행한다는 것으로 볼 수 있다. 이 칙령을 발표한 직후 프란츠 요제프 1세는 어머니 조피에게 편지를 썼는데 거기서 그는 헌법이 무력화되었기 때문에 이제는 자신의 권위가 그것을 대체해야 한다고 했다. 그리고 그는 신의 은총으로 혁명이 발발한 지 3년 만에 오스트리아 제국이 이전의 질서 체제로 돌아가게 된 것이 매우 기쁘다고 했다. 왕권신수설을 신봉하던 러시아 황제 니콜라이 1세 역시 프란츠 요제프 1세의 조처를 긍정적으로 평가했다.

1851년 5월 메테르니히는 1845년 이후 방문하지 않았던 라인 지방에 위치한 요한니스베르크(Johannisberg)성으로 거주지를 옮겼다. 이후 유럽의 많은 군주들과 정치가들이 메테르니히의 조언을 얻기 위해 그의 성을 방문했다. 이들 중에는 프랑크푸르트 연방의회 대사로 활동 중이던 비스마르크(O. v. Bismack), 프리드리히 빌헬름 4세, 그리고 막시밀리안 4세도 있었다.[48] 특히 메테르니히는 비스마르크와 많은 시간을 보냈는데 여기서 그는 비스마르크가 정치적 수완 및 능력을 충분히 갖춘 인물이라는 것도 파악했고 향후 독일권에서 중요한 인물로 부각될 것이라는 예견도 했다.

이 시기 메테르니히는 퀴베크(K.F.K. v. Kübeck)와도 긴밀한 관계를 유지했다. 그가 프란츠 요제프 1세의 중요한 정책 조언자로 활동하고 있었기 때문이다.[49] 이글라우(Iglau)의 재단사 아들 퀴베크는 메테르니히

---

48 비스마르크는 1851년 5월 15일 프랑크푸르트 연방의회 대사로 임명되었다. 그 자신이 후에 인정했듯이 대사직은 한 국가의 외교를 담당하는 중요한 관직이었다. 그런데 베를린 정부가 외교정책에 문외한이었던 비스마르크에게 그러한 직책을 맡겼다는 것은 매우 이례적인 결정이라 하겠다. 그런데 비스마르크를 연방의회 대사로 임명해야 한다는 제안은, 1851년 4월말 레오폴드 게를라흐(L. v. Gerlach)로부터 비롯된 것이었다. 그는 프리드리히 빌헬름 4세에게 비스마르크의 등용을 적극 추천했는데 그것은 비스마르크만이 독일권에서 프로이센의 위상을 증대시킬 수 있다는 판단에서 비롯된 것 같다. 프리드리히 빌헬름 4세 역시 비스마르크의 정치적 성향 및 역량을 파악하고 있었기 때문에 게를라흐의 제청을 기꺼이 수용했다.

49 메테르니히는 브뤼셀에 체류 중이던 1849년 12월부터 퀴베크와 서신 교환을 했고 클람-마르티니츠가 죽은 후 그를 자신의 가장 중요한 정치적 동료로 간주했다. 따라서 서신 교환 과정에서 메테르니히는 자신의 정치적 관점을 피력하

재임 시기 그에 의해 남작 작위를 수여받았고 1840년 11월 25일 왕실 재산관리청장(Hofkammerpräsident)으로도 임명되었기 때문에 메테르니히 에게 매우 우호적이었다. 단지 황제에게만 책임을 지는 제국의회 의장 직을 1851년 12월 5일부터 수행한 퀴베크는 정부 협의체인 미니스터 라트(Ministerrat), 즉 각료회의보다 훨씬 막강한 권한도 행사했다. 이것 은 프란츠 요제프 1세의 절대적 신임 덕분이었다. 이러한 위상 때문에 메테르니히는 퀴베크와 지속적이고 굳건한(unverbrüchlich) 관계를 유지 하려고 했는데 이것은 멜라니 마리아의 일기에서도 확인되었다.[50]

퀴베크와의 교류 과정에서 메테르니히는 당시 빈 정부가 반드시 이 행해야 할 과제들에 대해서도 언급했다. 중앙정부의 제 권한 명시, 지 방 차원의 실용적인 행정 시스템 구축, 사법부 및 군대 조직의 개혁, 신 분제 의회의 효율화 모색, 대토지 소유자의 사회적 책임 및 정치 활동 의 제한, 소작농 계층의 처우 개선 방안 등이었다.

요한니스베르크에 체류하면서 메테르니히는 프란츠 요제프 1세가 8

는 데 주력했다. 여기서 그는 콜로브라트-리프슈타인스키의 실정에 대해서도 언급했다. 콜로브라트-리프슈타인스키는 정치 분야뿐만 아니라 경제 분야에서 도 올바른 정책을 시행하지 못했다는 것이다. 특히 콜로브라트-리프슈타인스 키는 보헤미아 귀족들의 요구에 따라 지조세(Grundsteuer erhöhungen) 인상을 거 부했는데 이것은 당시 제국의 재정적 상황을 더욱 악화시키는 요인이 되었다는 것이다. 메테르니히는 콜로브라트-리프슈타인스키의 이러한 정책을 일부 특정 계층을 위한 관심정책(Interessenpolitik)이라 지칭했고 이 정책에서 태만죄(Unter-lassungssünden)가 발생했다고 했다. 퀴베크는 콜로브라트-리프슈타인스키에 대 한 메테르니히의 이러한 분석에 동의하는 태도를 보였다.

50 1855년 9월 11일에 퀴베크가 사망함에 따라 빈 정치에 대한 메테르니히의 영 향 역시 크게 축소되었다.

월에 발표한 칙령의 내용을 확인하고, 혁명적 상황에서 벗어난 오스트리아 제국에 적합한 통치 체제를 젊은 황제가 다시 활용할 수 있게 되었다고 평가했다.

메테르니히는 1851년 9월 24일 78세의 나이로 빈에 도착했다. 3년 반 전에 그가 빈을 떠날 때 빈의 시민들은 그를 향해 "엄벌에 처하라(Kruezigt ihn)!"라고 했는데 이제는 그를 향한 '환호성(Hosianna)'으로 맞이했다. 프란츠 요제프 1세 역시 메테르니히의 귀환을 긍정적으로 평가했기 때문에 황궁에서 그를 반갑게 맞이했다. 이어 두 사람은 독대했고, 여기서 프란츠 요제프 1세는 메테르니히에게 앞으로 많은 조언을 해줄 것을 부탁했는데 그것은 헌법적 잔재를 조속히 제거하는 것과 혁명성과들을 완전히 무력화시키는 것으로 압축할 수 있을 것이다.

6

메테르니히와 신절대주의 체제

빈 정부는 1851년 12월 31일 기존 헌법을 폐기한다는 실베스터 칙령 (Silvesterpatent)을 발표했다. 이에 따라 프란츠 요제프 1세는 행법, 입법, 사법의 모든 권한을 장악하게 되었고 그의 의지는 제국 국경의 지방자치단체(Gemeinde)까지 그 영향력을 행사하게 되었다.

1852년 4월 5일 슈바르첸베르크가 심장마비로 사망하게 됨에 따라 프란츠 요제프 1세의 친정 체제는 더욱 강화되었다. 그렇지만 그는 대외적으로 정부를 대표할 인물이 필요했고 거기서 부올-샤우엔슈타인 (K.F. v. Boul-Schauenstein) 백작이 외무장관 겸 국무총리로 기용되었다. 그러나 새로운 총리는 슈바르첸베르크가 행사하던 만큼의 권한을 가지지 못했고 황제 불참 시 장관 회의를 주도하는 등의 의전상의 역할만을 수행했을 뿐이다.

이 당시 빈 정부의 핵심 인물은 바흐였다. 그는 3월혁명 기간 중에는 혁명을 주도하던 반정부적 인물이었다. 그러다가 혁명 말기 반혁명적 인사로 돌변했고 그것으로 인해 1854년 남작 작위까지 부여받았다. 바흐가 신절대주의 체제(Neoabsolutismus)를 완성한 인물이었기 때문에 이 체제를 바흐 체제(Bach'sches System)라 지칭되기도 한다. 황제로부터 신임을 받던 바흐는 우선적으로 메테르니히 체제의 잔재를 제거해야 한다고 생각했고, 그것을 위해 중앙집권적 통치 구조를 구축하고 독일적 색채가 강한 오스트리아적 관료주의 체제도 정립하려고 했다.

　이렇게 오스트리아 제국에서 신절대주의 체제가 부각됨에 따라 메테르니히는 이 체제의 핵심적 내용을 분석하고 거기서 제기되는 문제점도 파악하려고 했다. 그 과정에서 그는 신절대주의 체제에 대해 부정적인 시각도 가지게 되었다. 특히 신절대주의 체제에서 강조된 중앙집권화(Etatismus) 정책과 독일 민족 우선 정책에 우려를 표명했다. 그의 의견에 따르면 신절대주의 체제는 다민족국가인 오스트리아 제국 내에서 위협적인 상황, 즉 제국 해체도 초래할 수 있는데 그것은 민족 간의 반감 및 대립에서 야기된다는 것이다. 당시 메테르니히는 자신이 그동안 비독일계 민족에 대한 배려 정책을 적극적으로 실시하지 않은 것은 실수였다고 자인했고 이것이 바로 오스트리아에서 혁명이 발생한 중요한 요인으로 작용했다는 것도 알고 있었다. 따라서 그는 3월혁명 이후 팔라츠키를 비롯한 일련의 슬라브 정치가들이 제시한 연방 체제 도입에 동의하는 자세를 보였고 그러한 질서 체제를 도입해야만 제국 내 민족문제도 해결할 수 있다는 확신을 가지게 되었다.

　이후부터 그는 프란츠 요제프 1세와 독대할 때마다 신절대주의 체제의 문제점과 그 후유증을 자세히 지적하면서 제 민족의 자치권을 어느 정도 보장한 제한된 연방 체제의 도입이 필요하다는 입장을 밝혔지만 그의 간언은 수용되지 않았다.

　빈에 돌아온 지 3년 만, 즉 1854년 3월 4일 메테르니히는 부인 멜라니 마리아 지히-펠라리스 추 치히를 잃었다. 혁명 이후 어려운 시절을 같이했고 지속적인 격려와 도움을 준 부인의 사망에 메테르니히는 다시 한 번 깊은 절망에 빠졌다. 그녀의 장례식에는 프로이센 국왕을 비롯하여 많은 인물들이 참석했는데 이것은 메테르니히가 실제 정치에서 배제되었음에도 불구하고 제국 및 유럽에서 그가 차지하던 위상을 가늠케 하는 계기도 되었다.

메테르니히는 1859년 4월부터 오스트리아가 자국의 외교정책에 아무런 의미도 없는 피에몬테-사르데냐 문제에 개입하는 것을 우려했다. 이러한 우려에도 불구하고 빈 정부는 1859년 4월 19일 토리노 정부에게 3일 이내 무장해제를 요구했고 그것을 수용하지 않을 경우 전쟁 선포도 하겠다는 입장을 밝혔다. 토리노 정부가 빈 정부의 요구를 거절함에 따라 오스트리아군은 4월 29일 피에몬테로 진격했고 이것은 프랑스의 전쟁 개입을 유발시켰다.[51] 당시 메테르니히는 이 전쟁으로 인해 자신이 그동안 지속적으로 강조한 유럽의 평화로운 공존 체제가 와해될 수 있었다는 것도 인지했다.

실제로 메테르니히의 우려는 4월 29일 가시화되었다. 러시아 주재 프랑스 대사가 당시 러시아 주재 프로이센 대사 비스마르크와 면담을 하면서 프랑스가 오스트리아를 공격할 경우 프로이센이 중립을 지켜줄 수 있는지를 질의한 것이다. 같은 날 비스마르크는 프랑스의 질의

---

51 프랑스와 피에몬테-사르데냐는 1858년 프랑스의 폴롱비에르(Plombière)에서 비밀 협약을 체결했는데 여기서는 만일 오스트리아가 피에몬테-사르데냐를 침공할 경우 프랑스는 이 전쟁에 자동적으로 개입한다는 것이 명시되었다.

를 요약하여 베를린 정부에 보냈다. 이 무렵 전보가 상용화되어 빠르게 보낼 수 있었다.[52] 전보에서 비스마르크는 프랑스가 오스트리아와 전쟁을 할 경우 보다 큰 전쟁이 유럽 대륙에서 발생할 수 있다는 우려를 표명했는데 이것은 그가 메테르니히의 영향을 받은 데서 비롯된 것 같다.[53]

독일 연방에 가입한 많은 국가들은 프랑스가 독일 영역, 오스트리아를 침공할 경우 오스트리아에게 군사적 지원을 하겠다는 입장을 공식적으로 표방했다. 이러한 위기 상황에서 프랑스 주재 오스트리아 대사 휘브너(A. v. Hübner)가 본국 정부와 논의하기 위해 5월 4일 빈으로 돌아왔고 같은 날 그는 외무장관 부올-샤우엔슈타인과 면담한 후 프란츠 요제프 1세도 알현했다. 이어 휘브너는 1833년부터 긴밀한 관계를 유지하던 메테르니히를 방문했다. 그런데 그는 같은 날 오전 황제가 메테르니히를 방문했다는 사실을 알게 되었고 거기서 두 사람 사이에 의견적 대립도 있었음을 파악했다. 실제로 프란츠 요제프 1세와의 면담에서 메테르니히는 오스트리아가 프랑스와 그의 동맹국인 피에몬테-사르데냐를 상대로 전쟁을 해서는 안 된다고 조언했지만 황제는 그것에 대해 명확한 답변을 하지 않았다. 휘브너는 메테르니히와 면담을 갖고 만일 오스트리아가 이들 국가와 전쟁을 개시한다면 이것은 메테

---

52 메테르니히가 빈 정부의 실세로 활동할 당시에는 외교문서가 중앙정부에 도착하려면 적어도 2주 이상이 걸렸기 때문에 효율적으로 대응책을 마련하기가 어려웠다.
53 전보에서 비스마르크는 1824년에 발생한 그리스 문제를 메테르니히가 어떻게 해결했는가를 상기시켰다.

말년의 메테르니히

르니히에게 심적 타격을 줄 것이고 이로 인해 얼마 남지 않은 그의 수명 역시 단축될 수 있다는 것도 감지했다.

전쟁이 발발한 후 헤스(H.F. v. Hess) 원수가 이끄는 오스트리아군은 1859년 6월 4일 마젠타(Magenta)에서 프랑스와 피에몬테-사르데냐 연합군에게 패배를 당했다. 그 후 휘브너는 메테르니히를 다시 방문했다. 두 사람은 정원을 산책하면서 오스트리아와 프랑스 사이의 전쟁 진행 상황과 향후의 평화협상에 대해 이야기를 나누었다. 메테르니히와의 짧은 대화 후 휘브너는 메테르니히에게 작별 인사를 했다. 그런데 휘브너는 메테르니히의 저택을 떠나기 직전 다시 한 번 그를 보고자 했는데 아마 생전 그의 모습은 이것이 마지막일지도 모른다는 우려를 한 것 같다.

그의 말에 따르면 메테르니히는 의자에 앉아 펜을 들고 천장 쪽을 바라보고 있었는데 냉정하고, 거만하고, 고귀한 자세는 그가 빈 정부의 실세로 활동했을 때의 모습과 같았다고 한다. 그리고 휘브너는 얼마 후 메테르니히가 자신을 발견하고 미소로 대응했고 낮은 목소리로 "또 봅시다."라고 말했다고 언급했다.

이로부터 얼마 안 된, 즉 1859년 6월 11일 오후 메테르니히는 렌베

제4장 3월혁명, 그리고 실각과 복귀

그 저택에서 86세의 나이로 생을 마감했다. 가족과 친척 이외에도 주치의 예거(Jäger) 박사, 에스터하지(Esterhagy) 공작, 뮌흐-벨링하우젠(Münch-Bellinghausen) 백작, 그리고 지벤뷔르겐(Siebenbürgen) 궁내대신 요시카(Josika) 남작 등이 그의 임종을 지켜보았다. 당시 오스트리아 신문은 메테르니히가 '평안하고 고통 없이(sanft und schmerzlos)' 생을 마감했다고 보도했다.

제 5 장

메테르니히 사후의 오스트리아

Klemens

Wenzel

Lothar

Fürst von

Metternich

1
신절대주의 체제의 붕괴

오스트리아의 신절대주의 체제는 외부적 요인, 즉 오스트리아가 프랑스와 피에몬테-사르데냐와의 전쟁에서 패배함에 따라 10년 만에 소멸하게 되었다. 전쟁에서 패한 오스트리아는 1859년 11월 10일에 체결된 취리히 평화조약에 따라 제국 내에서 경제적으로 가장 선진화되고, 부유한 롬바르디아(Lombardo) 지방을 상실하게 되었고 그것은 빈 정부를 더욱 궁지에 몰아넣었다. 이후 빈 정부는 이러한 난국을 타개하기 위해서는 제국 내 제 민족의 협조와 동의가 반드시 필요하다는 인식을 하게 되었고 그것을 가시화시키는 작업에 착수했다. 그 작업의 일환으로 1860년 10월 20일 '10월칙령(Oktober diplom)'이 발표되었다.[1]

10월칙령은 전쟁이 끝난 직후 프란츠 요제프 1세의 지시에 따라 당

---

1   전쟁에서 패한 오스트리아 제국이 독일권에서의 입지 약화를 막으려고 한 것도 10월칙령 제정의 중요한 동기 중의 하나였다. 빌라프랑카(Villafrance)에서 임시 조약이 체결된 지 일주일도 못 된 1859년 7월 15일 프란츠 요제프 1세는 라센부르크(Laxenburg)에서 특별 성명을 발표했고 거기서는 주로 현행 헌법의 문제점들과 그것들의 개정 필요성 등이 거론되었다.

시 내무장관이었던 고루호보-고루호프스키(A. Goluchowo-Goluchowski)가 결성한 '59인 헌법준비위원회'에서 준비, 작성된 문서였다. 그런데 이 칙령에는 빈으로 귀환한 후 메테르니히가 수차례에 걸쳐 프란츠 요제프 1세에게 간언한 연방주의적인 요소들도 많이 들어 있었다.[2] 그중에서 중요한 것들을 열거하면 다음과 같다.

첫째, 지방군 편성에서 역사적 요인 등을 고려한다.

둘째, 각 지방 의회의 활성화를 통해 지방민의 절실한 요구를 가능한 한 빨리 국정에 반영시킨다.

셋째, 향후 법률 제정에서 지방 의회와 제국의회는 동등한 입장에서 상호 보완·협력한다.[3]

넷째, 제국의 단일화 유지에 부담이 되지 않는 범위 내에서 각 지방의 특성과 필요에 맞는 자치권을 부여한다.

다섯째, 빈 중앙정부는 향후 외교, 재정, 관세, 체신, 교통, 그리고 국방을 전담한다.

여섯째, 헝가리는 오스트리아 제국의 일부이다. 따라서 이 지방이 그동안 향유했던 특별권한(Sonderrechte)은 이전보다 축소시킨다.

이러한 조치는 제국 내 비독일계 정치가들에게 민족적 희망을 불러일으켰을 뿐만 아니라 정치 활동의 재개에 대해서도 관심을 가지게 했

---

2   헌법준비위원회에 참여한 인물들의 일부는 지방의 자치권을 확대하는 것보다 제국의회의 권한 증대에 보다 많은 관심을 보였지만 그러한 견해는 헌법준비위원회에서 수용되지 않았다.
3   제국의회는 황제가 임명한 저명 인사들과 지방 의회에서 선출된 인물들로 구성되었다.

다. 그럼에도 불구하고 슬라브 정치가들은 빈 정부의 획기적인 조치에 의구심을 제기하는 신중함을 보였지만 일단 10월칙령을 긍정적으로 평가했다. 이에 반해 기득권 계층이었던 독일 정치가들은 칙령의 수용을 거부했고 그것은 제국 내 민족문제를 더욱 심화시키는 요인으로 작용했다.

다음 해 2월 21일에 발표된 '2월칙령(Februarpatent)'은 독일 정치가들의 이러한 반발을 무마하기 위해 제정된 헌법인데 거기서는 연방 체제 대신에 중앙집권 체제를 다소 완화시킨 형태가 지향되었다. 2월칙령의 초안은 1860년 12월 13일 고루호프스키 백작의 후임으로 빈 정부 수상으로 임명된 쉬멜링의 법률보좌관 페르탈러로부터 나왔다. 페르탈러는 초안에서 10월칙령이 보장한 지방 의회의 중요한 권한들을 백지화시켰다. 즉 지방의회가 10월칙령을 통해 인정받은 '법률 제정 참여권(Die Beteiligung am Gesetzgebung)'을 무효화했던 것이다. 아울러 페르탈러는 절대주의적인 요소들을 초안에 가미했는데 그것은 헌법에 대한 황제의 절대적 위상(absolute Position des Kaisers)에서 확인할 수 있다. 즉 그는 황제의 통치권을 헌법 위에 놓이게 하여 황제로 하여금 앞으로 제정될 모든 법률적 조치에 절대적인 거부권을 행사할 수 있게 한 것이다.

메테르니히의 암묵적 지지를 받았던 구오스트리아주의를 신봉한 페르탈러는 신절대주의 체제가 오스트리아 제국에 도입된 이후 언론인으로서의 활동을 포기하고 관료로 재출발했다. 1852년 법무부 고문으로 취임했고 빈 정부에 법률적 자문을 제공하는 역할도 담당하게 되었다. 이후 페르탈러는 빈 정부의 신임을 얻었고 그것은 빈 정부에 대한 그의 영향력을 확대시키는 계기도 되었다. 특히 그는 쉬멜링을 보좌하면서부터 빈 정계의 실세 인물로 등장하게 되었다.

2월칙령은 양원제도(상원[Oberhaus]과 하원(Herrenhaus])를 채택하는 외형상의 변화도 시도했다.[4] 그러나 이 칙령은 앞으로의 정치 활동에서 핵심적 역할을 담당하게 될 하원을 경제적 능력에 따른 차등 선거로 구성하게 함으로써 입법부의 실제적 권한을 독일인들에게 부여했다. 여자, 무산자, 그리고 경제적으로 예속된 사람들은 선거권을 부여받지 못했다. 따라서 제국 신민의 6%만이 선거권을 행사할 수 있게 되었다.

즉 2월칙령은 빈 정부가 10월칙령을 공포한 후 제국 내 독일 정치가들이 지적한 그들 민족의 법적·사회적 지위가 격하되리라는 우려를 인정하고 그것을 법률 제정에 적극적으로 반영시킨 결과라 하겠다.[5] 아울러 2월칙령은 황제의 절대권도 명시했는데 그것은 황제가 법률안 거부권과 제국의회 및 지방의회의 해산권을 가진 데서 확인할 수 있다.[6]

2월칙령이 발표된 후 슬라브 정치가들은 이 칙령에 강한 불만을 표시했지만 빈 정부의 위정자들은 그러한 반응을 무시하고 그들이 발표한 칙령을 정당화시키는 데만 노력했다.

---

4 영국 의회제도를 모델로 하여 구성된 양원제도에서 상원은 세습귀족, 공로를 인정받아 군주가 임명한 의원들, 그리고 고위 성직자들로 구성되었지만 하원은 제국 내 각 지방에서 선출된 대표들로 구성되었다.

5 빈 하원의 정원은 343명이었고 보헤미아 지방에 할당된 인원은 54명이었다. 그런데 이 지방의 소수민족이었던 독일인들은 조세 능력에 따른 선거제도로 34명의 대표를 빈 제국의회로 보낼 수 있었다.

6 2월칙령에서는 다음의 문구도 확인되었다. "황제는 신성하다(geheiligt). 그리고 모든 것으로부터 침해받지 아니하며(unverletzlich), 책임(unverantwortlich) 역시 지지 않는다."

2
형제전쟁

1862년 10월 베를린 정부의 실세로 활동한 비스마르크는 1864년 2월 16일부터 오스트리아와 더불어 덴마크를 상대로 전쟁을 벌였는데 그 이유는 덴마크의 크리스티안 9세(Christian Ⅸ, 1863~1906)가 1863년 11월 16일 슐레스비히 공국을 자국에 편입시키려 했기 때문이다. 아울러 그는 슐레스비히-홀슈타인 문제를 당시 제기되고 있던 독일 통합과 연계시키려는 의도도 가지고 있었다. 그런데 이 전쟁은 같은 해 8월 1일 종료되었고 덴마크의 소유령이면서 독일 연방의 일원이었던 슐레스비히는 프로이센의 신탁통치하에 놓이게 되었다.[7] 오스트리아 역시 승리의 대가로 홀슈타인에 대한 신탁통치권을 확보했는데 그것은 향후 프로이센과의 대립을 유발시키는 요인으로 작용했다.[8]

이 당시 비스마르크는 독일권에서 오스트리아가 지향하는 의도를

---

7   덴마크와의 전쟁에서 핵심적 역할을 수행한 비스마르크는 빌헬름 1세(Wilhelm I)로부터 백작(Graf) 칭호를 받았다.
8   1865년 8월 14일에 체결된 가슈타인(Gastein) 협정에 따라 오스트리아는 홀슈타인, 프로이센은 슐레스비히 지방을 차지했다.

명확히 파악했기 때문에 소독일주의 원칙에 따른 독일권의 통합을 지향했다. 따라서 그는 자신의 관점을 실현시키기 위해서는 오스트리아와의 전쟁도 불가피하다는 판단을 했는데 그것은 빈 정부가 소독일주의 원칙에 따른 독일 통합을 불허했기 때문이다. 그리고 빈 정부가 독일 통합을 진정으로 원하지 않는다는 확신을 가진 비스마르크는 군사력 증강 정책을 실시하기 시작했다. 아울러 그는 외교적인 공작도 게을리하지 않았다.

따라서 그는 1865년 10월 나폴레옹 3세(Napoleon III, 1852~1870)를 비밀리에 만나 형제전쟁이 발발할 경우 프랑스는 중립을 지키겠다는 약속을 받았고, 1866년 4월 8일에는 이탈리아 왕국과 3개월간의 한시적 군사동맹 체제를 체결하여 오스트리아가 패배할 경우 이탈리아의 베네치아 합병도 인정한다는 약속을 했다. 물론 러시아와의 친선 관계는 그가 1859년부터 약 3년간 페테르부르크에서 대사로 근무할 때 이미 구축된 상태였다.

1866년 6월 21일 비스마르크는 베를린 의회의 강한 반발에도 불구하고 프로이센군을 홀슈타인으로 출격시켜 형제전쟁을 일으켰다. 전쟁이 발발함에 따라 빈 정부는 즉시 독일 연방의회를 개최하여 프로이센의 침략 행위를 규탄했고 참여한 국가들의 대다수를 자국 측에 가담시켰다.

그러나 오스트리아는 프로이센군의 신속한 작전으로 3주 만에 홀슈타인령을 상실했다. 1866년 7월 3일 쾨니히그레츠(Königgrätz, 오늘날의 흐라데츠크랄로베[Hradec Krárové]) 전투에서 오스트리아의 주력군은 프로이센의 후장총과 몰트케가 이용한 철도라는 획기적 이동 수단 때문에

패배했다.[9]

이 전투가 끝난 후 비스마르크는 나폴레옹 3세의 개입을 차단하기 위해 1866년 8월 23일 오스트리아와 프라하 조약을 체결했다.[10] 그것에 따라 독일 연방은 해체되었을 뿐만 아니라 오스트리아 역시 독일 통일 문제에서 완전히 배제되었다.[11]

---

9 이 당시 프로이센군은 빠르게 탄약을 장전할 수 있는 후장총을, 반면 오스트리아군은 위험한 자세에서 총구를 통해 탄약을 장전하는 전장총을 사용했다.

10 실제로 나폴레옹 3세는 쾨니히그레츠 전투에서 프로이센이 승리한 것에 크게 경악했다. 그리고 그는 오스트리아의 요청에 따라 7월 5일 중재자 역할을 맡겠다는 입장을 밝혔다. 여기서 비스마르크는 자신이 나폴레옹 3세의 역할을 부정한다면 프랑스의 군사 개입이 있으리라는 판단도 했다. 이에 따라 비스마르크는 가능한 한 빨리 빈 정부를 휴전협상에 참여시키기 위한 방법을 모색하게 되었고 거기서 빈 정부의 민족 정책에 강한 불만을 가졌던 제국 내 슬라브 민족들을 이용하려고 했다. 따라서 그는 7월 11일 슬라브 정치가들, 특히 체코 정치가들을 겨냥하여 다음과 같은 제안을 했다 : 만일 체코 민족이 오스트리아 제국에 반기를 든다면 베를린 정부는 이 민족이 자치권을 획득할 수 있게끔 협조와 지지를 아끼지 않을 것이다. 그리고 프로이센은 오래전부터 체코 민족의 역사적 제 권리를 인정하고 있기 때문에 그러한 정책을 수행하는 데 아무런 문제도 제기되지 않을 것이다. 이 당시 팔라츠키와 리게르(F. Rieger)를 비롯한 체코 정치가들의 대다수는 프로이센이 제시한 "오스트리아 제국을 독일권에서 추방시킨다"라는 전쟁 목표에 긍정적 반응을 보였다. 그러나 이들은 비스마르크의 제안에는 동의하지 않았는데 그것은 소수민족에 대한 프로이센의 배려 정책이 오스트리아 제국의 그것보다 훨씬 미흡하리라는 판단에서 비롯된 것 같다. 또한 이들은 프로이센의 자본, 지능, 그리고 이기심으로 인해 체코 민족이 짧은 기간 내에 해체 또는 말살되리라는 두려움도 가지고 있었다.

11 비스마르크는 오스트리아로부터 영토적 보상을 받지 않았는데 그것은 향후 전개될 프랑스와의 전쟁을 고려했기 때문이다. 이러한 비스마르크의 관점에 빌헬름 1세와 군부의 수뇌부는 동의하지 않았다. 이에 비스마르크는 빌헬름 1세에게 사임 의사를 밝혔고 그것은 빌헬름 1세로 하여금 비스마르크의 관점에 동의하게 하는 결정적인 요인이 되었다.

3
이중 체제의 도입과 독일제국의 등장

형제전쟁에서 패한 후 빈 정부는 기존 질서 체제로 다민족국가를 통치할 수 없다는 판단을 하게 되었다. 지금까지 제국의 전체 인구에서 단지 21%를 차지하던 독일 민족이 주도권을 장악하고 있었는데 이것은 이 제국이 독일권에서 절대적 우위권을 행사했기 때문에 가능했다. 그러나 오스트리아 제국이 독일권에서 강제로 축출되면서 독일 민족은 더 이상 그러한 우위를 주장할 수 없었기 때문에 제국 내의 다른 민족과의 결속이 필요했다. 이 과정에서 빈 정부는 제국 내에서 절대다수를 차지하고 있던 슬라브 민족보다 단지 13%만을 차지하던 헝가리 민족과의 결속을 지향했고 거기서 이중 체제의 도입도 결정했다.

당시 슬라브 정치가들은 빈 정부의 이러한 시도에 강한 불만을 표출했는데 이것은 제국 내 민족 간의 불평등을 더욱 심화시킬 수 있다는 우려에서 비롯된 것 같다. 프란츠 요제프 1세를 중심으로 한 빈 정부의 핵심 인물들은 슬라브 정치가들의 반대에도 불구하고 이중 체제 도입을 기정사실화했고 그것에 필요한 절차도 밟기 시작했다.

마침내 1867년 3월 15일 프란츠 요제프 1세는 오스트리아 제국의 이

원화를 공식적으로 선포했고 그것에 따른 효력 발휘는 1867년 6월 12일부터 시작되었다. 이에 따라 독일 민족과 헝가리 민족은 제국 내에서 지배 민족으로 등장하게 되었고 이들 민족은 자신들에게 할당된 영역을 아무런 제한 없이 통치하게 되었다. 이제 오스트리아–헝가리 제국은 독자적 주권을 보유한 2개의 개별 왕국이 1명의 군주를 정점으로 한 국가 형태를 갖추게 되었다. 외교, 국방, 그리고 재정 부분은 양국의 공동 사안으로 간주되어 개별 국가 내에 별도의 부처가 설치되지는 않았지만 기타 업무는 각각의 정부가 독자적 부처를 설치하여 해결하도록 했다. 즉 한 국가에 2개의 중심체(2개의 정부, 2개의 의회)가 존재하는 이중 왕국으로 변형된 것이다. 양국 간의 공동 업무 사항으로 간주된 분야는 양국 정부와 의회 대표들에 의해 통제되게끔 규정되었다. 관세와 무역에 관한 규정, 그리고 발권은행으로서의 중앙은행 설치와 운영 문제 등을 비롯한 경제적 업무 사안들은 매 10년마다 양국이 새로이 타협하여 협정을 맺기로 했다.

1867년 6월의 타협으로 오스트리아 제국의 황제는 군주로서의 절대적 지위를 보장받았고 양국 간의 이해가 상충할 때 그것을 최종적으로 결정할 수 있는 권한마저 확보하게 되었다. 그런데 이렇게 오스트리아 제국에 도입된 이중 체제를 '군합국가'로 보는 관점도 적지 않지만 양국 정부의 의회가 제국의 공동 사안인 국방, 외교, 그리고 재정 문제를 제외한 여타의 국정 사안들을 독단적으로 입안·처리할 수 있었다는 것을 고려한다면 군합국가보다는 정합국가(Volle Realunion)로 보는 것이 오히려 타당할 것이다.

이렇게 이중 체제가 오스트리아 제국에 공식적으로 도입되었음에도 불구하고 그동안 오스트리아 제국에서 활발한 정치 활동을 했던 비독일계 정치가들, 특히 체코 정치가들은 그러한 질서 체제를 인정하지 않으려고 했다. 따라서 이들은 외부 세력, 특히 러시아와 프랑스의 지원을 받아 그들이 지향하던 정치적 목표, 즉 자치권 획득 내지는 민족적 독립을 쟁취하려고 했지만 실패하고 말았다.

그럼에도 불구하고 빈 정부는 이들의 행보가 제국 안전에 심각한 위험을 가져다줄 수 있다고 판단했다. 이에 따라 빈 정부는 문제 해결의 방안을 모색했고 거기서 친체코 정치가로 알려진 헬퍼트(J.A. v. Helfert)를 정부 특사로 임명하여 프라하로 파견하는 적극성도 보였다. 그러나 헬퍼트는 보헤미아의 주도(州都)에서 가시적인 성과를 거두지 못했다. 빈 정부에 대한 체코 정치가들의 불신이 워낙 강했기 때문이다. 체코 정치가들과의 접촉에서 헬퍼트는 체코 정치가들이 빈 정부 및 황제로부터 더 이상 아무것도 기대하지 않는다는 것을 인지했다.

오스트리아 제국에 대한 체코 정치가들의 시각이 변하지 않았음에도 불구하고 호헨바르트(A. Hohenwarth)의 빈 정부는 이들과의 충돌을 종식시키려고 했다. 프란츠 요제프 1세 역시 빈 정부의 이러한 움직임에 공감했는데 그것은 그 자신이 사안의 중대성을 인식하고 있었기 때문이다. 이에 따라 1871년 9월 12일 당시 통상장관이었던 셰플레(A. Schäffle)의 주도로 작성된 황제선언서(fundamentální clánky)가 공포되었는데 거기서는 체코 왕국의 제 권한을 인정한다는 것이 명시되었다. 이 선언서의 핵심적 내용은 체코 정치가들이 이중 체제를 인정한다면 여타 문제에 대한 자치권을 체코 지방정부에게 부여하고 보헤미아 의회의 권한 역시 확대시켜준다는 것이었다. 또한 보헤미아 지방 내 체코

인들과 독일인들 간의 문제는 기존의 지역 행정구역을 거주지에 따라 새롭게 획정하여 해결한다는 것도 약속했다. 프란츠 요제프 1세 역시 선언서 발표로 체코 문제가 해결(české vyrovnání)될 수 있다는 확신을 가졌는데 그것은 도나우 제국이 오스트리아–헝가리 이중 체제에서 오스트리아–헝가리–체코의 삼중 체제로 변형될 수 있다는 자신의 판단에서 비롯된 것 같다.

그러나 이 선언서는 제국 내 독일 정치가들과 헝가리 정치가들의 반발로 실현되지 못했다. 이에 따라 프란츠 요제프 1세는 1871년 10월 24일 보헤미아 지방 의회에서 황제선언서를 공포하려는 공식 일정을 취소했을 뿐만 아니라 같은 해 10월 21일에는 체코 민족의 대표들과 재협상하겠다는 입장도 밝혔다. 이에 리게르를 비롯한 체코 정치가들은 분노를 표시했고 결국 그들은 빈 정부와의 어떠한 타협도 포기하기에 이르렀다. 상황이 이렇게 전개됨에 따라 빈 정부 역시 강경책으로 문제를 해결하려고 했다. 이후부터 체코 정치가들은 정치적 은둔 생활 내지는 소극 정치(pasivní politika)를 본격적으로 시작했다.

오스트리아가 독일권에서 강제로 축출된 이후 독일권은 마인(Main) 강을 경계로 남북 두 개 블록으로 나뉘었다. 비스마르크는 1866년 10월부터 마인강 이북의 영방들과 조약을 체결하여 통합 독일의 토대를 구축하기 시작하여 프로이센, 작센, 하노버, 쿠어헤센, 그리고 나사우 등을 포함한 총 22개 영방으로 구성된 북독일 연방(Norddeutscher Bund)을 발족시켰다. 북독일 연방은 단순한 국가연맹이었던 독일 연방과는 달리 중앙 권력을 갖춘 연방국가의 성격을 띠었다. 연방 의장은 프로이센 국왕이 차지했는데, 그에게는 국제법상 연방을 대표하고 전쟁과 평화를 선포하고 체결할 수 있는 권한 및 연방군에 대한 최고 지휘권, 법률안 선포권, 연방 수상 임명권 등 여러 권한이 부여되었다. 연방 각 정부의 대표로 구성된 연방참의원(Bundesrat)과 보통, 평등 선거에 의해 선출된 제국의회(Reichstag)는 입법권을 장악했다. 다수결의 원칙에 따라 연방참의원에서 안건들이 처리되었지만 총 43표 중 17표를 차지한 프로이센은 거부권도 행사할 수 있었다. 아울러 프로이센은 군소 국가들에 대한 통제력도 가졌기 때문에 의사 진행의 통제권을 어려움 없이 확보했다. 따라서 프로이센은 북독일 연방에서 절대적 우위를 차지하게 되었으며 권력 행사도 가능하게 되었다. 그러나 북독일 연방 헌법은 국민 주권을 토대로 한 자유주의의 제 원칙을 보장하지 않았다. 그리고 연방에 가입한 각 국가들은 기존 헌법을 그대로 유지할 수 있었을 뿐만 아니라 문화적 특수성마저 보장받았다.

마인강 이남 지역에서도 정치적 통합은 실현되지 않았다. 그러나 비스마르크는 남부 독일 국가들, 특히 바이에른, 바덴, 뷔르템베르크, 그리고 헤센-다름슈타트 등과 비밀 공수동맹을 맺고 나폴레옹 3세의 야심에 대비하고자 했다. 아울러 그는 1867년에 개편된 관세동맹을 통해 이들 국가들을 북독일 연방에 결속시킬 수 있었다. 이로써 관세 및 통상에 국한된 통합이기는 했지만, 내용적으로는 남부 독일 대표들을 참여시킨 보다 확대된 북독일 연방 및 프로이센이 군림하는 전 독일적 연방국가의 원형이 창출되었다. 더욱이 남부 독일에 대한 비스마르크의 정책은, 성급한 결과보다는 그들의 자존심을 존중하면서 자신의 독일 통합 요구에 순응할 수 있게끔 하는 유연한 것이었는데 그것은 비스마르크가 무력으로 남부 독일을 북독일 연방에 편입시킬 수 없다는 사실을 잘 알고 있었기 때문이다.

독일권의 상황 변화에 대해 프랑스는 깊은 관심을 보였다. 사실, 프랑스는 자국과 인접한 독일권에서 강력한 통합국가가 등장하는 것을 바라지 않았다. 따라서 프랑스는 프로이센과 오스트리아 간의 전쟁의 휴전을 주선하면서 그것의 반대급부로 라인강 좌안 지역을 강력히 요구했다. 아울러 파리 정부는 프로이센의 강국화를 막기 위해 라인강을 경계로 한 독일 문제 처리에 개입하기도 했다. 그러나 비스마르크는 프라하 조약을 체결할 당시 나폴레옹 3세가 요구한 라인강 좌안 지대의 할양을 거절했다. 대신 그는 구 독일 연방과 관세동맹의 가입국으로서 네덜란드 지배하에 있던 룩셈부르크에 대한 프랑스의 야망을 묵인했다. 이에 따라 나폴레옹 3세는 프랑스 동북방의 경계를 변경시키기 위해 1867년 9월 네덜란드로부터 룩셈부르크를 매입하려고 했다. 비스마르크는 이를 용인하려고 했으나 북독일 연방은 동의하지 않았다. 국제 여론 역시 나폴레옹 3세에게 불리하게 작용했다.

이후 영국의 중재로 룩셈부르크는 중립국으로서의 독립을 유지할 수 있었다. 비스마르크에 대한 기대가 무너짐에 따라 프랑스와 프로이센 간의 관계가 악화되기 시작했다. 이 당시 비스마르크는 프랑스가 독일 통합에 대해 부정적이었을 뿐만 아니라 그것의 실현을 저지하려는 의도도 가지고 있다는 사실을 알고 있었다.

프랑스가 독일 통합에 부정적인 시각을 표출함에 따라 비스마르크는 남부 독일 국가들과 비밀리에 공수동맹(Schutz-und Trutzbündnis)을 체결했다. 아울러 그는 러시아를 비롯한 유럽 국가들로부터의 중립도 약속받았다. 또한 그는 몰트케 장군에게 전쟁 준비를 철저히 할 것을 명령했고 그 결과 독일 연합군은 병력, 장비, 훈련 등에서 프랑스군을 압도했다. 이러한 절대적 우위 때문에 독일 연합군은 나폴레옹 3세의 프랑스군을 대파했다.

이렇게 통합의 마지막 걸림돌이 제거됨에 따라 1871년 1월 18일 베르사유(Versailles)에서 독일제국이 탄생했다. 제국은 4왕국, 18공국, 3자유시 등 25개의 국가와 2제국령(엘자스-로트링겐)으로 구성된 연방국가였다. 그러나 이전의 독일 연방처럼 여러 대소국가의 집합체도 아니면서 완전한 중앙집권 국가라고도 볼 수 없는 모호한 정치 체제였다. 왜냐하면 바이에른, 작센, 뷔르템베르크, 바덴 등이 이전의 칭호 및 지위를 유지하면서 상원에 해당되는 연방의회(Bundesrat)에서도 압도적 의석을 보장받았기 때문이다. 더욱이 새로 제정된 제국헌법은 외형상 입헌 정치의 형태를 취하고 있었으나 내용적으로는 자유주의의 기본 원칙과 위배되는 경우가 많았다. 제국헌법에 따르면, 각국의 대표 및 황제가 지명하는 60명의 의원들로 구성된 연방의회는 법권과 군사 및 외교상의 대권 등을 가져 그 권한이 막강했다. 그러나 의원들 중 17명은 황제가 직접 임명했기 때문에 연방의회의 권한은 실질적으로 황제권에 예속되었다. 또한 하원에 해당하는 제국의회는 보통선거(25세 이상의 성인 남자들이 투표권을 부여받았다)로 선출된 의원들로 구성되었지만 실질적인 권한은 없었고 수상의 자문기관에 불과했다. 따라서 제국의회의 의원들은 정부 정책에 대한 자신들의 불만을 표출하는 것으로 만족해야만 했다. 이 당시 독일제국의 재상은 프로이센 수상도 겸임했다. 또한 그는 의회가 아닌 황제에게만 행정적 책임을 졌기 때문에 황제와 더불어 국정을 실질적으로 운영해 나갈 수 있었다.

현실정치가로서의 한계를 인식한 메테르니히

빈 정부의 핵심 인물로 활동한 메테르니히는 유럽을 프랑스 대혁명 이전의 질서 체제, 즉 절대왕정 체제로 회귀시키려 했을 뿐만 아니라 나폴레옹 체제하에서 급속히 확산되었던 민족주의와 자유주의도 철저히 탄압하려고 했다. 그런데 메테르니히의 이러한 정치적 노선은 '오스트리아 제국의 국익을 우선시한다'라는 관점에서 비롯되었다는 주장이 오스트리아 및 독일 역사학계에서 제기되었고 그것에 대한 설득력 역시 증대되고 있다. 실제로 메테르니히는 그의 활동 기간 중 오스트리아 국익을 우선적으로 고려했고 그것을 실천시키는 데 필요한 정책도 강력히 추진했다. 즉 여기서 그는 '열강 간의 균형이론'을 제시했고 그 과정에서 오스트리아의 역할을 강하게 부각시키려 했는데 이것이 그가 추진했던 '유럽정책'의 핵심적 내용이라 하겠다.

이것을 토대로 메테르니히는 오스트리아의 우위가 인정된 오스트리아–프로이센의 양강 구도도 독일권에서 견지시키려고 했다. 따라서 그는 당시 제기되던 독일 통합에 동의하지 않았고 그러한 관점을 자신의 독일 정책에 적극적으로 반영시키려 했다. 이러한 정책의 시행으로 메테르니히는 독일에서 통합을 방해하는 인물로 각인되었고 나아가 제거해야 할 대상으로도 선정되었다.

1809년 프란츠 1세에 의해 외무장관에 임명된 메테르니히는 1815년 9월 18일 빈에서 개최된 국제회의, 즉 빈 회의에서 주도적인 역할을 담당했다. 여기서는 나폴레옹 체제가 붕괴된 이후 도입될 유럽의 질서 체제뿐만 아니라 독일권의 재구성에 필요한 여러 안들도 논의되었다. 그런데 독일권의 재구성을 논의하는 과정에서 각 영방의 독립과 주권을 침해할 수 있는 통합안은 완전히 배제되었는데 이것은 메테르니히의 일관된 입장, 즉 오스트리아의 국익을 우선시한다는 관점에서 비롯되었다. 따라서 빈 회의에서는 각 영방의 독립 및 주권을 보호하기 위해 독일권의 통합 대신 연방 체제의 도입만이 거론되고 결정되었을 뿐이다.

비록 나폴레옹 체제가 붕괴되었음에도 불구하고 그것으로 인해 독일권에서 확산된 민족주의는 독일의 지식인들에게 적지 않은 영향력을 행사했다. 따라서 이들은 독일 연방의 제 문제점을 직시했을 뿐만 아니라 메테르니히 체제를 붕괴시켜야만 독일권의 통합 역시 가능하다는 판단을 하게 되었다. 점차 이들은 자신들이 메테르니히 체제 타파에 일조를 해야 한다는 인식을 가지게 되었다. 그리고 이들은 독일 통합을 실현하기 위해서는 그들 세력을 보다 체계적으로 규합해야 한다는 데도 의견적 일치를 보게 되었다. 이러한 분위기에서 스스로를 지식인 계층으로 간주하던 대학생들이 실제적 행동에 나서게 되었고 거기서 부르셴샤프트도 결성되었다.

메테르니히 : 국익을 우선한 현실정치가

1815년 6월 12일 예나 대학에서 최초로 부르셴샤프트가 결성되었고 이어 발표된 강령에서는 부르셴샤프트가 향후 나아갈 방향이 구체적으로 제시되었다. 이후 독일권의 여러 대학에서 부르셴샤프트가 결성되었다. 부르셴샤프트의 정치적 색채가 표출된 바르트부르크 축제 이후 잔트와 뢰닝에 의한 정치적 암살 사건이 발생했고 그것은 메테르니히와 그를 추종하던 계층에게 부르셴샤프트의 활동을 중단시킬 수 있는 좋은 기회도 제공했다.

메테르니히의 신속한 조치로 1819년 8월 6일 카를스바트 회의가 개최되었고 거기서는 메테르니히 체제를 위협하는 요소들을 제거하는데 필요한 방안들이 논의되었다. 과격적 성향의 부르셴샤프트 회원들이 자행한 정치적 암살은 결과적으로 대다수 부르셴샤프트 회원들의 정치적 활동을 중단시켰다. 그러나 카를스바트 협약은 독일권에서 지식인 계층의 강한 반발을 유발시켰을 뿐만 아니라 그들 간의 단결을 가져다주는 계기도 되었다. 카를스바트 협약 이후 자행된 광범위하고 지속적인 탄압으로 독일은 외형상 평온 체제를 유지하게 되었다.

그럼에도 불구하고 독일 통합의 필요성이 다시금 제기되었는데 이번의 경우는 정치적 측면이 아닌 경제적 측면에서의 통합이었다. 당시 상황을 고려한 이러한 시도는 경제적 통합을 통해 향후 진행될 정치적 통합의 토대를 마련하려는 의도도 가졌다 하겠다. 1819년 4월, 프랑크푸르트의 상품박람회에서 '독일 상공업동맹'이 결성되었다. 이 단체를 대표해 경제학자 리스트가 청원서를 독일 연방의회에 제출했는데 거기서는 관세동맹의 필요성이 강하게 제기되었다. 그에 따를 경우 독일의 복잡한 관세가 경제적 소통을 마비시키고 있다는 것이다. 그것은 한 사람의 손과 발을 각각 따로 묶어서 손과 발 사이에 피를 통하지 못하게 하는 것과 마찬가지라는 것이 리스트의 관점이었다. 따라서 그는 국내 관세를 철폐시켜야만 완전한 연방통일세제를 구축할 수 있다고 주장했고 그렇게 해야만 국가 무역과 민족 산업을 활성화시킬 수 있다고 했다. 이후부터 리스트는 같은 맥락의 주장을 언론을 통해 거론하는 등의 적극성도 보였다. 그는 독일 각 영방 신민 간의 자유로운 왕래를 보장하지 않는다면 통합 독일은 실현될 수 없다고 주장했다. 아울러 그는 공통의 중상주의 제도를 시행하지 않을 경우 통합 독일 역시 있을 수 없다고 했다.

당시 메테르니히는 관세동맹을 주장하던 리스트에 대해 강한 우려감을 표시했다. 따라서 그는 리스트를 '가장 위험한 선동자'로 규정하고, 특수 조직을 구성해 그를 감시하게 했으며 사사건건 그를 공격하는데 주저하지 않았다. 그러나 메테르니히를 비롯한 빈의 위정자들은 그들의 낮은 안목 때문에 독일 전체에 대한 통치권 장악과 통일이라는 역사적 대업의 기회를 너무나도 쉽게 프로이센에게 넘겨주고 있다는 사실도 간과하는 실수를 저질렀다.

프랑스 국왕 샤를 10세의 반동적 정책으로 인해 발생한 7월혁명(1830)은 벨기에 및 폴란드에서 독립운동을 유발시키는 요인으로 작용했다. 특히 폴란드인들의 독립운동은 독일인들에게 적지 않은 자극을 가져다주었다. 즉 이들은 다시금 민족 통합의 필요성을 인식하게 되었고 그것을 위해 그들이 무엇을 해야 하는가도 인지했던 것이다. 이에 따라 이들은 기존 질서 체제의 문제점들을 지적하면서 그것을 대체할 새로운 정치 체제의 도입도 모색했다. 여기서 반메테르니히 세력을

메테르니히 : 국익을 우선한 현실정치가

주도하던 지벤파이퍼는 1832년 4월 함바흐 축제 개최를 제안했고 그의 이러한 제의에 대해 지식인 계층 역시 동의했다. 아울러 이들은 축제가 원만히 개최될 수 있게끔 협조했다. 메테르니히를 비롯한 독일의 위정자들은 지식인 계층의 이러한 움직임에 대해 우려를 표명했다. 우여곡절 끝에 개최된 함바흐 축제에는 약 2만여 명이 참여했고 거기서는 독일의 개혁과 통합, 폴란드의 독립 문제 등이 중요한 안건들로 부상되었다.

함바흐 축제에 참여한 인사들의 대부분이 메테르니히 체제 붕괴를 독일 통합의 선행조건으로 제시함에 따라 독일 연방의회는 새로운 반동 정치를 시행했는데 이것은 바르트부르크 축제 이후의 상황과 유사했다. 즉 독일 연방의회는 각국 의회의 정치적 권한 일부를 유보시켰을 뿐만 아니라 정치단체의 결성과 민중 집회의 개최를 정부의 승인 사안으로 채택하기도 했다. 아울러 독일 연방의회는 독일 내에서 제기되던 혁명적 움직임을 감시하는 체제도 더욱 강화시켰다. 그러나 독일 연방의회의 이러한 조치에도 불구하고 독일을 통합시켜야 된다는 견해는 저변으로 확산되었다.

프랑스 2월혁명의 영향으로 오스트리아에서도 혁명적 소요가 발생했고 그것에 따라 메테르니히는 실각했고 그에 의해 30년 이상 유지된 체제 역시 붕괴되었다. 그동안 독일권의 통합을 불허한 메테르니히 체제가 사라짐에 따라 독일권 통합에 대한 논의도 보다 구체화되기 시작했다. 그러한 논의의 결실로 1848년 5월 18일부터 프랑크푸르트에서 국민의회가 활동을 시작했는데 여기서의 주된 과제는 독일 연방을 하나의 통합국가로 변형시키는 것이었다. 그러나 역사적으로 형성된 개별 영방국가들을 그대로 둔 채 강력한 중앙 권력을 창출한다는 것은 쉬운 일이 아니었고 통합 방안에 대한 의원들의 의견 역시 일치되지 않았다. 그럼에도 불구하고 국민의회에서 제시된 통합 방안들, 특히 소독일주의가 향후 독일 통합의 모델이 되었다는 점은 역사적 과업으로 인정해야 할 것이다.

3월혁명이 발생한 이후 영국에서 머무르던 메테르니히는 3년 반 만에 시민들의 '환호'와 프란츠 요제프 1세의 환대를 받으며 빈으로 돌아왔다. 이후 메테르니히는 당시 내무 장관이었던 바흐의 주도로 도입된 신절대주의 체제의 핵심적 내용을 분석하고 거기서 문제점을 파악하는 데 주력했다. 그리고 이러한 과정에서 그는 이 체제에 대해 부정적인 시각을 가지게 되었다. 특히 그는 신절대주의 체제에서 강조된 중앙집권화 정책과 독일 민족 우선 정책에 대해 이의를 제기했다. 프란츠 요제프 1세와의 독대가 있을 때마다 신절대주의 체제의 문제점과 그것의 후유증을 자세히 지적하면서 제 민족의 자치권이 어느 정도 보장되는 연방 체제의 도입을 강력히 촉구했지만 그의 간언은 수용되지 않았다. 또한 그는 1859년 오스트리아가 프랑스와 피에몬테-사르데냐와 전쟁을 해서는 안 된다는 조언을 프란츠 요제프 1세에게 했지만 이 역시 수용되지 않았다. 메테르니히의 반대에도 불구하고 벌어진 프랑스와 피에몬테-사르데냐와의 전쟁에서 패한 오스트리아는 그동안 유지한 신절대주의 체제를 포기해야만 했고 거기서 제 민족의 자치권을 보장한 헌법 제정도 모색했다. 그러나 독일 민족의 반대로 제국 내의 민족문제는 결국 해결되지 못했다.

1860년대 초반부터 프로이센의 실세로 등장한 비스마르크는 소독일주의 원칙에 따른 독일 통합을 지향했지만 오스트리아는 그것에 동의하지 않았다. 결국 1866년 형제전쟁이 발생했고 거기서 오스트리아는 패배를 당했다. 패전 후 빈 정부는 기존의 질서 체제로 다민족국가를 통치할 수 없다는 판단을 하게 되었다. 지금까지 제국의 전체 인구에서 단지 21%를 차지하던 독일 민족이 제국 내에서 주도권을 장악하고 있었는데 이것은 이 제국이 독일권에서 절대적 우위권을 행사했기 때문에 가능했다. 그러나 오스트리아 제국이 독일권에서 강제로 축출되면서 독일 민족은 더 이상 그러한 우위를 주장할 수 없었기 때문에 제국 내 다른 민족과의 결속이 절대적으로 필요했다. 이 과정에서 빈 정부는 제국 내에서 절대다수를 차지하고 있던 슬라브 민족보다 단지 13%만을 차지하던 헝가리 민족과의 결속을 지향했고 거기서 이중 체제의 도입도 결정했다. 이에 반해 형제전쟁에서 승리한 프로이센은 그들의 주도로 1871년 1월 18일 독일제국을 탄생시켰는데 이것은 분명히 메테르니히가 원하지 않았던 독일권의 권력 구도였다.

메테르니히는 독일 통합보다는 독일권에서의 우위권 견지를 통해 오스트리아 제국의 존속 및 국제적 위상 증대에 관심을 보인 현실적 정치가였다. 그리고 이 인물은 1866년의 형제전쟁을 통해 독일 통합의 기반을 구축한 비스마르크와 대칭시킬 수도 있을 것이다. 비스마르크 역시 현실적 정치가로 간주되었는데 그것은 자신이 지향한 소독일주의 원칙에 따른 독일 통합에 걸림돌이었던 오스트리아와 프랑스를 무력으로 제압한 것에서 확인할 수 있다. 그리고 비스마르크는 독일 통합을 통해 독일제국의 국제적 위상을 증대시키려 했지만 메테르니히는 독일 연방에서의 주도권 견지를 통해 오스트리아 제국의 위상만을 굳건히 하려고 했다.

일반적으로 역사 서술은 시대적 상황이나 사회적 요구로부터 자유롭지 못한데 독일 통합이라는 시대적 소명을 도외시한 메테르니히에 대한 긍정적 평가는 기대하기 어려운 사안이라 하겠다. 그럼에도 불구하고 그에 대한 재평가 작업이 지속되면서 긍정적인 측면도 부각되고 있다.

여기서 메테르니히와 같은 현실정치가는 권력의 핵심부를 장악할 경우에만 자신의 정치적 관점을 이행할 수 있는 한계성을 가지게 된다. 그리고 만일 이러한 부류의 정치가가 권력의 핵심 구도에서 배제되거나 쫓겨날 경우 그는 위정자나 차기 정부에 대해 아무런 영향력도 행사할 수 없게 되는데 이것은 메테르니히를 통해 다시금 확인되었다.

　　　　　메테르니히 : 국익을 우선한 현실정치가

김용구,『세계외교사』, 서울대학교출판문화원, 2006.

김장수,『주제별로 접근한 독일근대사』, 푸른사상사, 2010.

김장수,『19세기 독일 통합과 제국의 탄생』, 푸른사상사, 2018.

김학이 역,『메리 풀브룩, 분열과 통일의 독일사』, 개마고원, 2000.

고유경,『독일사 깊이 읽기』, 푸른역사, 2017.

이민호,『새독일사』, 까치, 2003.

이종완,『유럽의 합스부르크 왕가 : 왕가의 존속을 위한 결혼정책』, 공주대학
교 출판부, 2003.

임종대,『오스트리아의 역사와 문화』, 유로, 2014.

안두환 옮김,『마이클 하워드, 유럽사속의 전쟁』, 글항아리, 2015.

안문석,『외교의 거장들』, 인물과 사상사, 2017.

−P. Arens, *Die Deutschland Saga*(München, 2014)

−V. Bibl, Metternich : *Der Dämon Österreichs*(Leipzig−Wien, 1936)

−A. Bleyer, *Das System Metternich. Die Neuordnung Europas nach Napo-leon*(Darmstadt, 2014)

−M. Botzenhart, *Reform, Restauration, Krise Deuschland 1789~1847*(Franfurt, 1985)

−H. Brandt, *Europa 1815~1850. Reaktion−Konstitution−Revolution*(Stuttgart, 2002)

−M. Braubach, *Von der Französischen Revolution bis zum Wiener Kongreß*(München, 1990)

−P. Burg, *Der Wiener Kongreß*(München,1984)

−E. Büssem, *Die Karlsbader Beschlüsse von 1819. Die endgültige Stabilisierung der restaurativen Politik im Deutschen Bund nach dem Wiener Kongreß von 1814/1815*(München, 1972)

−T. Chorherr, *Eine Kurze Geschichte Österreichs*(Wien, 2013)

−E.C.C. Corti, *Metternich und Frauen*(Wien, 1948/49)

−G.A. Craig, *Geschichte Europas im 19. und 20. Jahrhundert*(München, 1988)

−N. Davies, *Europe : a History*(New York−London−Toronto, 1998)

−A. Doering−Manteuffel, *Die deutsche Frage und das europäische Staatensystem 1815-1871*(München, 1993)

─────────────, *Vom Wiener Kongreß bis zur Pariser Konferenz, England, Die deutsche Frage und das europäische Mächtesystem 1815-1856*(Göttingen, 1991)

−E. Droß, *Quellen zur Ära Metternich*(Darmstadt, 1999)

−H. Duchhardt, *Der Wiener Kongreß. Die Neugestaltung Europas 1814/15*(München, 2013)

−A. Fahrmeir, *Revolutionen und Reformen. Europa 1789-1850*(München, 2010)

−H. Fink, *Metternich. Staatsmann, Spieler, Kavalier*(München, 1993)

−A. Fischhof, *Ein Blick auf Österreichs Lage*(Wien, 1866)

−O.B. Friedmann, *Zur Einigung Österreichs*(Stuttgart, 1862)

−E.J. Görlich, *Grundzüge der Geschichte der Habsburgermonarchie und Österreichs*(Darmstadt, 1996)

−M. Görtemaker, *Deutschland im 19. Jahrhundert*(Opladen, 1988)

−W.D. Gruner, *Der Deutsche Bund 1815-1866*(München, 2012)

─────────────, *Der Wiener Kongress 1814/15*(Stuttgart, 2014)

-W. Hardtwig, *Vormärz. Der monarchische Staat und das Bürgertum*(München, 1988)

-H.D. Heimann, *Die Habsburger*(München, 2009)

-F. Herre, *Kaiser Franz Joseph I und seine Zeit*(Zürich, 1978)

──────, *Metternich : Staatsmann des Friedens*(Augsburg, 1997)

-H. Holborn, *Deutsche Geschichte in der Neuzeit* Bd., II.(Frankfurt, 1981)

-E. Huber, *Deutsche Verfassungsgeschichte seit 1789.*, Bd., I. (Stuttgart, 1986)

-C.W. Ingrao, *The Habsburg Monarchy*(Cambridge, 1994)

-M. Jarrett, *The Congress of Vienna and its Legacy : War and Great Power Diplomacy after Napoleon*(London, 2013)

-J. Kermann, *Hambacher Fest 1832*(Mainz, 1990)

-R. Koch, *Deutsche Geschichte 1815-1848 : Restauration oder Vormärz*(Stuttgart-Berlin-Köln-Mainz, 1985)

-K. Kraus, *Politisches Gleichgewicht und Europagedanke bei Metternich*(Frankfurt, 1993)

-H. Lutz, *Zwischen Habsburg ud Preußen.Deutschland 1815-1866*(Berlin, 1985)

-N. MacGregor, *Germany.Memories of a Nation*(London, 2016)

-J. Müller, *Der Deutsche Bund 1815~1866*(München, 2006)

-S. Muslin, *Vienna in die Age of Metternich*(London, 1975)

-T. Nipperdey, *Deutsche Geschichte 1800-1866*(München, 1982)

-C. Nonn, *Das 19. und 20. Jahrhundert. Orientierung Geschichte*(Paderborn-München-Wien-Zürich, 2010)

-K. Obermann, *Einheit und Freiheit.Die deutsche Geschichte von 1815 bis 1849 in zeitgenössischen Dokumenten*(Berlin, 1950)

-A. Palmer, *Metternich, der Staatsmann Europas*(Düsseldorf, 1977)

-D. Pieper, *Die Welt der Habsburger. Glanz und Tragik eines europäischen Herrscherhauses*(München, 2010)

‐H. Pink, *Metternich Staatsmann, Spieler, Kavalier. Eine Biographie*(München, 1993)

‐C. Schmetterer, *Kaiser Franz Joseph I*(Wien‐Köln‐Weimar, 2015)

‐B. Schremmer, *Metternich-Kavalier und Kanzler*(Halle‐Leipzig, 1990)

‐H. Schulze, *Der Weg zum Nationalstaat*(München, 1985)

‐W. Siemann, *Metternich. Stratege und Visionär. Eine Biografie*(München, 2017)

————, *Metternich. Staatsmann zwischen Restauration und Moderne*(München, 2013)

————, *Vom Staatenbund zum Nationalstaat. Deutschland 1806-1871* (München, 1995)

‐A. Sked, *Metternich and Austria. An Evaluation*(New York, 2008)

‐E. Straub, *Drei letzte Kaiser*(Berlin, 1998)

‐W. Tritsch, *Metternich und sein Monarch. Biographie eines seltsamen Doppelgestirns*(Darmstadt, 1952)

‐K. Vocelka, *Österreichische Geschichte*(München, 2007)

————, *Geschichte der Neuzeit 1500-1918*(Wien‐Köln‐Weimar, 2012)

‐C. Webster, *The Congress of Vienna 1814-1815*(London, 1963)

‐F. Weissensteiner, *Die österreichischen Kaiser. Franz I., Ferdinand I., Franz Joseph I, Karl I.*(Wien, 2003)

‐J.G.A. Wirth, *Das Nationalfest der Deutschen zu Hambach*(Neustadt, 1832)

‐A. Zamoyski, *Rites of Peace : The fall of Napoleon & the Congress of Vienna*(London, 2007)

‐E. Zechlin, *Die deutsche Einheitsbewegung*(Frankfurt‐Berlin‐Wien, 1979)

메테르니히 : 국익을 우선한 현실정치가

ㅎ

메테르니히

국익을 우선한 현실정치가

김 장 수